宗門道眼

——公案拈提《第三輯》

平實導師　著

ISBN 957-97840-1-9

自序

佛法浩瀚無涯，説者甚難；種性分爲五類，中有不信。
具信機器有三，根性不同；欲令悉入佛法，必待權巧。
智慧方便雙全，唯我世尊；巧設五時三教，縱貫橫攝。
説法四十九年，三根普被；具闡成佛之道，化緣圓滿。

我佛化緣已圓，故取滅度；常住色究竟天，度攝十地；
貽我佛子遺教，深奧微妙；緣於迦葉諸聖，實義流傳。
輾轉至於震旦，端賴達摩；一華開敷五葉，應在慧能。
宗門法要弘開，而趨淺薄；咎在末代狂禪，歧視諸經；
遂使禪宗證悟，難入初地。
諸派弘法座主，多失宗旨；唯我大唐玄奘，宗教俱通。
然以陳義深廣，曲高和寡；一切種智奧義，後繼乏人；
遂令唯識妙法，理難彰化。
古今聰慧文人，附庸風雅；競研唯識義理，皆墮法相。

未了一切法相，皆依識變；迷失唯識宗旨，實義湮没；
咎在唯識宗徒，不了能變。
能變之識有三，藏識爲要。迷於藏識行者，不通唯識；
能證藏識禪者，復墮狂禪；遂令宗教二門，分道揚鑣；
佛道於焉支離，日漸飄零。
唯識研究學者，無能見道；宗門見道賢者，無力通達；
妙法輾轉至今，遂益膚淺；佛子尚祜見道，況求入地？
三乘入道差別，何能知之？
大乘宗門若歿，佛法難弘；雖有二乘佛法，難禦外道。
大乘微妙深廣，古今難證；欲宣唯一佛乘，須立階級；
狹廣粗細淺深，次第弘宣。
欲令佛法大興，須振禪宗；見道廣有多人，其勢遂壯；
能起佛子定信，禪法風流；無分貴賤老少，蔚成風氣；
遂令宗門眞旨，漸被娑婆。
頓悟佛子漸衆，當宣法教：令學一切種智，入漸悟門；

令伏思惑性障，使永不起；令發十無盡願，悉入初地。
貫通三乘宗教，佛教綿延；是乃大乘佛子，所應荷擔。
伏惟大乘深廣，難得其涯；欲證一佛乘義，必須其人。
然以胎昧之障，不自知機；或赧自身根鈍，羞於自承；
或秉世智辯聰，謬居上聖；欲覓實義菩薩，極難可得。
必須先令培福，修集資糧；次令重修加行，以除我見；
末教修學宗門，觸證空性；終能起菩薩性，發勇猛心。
復須破邪顯正，摧伏衆慢；方能匡正佛法，萬年不斷。
是則應以著作，久遠流傳；乃造公案拈提，奉獻佛子；
即名宗門道眼，因之爲序。至願釋尊正法，源遠流長；
今世後世人天，悉蒙普熏。

菩薩戒弟子**蕭平實**　敬頌

公元一九九九年清明節於喧囂居

如聖教所言，成佛之道以親證阿賴耶識心體（如來藏）爲因，《華嚴經》亦說**證得阿賴耶識者獲得本覺智**，則可證實：證得阿賴耶識者方是大乘宗門之開悟者，方是大乘佛菩提之眞見道者。經中、論中又說：證得阿賴耶識而轉依**識上所顯眞實性**、**如如性**，能安忍而不退失者即是**證眞如**，即是大乘賢聖，在二乘法解脫道中至少爲初果聖人。由此聖教，當知親證阿賴耶識而確認不疑時即是開悟眞見道也；除此以外，別無大乘宗門之眞見道。若別以他法作爲大乘見道者，或堅執**離念靈知**亦是實相心者（堅持意識覺知心離念時亦可作爲明心見道者），則成爲實相般若之見道內涵有多種，則成爲實相有多種，則違**實相絕待**之聖教也！故知宗門之悟唯有一種：親證第八識如來藏而轉依如來藏所顯眞如性，除此別無悟處。此理正眞，放諸往世、後世亦皆準，無人能否定之，則堅持離念靈知意識心是眞心者，其言誠屬妄語也。

——平實導師

佛法是具體可證的，三乘菩提也都是可以親證的義學，並非不可證的思想、玄學或哲學。而三乘菩提的實證，都要依第八識如來藏的實存及常住不壞性，才能成立；否則二乘無學聖者所證的無餘涅槃即不免成為斷滅空，而大乘菩薩所證的佛菩提道即成為不可實證之戲論。如來藏心常住於一切有情五蘊之中，光明顯耀而不曾有絲毫遮隱；但因無明遮障的緣故，所以無法證得；只要親隨眞善知識建立正知正見，並且習得參禪功夫以及努力修集福德以後，親證如來藏而發起實相般若勝妙智慧，是指日可待的事。古來中國禪宗祖師的勝妙智慧，全都藉由參禪證得第八識如來藏而發起；佛世迴心大乘的阿羅漢們能成為實義菩薩，也都是緣於實證如來藏才能發起實相般若勝妙智慧。如今這種勝妙智慧的實證法門，已經重現於台灣寶地，有大心的學佛人，當思自身是否願意空來人間一世而學無所成？或應奮起求證而成為實義菩薩，頓超二乘無學及大乘凡夫之位？然後行所當為，亦行於所不當為，則不唐生一世也。

——平實導師

道眼錄

宗門目

*：錯悟之公案

第一八一則 永明妙旨

杭州永明寺延壽禪師 僧問：「如何是永明妙旨？」師曰：「更添香著。」僧曰：「謝師指示。」師曰：「且喜勿交涉。」師有偈曰：「欲識永明旨，門前一湖水；日照光明生，風來波浪起。」

奧修說：《禪誕生於印度，在中國成長，然後在日本開花，這整個情況是很少見的。為什麼它誕生於印度，卻無法在印度成長，而必須去尋求一塊不同的土地？它在中國變成一棵大樹，但是不能夠在那裡開花，它必須再去找尋一個新氣候。在日本，它就好像櫻花樹一樣地開花，開出成千上萬的花朵，這不是巧合，也不是偶然，它有很深的內在歷史。印度是內向的國家，日本是外向的，中國剛好就在這兩個極端中間。印度和日本完全相反，所以，禪的種子為什麼會誕生在印度，而在日本開花？因為他們是相反，他們沒有類似性，他們是互相對立的。》（摘自《草木自己生長》）。

平實云：在見性後之初期一、二年，對於道之內涵及次第仍在摸索修正和證實之過程中，不自覺地忽略明心的部份，而偏重於見性的部份；因為見性讓人產生極強烈的解脫覺受—世界如幻、人生如戲、菩薩道如夢。後來回到明心的部份探究道的次第和內涵，經過三、四年的思惟整理，對於三乘法義之貫通及涅槃寂靜之本際，才算真正了知，也才有擇法眼能檢查古今一切善知識，包括奧修與克里希那穆提在內。所以在初見道後之整整兩年內，對於中外古今一切弘揚佛法的知識們，皆給予正面之評價，不敢稍作批判，因而遵循著一個守則：「寧將未悟之百人作已悟，不將已悟之一人作未悟。」所以當時也非正式推崇過某些錯悟之人，奧修及月溪法師皆在其中。

前面引述奧修對於禪在印度、中國、日本的弘傳和演變，但他的話只有一部份是正確的：《印度是向內探索的民族，中國是中庸之道的民族，日本是向外擴張侵略的民族。》但是禪在日本開花，不是像櫻花漫山遍野地開，只是偶爾出現一二朵，要再等很久以後才能再出現一二朵。因為日本是一個比較物化的民族，善於在科學技術等世間法上模仿及改良、然後向外擴張；而拙於在心靈上向內探索、閉門潛修，也比較不能尊重別人及別的國家。所以道元禪學儘管很發達、鈴木大拙儘管很有名，若論真正的佛法，自白隱禪師入滅後，近代之日本人尚未夢見在。所以禪——真正的佛法——一向只在中國的土地上茁壯、開花、而且結實纍纍，譬如現在的台灣。

但是奧修有一些觀點是正確的：《禪在日本已經死了，……如果你去日本找尋禪，你將空手而回。……日本人非常重視儀式，儀式還存在，每一樣在禪寺裡面的東西仍以同樣的方式繼續著，就好像內在的精伸仍然存在。他們將會繼續那些儀式……每一樣事物都

會被遵循，就好像那個精神還在，但是它已經消失了。》

部分日本人往往將佛法學問的研究分析，誤認為即是佛法，便敢狂妄的說：「台灣沒有佛法，台灣人想學佛法還得到日本留學才成。」平實如今願以永明妙旨與某些自大的日本佛學研究者及諸大寺院住持討教：

有僧來到杭州，請問「如何是永明妙旨？」永明寺延壽禪師答云：「香爐裡再添一點兒香吧！」此僧錯會永明之意，自以為悟，便道：「謝謝師父指示。」永明延壽禪師責曰：「你所體會的，與我所說的根本不相干！」

永明延壽禪師曾示偈云：「想要知道永明寺的妙旨，請看門前那一湖水；太陽照耀時湖面便顯現出光芒，風吹著時湖面就生起波浪來。」且道：永明禪師意在何處？

只如有僧問永明禪師西來意，永明禪師不答他西來意問話，卻教他向香爐裡再添一點兒香，豈真如留學日本之某大博士法師書中所說「亂講一通，答非所問」便是禪麼？莫顢頇！且道：永明如此答他，是有為他處？是無為他處？若有為他處，什麼處是為他？若無為他處，因什麼道理說無為他處？

此僧不會，落在情解上頭；平實則不然，當時便取香匙，舀些香粉撒向香爐中，再將香匙遞與永明，逕入方丈室候茶，管教永明不得不奉茶相待。

又如永明示偈云：「欲識永明旨，門前一湖水，日照光明生，風來波浪起。」又是何意？經上明明說道：菩提心離見聞覺知；永明此偈卻不離見聞覺知，竟是何意？此僧不會永明妙旨，處處錯過。平實則不然，待等永明奉茶後再示此偈時，便舉杯聞茶香，輕啜一口，向伊道：「永明茶，既香且甘。」管教他不得不與平實相對大笑。且道：永明與平實意在何處？

日本禪師若來台灣討教永明添香公案，平實便問：「汝是日本國何處人？」若云：「東京人。」平實便云：「汝未上飛機時，便好與一頓棒！」若云：「從琉球坐船來。」平實便云：「汝未上船時，早該打三十棒了。」且道：平實意在何處？

若到正覺講堂來問永明偈意，平實便將舊偈唸與他：「千里迢遙覓師忙，胸駝背負考妣喪；到得靈山無別物，門前荷塘藕節香！」若還不會，便遞一顆草莓與他：「這鮮紅的草莓又香又甜又酸哩！」還會麼？

第一八二則　光教錯舉

杭州光教寺永安禪師　上堂僧問：「四眾雲臻，如何舉唱？」師曰：「若到諸方，切莫錯舉。」僧曰：「非但學人，大眾有賴。」師曰：「禮拜著。」（平實云：兩重公案）。

平實云：自出道弘法以來已歷九年。憶昔初出道之二、三年中，常示學人：《真心是另外一個心，不是吾人能知能作主的心。祂與能知能作主的妄心同在一處，是二心同在，吾人應以能知能作主的妄心為工具，去尋覓另一個離見聞覺知而不作主的真心。開悟乃是找到真心，證知真妄二心同在，而且和合運作。》

有某大法師座下的幾位信徒亦來學法，聞我恁麼說，不肯信受，回去詢問名聞四海之大法師，後來便向我會中老師道：「師父說只有一個心，不可能有兩個心，你說真妄二心並行，是錯誤的說法。」從此不肯再學我所說法。佛子當知：大法師所說與我不同，必有一人錯悟，一切真悟之人對真妄心之開示必定皆同故。

宋朝佛眼清遠禪師，乃五祖法演禪師入室弟子，是克勤圜悟禪師之師兄弟，與師弟佛鑑慧勤禪師，三人同門同事，知交莫逆，時稱東山門下二勤一遠。平實近日有幸閱其開示，與平實多年來之開示無二無別，乃抄錄一段，以饗學人及與諸方大師名師。

佛眼清遠一日老婆心切，為弟子衆等開示云：「須是不離分別心，識取無分別心；不離見聞，識取無見聞底！不是長連床上閉目合眼喚作無見，須是即見處便有無見，所以道：居見聞之境，不見不聞不到；居思議之地，而思議不及。」

上來佛眼禪師開示，與平實九年來所說，活似一模脫胎而出，無二無別，諸方禪和子們！且自思量：是信佛眼清遠與平實之語好？是信某大法師之語好？此個知見極為重要，真悟錯悟，於此分野。

若認唯有一心，則除能知能作主之心外，別無他心，則必欲將此心修除妄想，使之成為真心：以有妄想時之靈知為妄心，以無妄想時之靈知為真心。則必使此心時真時妄，成變易法。若將此心於成佛時變為真如，則佛唯有真如，以無妄心故，應佛無七識，則不應理；大悟徹底之人亦同此理，如是，則一切大悟徹底之人，於過牢關後皆不能住於三界，無前七識知覺作主心故。然現見世間有佛仍具知覺之前七識心，現見世間有大悟徹底之祖師們，仍具知覺作主之前七識妄心，故知某大法師之「一心說」為妄說。

若以坐入無見聞覺知為悟，古來祖師真悟之人，皆不曾如此指授，故佛眼清遠云：「不離見聞，識取無見聞底！不是長連床上閉目合眼喚作無見，須是在有見之中便有個無見底心。」

若以能知分別之心，強加壓制、繫心一緣使不分別，以此為悟者，古來真悟之祖師不曾有人如此開示。故佛眼清遠云：「須是不離分別心，識取無分別心。」試觀平實上來所拈共一百八十一則公案之祖師們，現身說法，皆是以有分別心，識取另一無分別心；皆是在見聞覺知之中，覓取另一同時存在之離見聞覺知心，何嘗有一真悟祖師令人坐入無見聞覺知不起分別而謂之為悟？光教錯舉公案亦復如是：

杭州光教寺永安禪師一日上堂開示時，有僧問云：「光教寺中聚集了恁麼多從諸方來的比丘、比丘尼、優婆塞、優婆夷，請問光教禪師：您如何舉唱宗風？」光教禪師答云：「你們到諸方道場去，見了善知識時，可千萬別把我的開示講錯了。」大眾不會，此僧乃又問云：「非但學人等您開示，大眾也一樣在仰賴著您的開示呢！」光教禪師乃云：「禮拜！禮拜！」

如今放眼四海，可還有大師名師會得光教禪師意旨麼？只如僧問：「四衆雲臻，如何舉唱？」光教禪師尚未有一言半語相示，因何道理便教大衆「若到諸方切莫錯舉」？究竟光教禪師於此一句之前，是有開示？是無開示？若有開示，開示在什麼處？若無開示，又教切莫錯舉，究竟是什麼道理？且道佛法利害在什麼處？

只如真悟之祖師，但見來人方才入門，未開得口，已知虛實，且道：什麼處是祖師驗人處？何嘗教人打坐數息、進入定中不見不聞謂之為悟？何嘗教人壓抑妄想分別、制心一處謂之為悟？阿難尊者求悟大乘，迦葉尊者不教他打坐觀行、排遣分別心，卻教他倒卻門前剎竿，何嘗教他離開靈知分別之心？還知佛法利害在什麼處麼？

此僧不會，又復央求光教禪師開示，不知光教早已開示了也。（一重公案！）光教無奈，只得和身入泥入水，撒土撒沙，教大衆禮拜著！某些名師不會光教之意，每道光教是要消人慢心；有底道是光教不肯輕易放手，要人求他，所以教人頂禮他；有底道是光教貪圖他人禮拜；有底道是光教作弄學人。有什麼巴鼻？如此解釋公案，不如藏拙好。（兩重公案！）

古來衲僧伶俐者少，光教永安禪師這兩重公案，少人能會，盡學他言語應對，到處走作；遇初學人，便將來籠罩人，誤導衆生。於此且要請教諸方導師、大師、名師、法王、活佛、仁波切、上師們：兩重公案在什麼處？是什麼道理？若會不得，皆名未破參見道凡夫，莫自命成賢成聖，莫信口開河，以免大妄語業及以盲引盲大果報。

此二重公案，第一重如擊石火星，未眨得眼，早已蹉過；第二重如千盞萬年電燈，照耀萬年，始終明白示汝。若拈得出，平實道上座有來由。若拈不出，何妨到正覺講堂來！見了平實，且禮拜著，莫管平實頂禮回拜！

第一八三則　光教過立

杭州光教寺永安禪師　有僧問：「如何是西來意？」師曰：「汝過這邊立。」僧移步，師曰：「會麼？」僧曰：「不會。」師示偈曰：「汝問西來意，且過這邊立；昨夜三更時，雨打虛空濕；電影豁然明，不似蚰蜒急。」

拈出這個公案，尚未提示之前，吾人不妨將奧修所說《禪的真髓—草木自己生長》書中一個同類公案的解說，加以辨正，讀者即可瞭解光教禪師此一公案意旨何在：

奧修舉示禪的真義：《有人問布克由師父：「我們每天都必須穿和吃，要如何才能脫離這些東西？」布克由回答：「我們穿！我們吃！」此人又問：「我不會。」布克由回答：「穿衣去！吃飯去！」》

奧修解釋云：《禪的佛學是完全純粹的佛學，……它是最重要的本質、最純粹的禪那，是意識最純粹的開花，沒有任何中心；你存在，沒有任何一個人；你存在，你是，但你也不是，那就是替羅帕所強調的：沒有自己、無我、空。布克由怎麼說呢？他說：我們穿，我們吃。他的回答就這樣結束。他的回答是完整的、完美的，他只是說「我們吃和我們穿，而我們從來沒有發現任何問題，我們也從來沒有發現任何人能夠離開，沒有一個人在裡面。

吃存在、穿存在，但是自我並不存在。」》

平實云：禪師說穿衣去！吃飯去！不是奧修所解釋的意思，依奧修知見，作夢也見不到禪師。禪師之意並非是吃和穿的現象存在而我不存在，禪師教人吃飯穿衣，只是教人去尋覓不生不滅的涅槃妙心；禪師因證得這個涅槃實相妙心，而確認知覺心和作主心之虛幻、確認吃和穿只是一種緣起緣滅的現象，了知究竟佛乃至一切賢聖、凡夫異生，皆是此心所成，若無此心示現五蘊或四蘊，即無三界二十五有一切賢聖及凡夫；此後即知出三界之道，乃以實相涅槃妙心為究竟依歸，勤斷五蘊相應煩惱而出三界，或捨報後乘願再來自度度他，直至成佛。禪的真髓要在尋覓非斷非常的涅槃實相妙心，不是教你體會空、無我。只要證得涅槃實相妙心，五蘊十二處十八界的空無我現觀，自然會出現。

奧修又解釋云：《如果你能直接去看這個現象，直接去看這朵玫瑰，以新鮮的、不包含過去的眼光、清晰的意識、**沒有被雲遮住的知覺來看**；如果你能敞開你的門，**不要使用文字，直接地看**，在此時此地真正融入這朵花一下子，那麼你將會瞭解布克由所說的「我們穿，我們吃」。他是在說：當你做每一件事，你要完全停留在現在，那麼你就不會覺得它是一個重複，因為你不存在，……**當「你」不在，你就存在了**，然後就會有一種「在」

的品質發生在你身上，從一個片刻到下一個片刻都是新的、流動的、放鬆的，自然的從一個片刻到下一個片刻。》

平實云：離開語言文字的知覺心，不論如何地清明靈妙，皆是意識妄心。若有佛子進入非想非非想定中，彼極細之靈知心仍是意識；若有佛子進入第八地，彼以意生身來往十方諸佛世界之靈知心仍是意識；何況奧修所說不用文字語言之欲界覺觀靈知，正是三界中最粗糙之意識。以此欲界粗糙覺觀之心為真，如何能知禪師所悟「不離三界而出三界之涅槃實相妙心」？故證奧修乃是常見外道，雖然羅織許多佛法名相而說佛法，其實皆不離自性見。

奧修又說：《布克由是在說：最好不要製造難題，因爲我們不曾知道有任何人可以解決難題；難題一旦被創造出來，就無法被解決。不要創造難題，那就是解決難題的唯一方式，因爲難題一旦被創造出來，在那個創造當中，你就已經踏錯了第一步，如此一來，不論你做什麼，錯誤的那一步都不會讓你去解決它。》若真如此，十方諸佛不必住世，菩薩祖師不必度衆，因為奧修說成佛的難題既被創造出來，就無人能解決，則應一切佛、菩薩、祖師皆不能解決這個難題。

《如果你問說要如何放棄自我，你就已經創造出一個無法解決的難題。有千千萬萬個老師一直在教導你如何解決它、教導你要如何成爲謙虛的、不要成爲自我主義者，但是卻沒什麼效果。在你的謙虛當中，你仍然保持是一個自我主義者；在你的無我當中，你還是攜帶著一個微妙的自我。》奧修雖然如此評論一切的老師，但他所教導的仍是一個粗糙的、欲界五塵中的覺知的我，雖然他說那是個不同的存在，但這個存在的本質就是我，是藉六根為緣而生的我，身有即有，身滅即無。如此存在之主張，與沙特的存在主義雷同，雖較笛卡兒「我思故我在」細膩一些，其實不離欲界之意識覺觀，何有解脫之可得？

《禪怎麼說呢？禪說：注意看那個問題本身，答案就隱藏在那個問題裡面；深入看那個問題，如果那個「看」非常完美，問題就消失了；沒有問題被回答，它只是消失。他是在說：問題在哪裡？我們也吃，我們也穿，但我們只是吃和穿，爲什麼要產生問題？布克由是在說：按照生命本來的樣子來接受它，不要創造問題。如果一個人必須吃，那麼就吃。有飢餓，但它並不是你創造出來的；它必須被滿足，那麼就滿足它，但是不要創造問題。》

答案確實隱藏在問題（公案）裡面，但不是奧修所說的不涉入主觀的看或知。禪師教人穿衣去、吃飯去，不是他所說的「按照生命本然的樣子來接受它」，因為生命本然的樣子就是輪迴與生滅，永遠不離六塵；接受他的開示，就必定輪轉生死，不離斷常二邊。如此而本然地生活，則「如何遠離吃飯穿衣的生死現象」的問題，依舊不曾解決，他說了這個公案，是浪費他自己和一切弟子的生命和資源。

不創造問題，只是駝鳥式的無為而已，不能解脫欲界生死，遑論解脫色界及無色界的生死？

《布克由在說什麼呢？他說：如果你不了解，穿上你的衣服，吃你的食物，不要擔心關於了解的事；你只要像我們一樣吃和穿，而不要試著去了解。就是那個想要去了解的動作產生了誤解，這是不需要的。只要生活，只要存在，那就是布克由所說的：吃和穿。只要存在，忘掉了解，有什麼需要呢？……只要放鬆和存在。》

如此生活，卻同自然外道。如此錯誤的解釋禪──般若，無怪乎當年歐美學禪的年青人變成嬉皮（如今成了社會中堅的雅皮），成日價披頭散髮無所事事，以此為禪。若論他所舉示布克由禪師之公案密意，奧修仍未夢見在。只如學人欲如何解脫吃飯穿衣等生死現象？平實說與大家知：

吃飯去！穿衣去！

若人會得此意，便會光教過立公案，同是一則。有僧請問：「如何是我的如來藏真心？」光教永安禪師說：「你走到這邊兒站好。」這僧愚鹵，不會光教之意；平實即不然，當時便好取他拂子擲向地下，伸手云：「點茶來！」光教禪師見此僧不會，乃提示云：「會麼！」若是有個伶俐衲僧，在傍提示道：「上座何不禮拜？」也好教他悟去！無奈此僧因緣不具，答個不會，當場錯過。

光教禪師卻是老婆，便放水云：「汝問西來意，且過這邊立；昨夜三更時，雨打虛空濕；電影豁然明，不似蚰蜒急。」無奈此僧依舊沒個下文。

自古至今，多有一般禪狐裝模作樣，學人言語應對；但見老師擎拳豎拂，他便學祖師從東過西而立；遇著個冬瓜知識，便為他印證為悟，兩皆歡喜。此喚作賓看賓，二皆無主，含糊籠統，於解脫分上有何相干？

只如教中明明道：動轉是風，風力所成終歸壞滅。且道：光教永安教這僧過這邊立，是什麼意？光教分明捧出，上座莫道不會。如今台灣還有伶俐衲僧麼？過來！平實說與汝知：「將此宗門正法回饋大陸時，遇見大善知識，莫教他知。」

第一八四則　永明不會

杭州永明寺延壽禪師　僧問：「學人久在永明，爲什麼不會永明家風？」師曰：「不會處會取。」僧曰：「不會處如何會？」師曰：「牛胎生象子，碧海起紅塵。」

大陸有九十四歲〇音老人者，慈悲心切，開示禪法云：《禪宗既因墨守陳規而死氣沉沉，日趨衰亡。爲今之計，似又須改絃易轍，另走捷徑，以資打開僵局，復興禪宗。從現階段的禪機因緣看來，愚意：似應改爲直示本來面目，不要再守一則刻板死煞話頭，以利學人迅速開悟。爲師者只就來人詢問處下箚，逼其於意識不行時回光自見，然後再囑其善自綿密保任，銷除妄習，圓成道果。此等直示方法，古來有很多好例子。如問：「如何是佛？」答曰：「問者是誰？」曰：「是我。」難曰：「喚什麼作我？」曰：「見聞覺知是我，身是我！」難曰：「身是汝！知身是汝者又是誰？」曰：「亦是我。」難曰：「身與知俱是汝，豈非有二個汝？」曰：「如身與知俱非我，豈不落斷空？」因喚彼云：「某甲！」答曰：「諾！」直指云：「是什麼？是斷空嗎？」（原註：這個無身亦無知，又不落斷空的了了靈知，不是佛是什麼？）彼乃恍然大悟。》

〇音老人又開示云：《「汝今不思善、不思惡時，還有妄念否？」答曰：「一念不生！」問曰：「一念不生，如木石無知否？」曰：「了了常知！」直指曰：「卽此非有無之了了常知是什麼？是不是汝本來面目！」又如問：「如何是我自己？」答曰：「卽今問者豈非汝自己？」問曰：「卽將此問者爲我自己，可否？」答曰：「不可！」問曰：「爲甚不可？」答曰：「問者雖是汝自己，若認著自己，卽成二個自己了。」謂問者是汝自己，又認著問者爲自己，豈非二個自己耶？彼乃釋然大悟。如斯隨機直指，令其當下開悟，豈不快便？較之辛勤參究數十年了無消息者，相去奚啻霄壤！》

若依○音老人此說，則佛眼清遠禪師卻錯了，佛眼開示云：「須是不離分別心，識取無分別心。」卻是兩個心—真妄心同在。如今○音老人誤解般若空，將靈知妄心強分為二，認取其一為真，要皆不離妄心，於真心妄心同在之理，猶未能知也。佛眼清遠又云：「不離見聞，識取無見聞底。不是長連床上閉目合眼喚作無見，須是卽見處便有個無見底。」如今○音老人不契佛眼禪師之意，可見未悟。

○音老人復又開示云：《……綜上所述，我人于不思善、不思惡—前念已斷，後念未起時，雖空寂無念，而非如木石，驀然回首，荐取此了了靈知卽本來面目；既無有亂，亦無有定，隨緣應用，毫無粘滯，卽爲明心見性。》

平實云：恁麼為明心見性，一切常見外道總皆悟已，云何依舊名為常見外道？云何不得名為佛子？平實常云：一念不生時之了了靈知心乃是意識，設使佛子坐入非想非非想定中，已無欲界覺觀，不觸五塵，然仍有極微細之靈知，依舊是意識。稍微有知即落分別，非是無分別心，能了別五塵境及定境法塵於一念之中故。〇音老人若不信者，吾能令彼當場自行實驗，自行證實無念靈知心於一剎那間之了別性。短短之一剎那間尚能分別五塵境，何況三五分鐘連續不斷之無念靈知，云何不能別境？故云無念靈知心是分別心，《瑜伽師地論》中，彌勒菩薩說之為意識。此理已於拙著《念佛三昧修學次第、禪—悟前與悟後、禪淨圓融、宗門正眼、真實如來藏、正法眼藏—護法集、宗門法眼》等書中詳述，讀者閱之可知。

〇音老人以錯悟故，於古人證悟之諸多公案便生錯解，正是—失之毫釐，差之千里。若自以為悟，便成就大妄語業，不通懺悔，若不儘速對眾悔過，必下地獄。設若對眾悔過，自承未悟，永不再犯，猶有誤導廣大有情之重業待其補救。若不能或不願補救者，捨報後雖免地獄業，猶不免鬼神道畜生道之果報也，欲重得人身，難矣！

大乘諸解脫經每開示云：「法離見聞覺知。不觀是菩提。不會是菩提。」真心不觀照覺知六塵故，真心不知六塵、不體會六塵故，真心非三界中之見聞覺知故。若是突遇險境之直覺心，乃因能會六塵故起，不離三界有之覺觀，乃是妄心。無念靈知，名為直觀，更不離三界六塵，亦是妄心；然不可將之落於無記中，此心乃是參禪之工具故。至於一切時（除入睡、昏迷、二無心定、死亡）覺知觀照之覺觀心，更是具足分別覺觀作用，乃是未有定力之凡夫異生之妄心。若認直覺、直觀、覺觀等三妄心為真，即成經中所說「認賊為子，劫自家財」之愚人；乃年高德卲之〇音老人，亦效此愚人耶？

譬如杭州永明寺延壽禪師，因一僧問：「學人久在永明，為什麼對師父您的悟處一直都不會？」永明延壽禪師就身打劫道：「你既然不會，就由不會的地方去體會吧。」此僧愚鹵，不知永明延壽禪師是教他去會取那個不會佛法的心，便問道：「不會的地方如何體會？」永明禪師座下入室弟子極多，不似平實老婆，便放過云：「牛胎生象子，碧海起紅塵。」

且觀永明禪師此一公案，不落靈知，不似〇音老人落在靈知心中，禪子們且道：永明禪師、〇音老人，這二位，哪一位您信得及？

有一般教授持名念佛之法師老師，聞道念佛須參究心性、體究念佛，便排拒於三千里外；卻又常說永明延壽禪師所示諸多念佛法門，動輒道「一句佛號概括事理」，及至問著，卻又不知一句佛號中如何是事？如何是理？既然不知，便應率衆趕緊參禪——體究念佛；卻又不許徒衆體究心性，豈不怪哉！

永明延壽禪師相傳乃彌陀世尊化身示現，初住永明寺時，禪衆已逾二千人，十五年中因永明禪師得度者一千七百人。尋常度人以禪為主，念佛為輔，非僅持名念佛一門而已。觀乎永明延壽禪師之得實相念佛三昧，乃由禪而入；禪即是實相念佛三昧，詳究《觀無量壽佛經》第九觀，及《華嚴經》中德雲比丘之念佛三昧可知，念佛人何棄珍饈而取糟糠乎？

且觀蓮宗諸祖之修得實相念佛三昧者，有誰是由持佛名號而入理者？莫不因念佛功夫成就而探究禪法，終於一念相應而進入「一句佛號概括事理」之境地，率非由持名而至也。

只如一句佛號概括事理之旨，上座作麼生會？且聽永明延壽禪師一句：

不會處會取！

第一八五則　慧可禮拜

禪宗中土二祖慧可禪師　達摩大師度神光法師，為他改名為慧可禪師後，欲西返天竺，乃命門人曰：「時將至矣，汝等盍各言所得乎！」時門人道副對曰：「如我所見，不執文字不離文字而為道用。」祖曰：「汝得吾皮。」尼總持曰：「我今所解如慶喜見阿閦佛國，一見更不再見。」祖曰：「汝得吾肉。」道育曰：「四大本空，五陰非有，而我見處無一法可得。」祖曰：「汝得吾骨。」最後，慧可禮拜後依位而立。祖曰：「汝得吾髓。」乃付囑衣鉢云：「……至吾滅後二百年，衣止不傳，法周沙界。明道者多，行道者少；說理者多，通理者少；潛符密證，千萬有餘；汝當闡揚，勿輕未悟，一念迴機便同本得。聽吾偈曰：吾本來茲土，傳法救迷情，一華開五葉，結果自然成。」又云：「吾有楞伽經四卷，亦用付汝，即是如來心地要門，令諸眾生開示悟入。……」

某老居士云：《……有很多人問我「參禪最契機、最穩妥的方法是什麼？」我告訴各位，是觀心。有些人根本是門外漢，他說「觀心是古老的禪，達摩祖師那幾代才觀心。到唐朝中葉以後，一花五葉，只見棒喝交馳，擊石火、閃電光，舉拂撐拳，瞪目豎指……那些才真夠奇特奧妙，也才是禪的獨特風格。至於觀心一法實在卑之無甚高論，太古板、太簡單，那不是禪。」像這種知見的人永劫不會開悟。

又云：《不必說各位開悟見性了，如果你真正看懂了那些禪籍，就該知道達摩大師當初傳法給二祖後，想印證二祖的境地；二祖運用了種種的辭彙表達，儘在說心說性，說了一大堆，達摩大師都不置可否，因爲他要的是你見性，不是要你的分別心和知解，而是摩訶般若的現量，對於表層意識的聞知解並不認可。直到二祖說：「我現在已息諸緣。」達摩祖師問：「是不是斷滅呢？」意思是說是不是無記、沒有知覺、跟死人一樣？二祖說：「沒有無記，明明白白、清清楚楚，不是死人，只是無念，不是不覺。」初祖才印可說：「如是！如是！只此是諸佛所傳心印，善自護持。」我請教各位：如果二祖當初不觀心，怎麼知道已息諸緣？他若不察知自己的心態，又怎麼知道並不斷滅？》

老居士如上開示出自《景德傳燈錄別記》，然老居士轉述二祖悟處之答語，與原文有出入，茲摘錄原文如下：「師初居少林寺九年。為二祖說法只教曰：『外息諸緣，內心無喘，心如牆壁可以入道。』慧可種種說心性理，道未契，師只遮其非，不為說無念心體。慧可曰：『我已息諸緣。』師曰：『莫不成斷滅去否？』可曰：『不成斷滅。』師曰：『何以驗之云不斷滅？』可曰：『了了常知故，言不可及。』師曰：『此是諸佛所傳心體，更勿疑也。』」二祖只說「已息諸緣」及「了了常知故，言不可及」，要未曾說「明明白白、清清楚楚，只是無念，不是不覺」等語，此諸語義曲解二祖之意，非是正說。

平實正色云：觀心者每落於無念靈知心中，認此妄心為真，尤以坐中觀心為甚；此曹洞宗之所以速亡之因也，此亦天竺密宗興而佛教亡之因也。以無念靈知心為真，則知見同於常見外道，佛法即被淺化，一切種智唯識之學即無人能修證弘揚，失去吸引有智學人學佛之誘因；亦因此無人能摧邪顯正、無人能撥烏雲而使日明，宜密教之興而佛教隨之以亡也；密教中人亦多以能觀想之無妄想靈知心為真，而否定如來藏阿賴耶識故也。

禪之一法，得則疾成賢聖，無比迅捷；失則速入塗炭，更為快速；得失皆在一念之間，所謂失之毫釐，差之千里是也。學人不可不慎，以免禍生腋下，救之不及。

如此公案，老居士錯會二祖之意，便致天壤有別。別記中，二祖云：「了了常知故，言不可及。」又云：「不成斷滅。」非指無念靈知心也。了了常知者，醒睡寤夢乃至昏迷、入無心定中、死亡之時，皆是了了常知；常者不斷，常知者無有一時不知也。然無念靈知心常有間斷，不能常知，設或知時亦未完全了了，故非真實了了常知之心。

無念靈知心於睡著無夢、昏迷、正死位、入二無心定時，皆斷滅不現，云何而謂「常」知？乃有時知、有時不知、非是「常」知也。又無念靈知心常不了了：譬如清醒正常之人，專注於行路時之路況見聞，往往忽略鼻香、舌味、身觸等法；讀書時專注於字句音義之色塵法塵，往往忽略其餘四塵，若非其餘四塵聲香味觸有突然重大之變化，往往未加了知。

本來無念之心體—如來藏則不如是，不論何時何處，乃至昏迷中、正死時，於五塵境悉皆了了常知，如實顯現內相分，而又不起語言文字妄想，亦不作有語言文字或無語言文字之分別，祂是無始劫來一向如是了了常知，不曾斷滅，非將靈知心修除妄想而成無念心體，乃是從本以來就是無念心體，唯有祂方能了了「常」知故。然此知非是三界中之知，君若不信，何妨觀照前舉勘驗公案？

達摩大師衣法傳付有人，欲返天竺，乃命門人各呈所悟。道副呈曰：「如我所見，不執文字不離文字而為道用。」此即有念靈知心也，達摩云：「汝只得我法之皮毛而已。」比丘尼總持呈曰：「我今所解，猶如慶喜見阿閦佛國後，即不再攀緣一切境。」此是掃除外五塵，住於靈知意識境界中，達摩云：「汝只得我肉。」道育呈曰：「一切皆是緣起緣滅，四大五蘊假合非真；以我觀來，無有一法可得。」此是落於聲聞知見，類似斷滅境中，若真修行者，無妨與聲聞菩提相應，然終無法與第一義相應，故達摩隨云：「汝得吾骨。」最後慧可未曾說得一句，只是向初祖達摩禮拜，拜已起身又回原位而立，達摩大師乃印證云：「汝得吾真髓。」遂付衣缽及《楞伽經》四卷，教彼以《楞伽經》自行體驗印證，並云此經「即是如來心地要門，令諸衆生開示悟入。」

綜上可知，二祖非以無念靈知心為真，而以證得離見聞覺知之如來藏阿賴耶識為真，阿賴耶識雖離三界中之見聞覺知，然卻能於一切時皆知五蘊靈覺心之喜怒哀樂所欲所厭，故名了了常知；亦能同時遍攝五塵境而如實示現與作主之末那心，無一遺漏，遍一切時，故名了了常知。此「知」非意識之所能知，唯真悟者能少分知之，非道副、道育、及總持比丘尼之所知也。唯有修學一切種智者能多分知悉阿賴耶識非三界中見聞覺知之知。

又達摩大師付衣法時併付《楞伽經》四卷，即是末學歷經二年餘始講解完畢之四卷《楞伽阿跋多羅寶經》，此經詳述真心之體性，離見聞覺知而能隨緣應物，十八法界由祂而生，因祂而有無餘依涅槃及無住處涅槃。故知真心非是能與語言相應之靈知心，而是從來不與語言相應之了了而「常」知之阿賴耶識。真悟之人與此心溝通時皆不須使用語言文字，亦不須使用表色與無表色。

凡夫之無念靈知心不離欲界五塵、意識心不離欲界法塵，每日間斷；末那意根時時處處皆在作主，然此諸心之心思，始從出生，終至老死，於一切時一切處，乃至夢中定中，皆無能瞞騙真心如來藏，故云真心了了「常」知，此知非吾人見聞覺知之知也。此理少人能知，便不能與《楞伽經》印證。是故佛云：「如來道場所得法者，是法非法、亦非非法。我於此法智不能行、目不能見、無有行處，慧所不通，明不能了，問無有答。」此了了常知之心性，非錯悟者之無念靈知所能知也。

而此真心雖了了「常」知，卻不攀緣六塵諸法而起妄想分別，悟者若能依此真心體性而修除無念靈知心之六塵攀緣，並斷除對無念靈知心自己之執著，視自己為冤家，捨報時未曾有一念欲使自己繼續存在，則六七二識之種子現行流注停止，中陰身便不出現，便入涅槃。此諸道理能與《楞伽經》全部印證，無念靈知心則唯能與《楞伽經》所說之意識印證，故知二祖之了了常知，非謂見聞覺知之知也，學人萬勿錯會，錯會便致塗炭，果報嚴峻，不可不慎。

只如二祖慧可頂禮初祖達摩，未曾說得一句言語，達摩大師因何讚他得其真髓，又付衣缽及《楞伽經》？若不會者，何妨細讀平實所著諸書，以書中知見而提起疑情、每日殷勤禮佛？若能體會平實所述知見，復能每日禮佛者，平實保汝今生必悟。

上座欲會麼？

禮佛去！

第一八六則　石頭綠瓦

南嶽石頭希遷禪師　僧問：「如何是禪師？」師曰：「綠瓦！」別僧問：「如何是導師？」師曰：「木頭。」

平實云：此一則公案與後來之雲門胡餅相似，壁立千仞，水潑不進，教人無從下手。

禪師、導師、胡餅，三者是一，皆問真心法身。有僧問：「如何是超佛越祖之談？」超佛越祖者法身也，若證真心法身，始知法身中無佛無祖、無覺無知；始知成佛作祖者，皆是色身及七轉識在作，法身何曾有佛有祖可作？雲門聞得僧人此問，便答道：「胡餅！」

有師云：「胡餅即大窩窩頭，很硬，難以咬嚼，雲門之意乃是教人要有耐心，慢慢參究。」如此喚作迷己逐物，有什麼相干！又有人道：「但凡真悟之人，一言一語莫不是道，是故雲門答個胡餅，胡餅即是道。只要專心吃胡餅，不打妄想，觀照念起，則胡餅便是道。」若恁麼會，則綠瓦木頭又作何解？莫道石頭希遷禪師是教人專心看綠瓦、專心劈木頭！若作此解，只好一生當座主、當法師，與禪師導師無緣也。

只如僧問：「如何是禪師？」石頭禪師答曰：「綠瓦！」又如別僧問：「如何是

導師？」石頭答曰：「木頭！」有僧問：「如何是超佛越祖之談？」雲門答：「胡餅！」有時答：「須彌山。」有時答：「六不收！」有時答：「花藥欄。」如今天下大師名師說禪浩浩，聞道上舉石頭、雲門二大禪師之應答，還有不羞慚毛豎者麼？

石頭與雲門一般，三寸甚密，欲覓他落處，大不易。有師解云：「也許當時石頭大師抬頭，正好看見綠瓦，便答綠瓦；正好踩著木頭，便答木頭。悟得真的人，隨手拈來都是第一義。」如此之師只合當座主，講經說法以了此生；不合當禪師，必定以盲引盲故也。

雪竇重顯禪師曾頌雲門胡餅公案云：「超談禪客問偏多，縫隙披離見也麼？胡餅𡎺來猶不住，至今天下有淆訛。」（𡎺：向人嘴裡塞東西也。）這禪客不直接問真如法身，卻向雲門問超佛越祖之談，豈不問得太多？然這一問之間，卻不妨自己有個出身處，只是縫隙雖然披離，此僧不曾知見，猶待雲門開示。雲門不得已，只好將胡餅往這僧嘴裡似塞又擲；這胡餅擲來至今已一千年，天下學人及諸名師依舊七嘴八舌，分辨不清。學人欲會麼？且觀平實「縫隙披離頌」：

導師禪師作問頭　石頭卻道是木頭

超佛越祖問偏多　雲門胡餅塞卻口

塞卻口　劈木頭　法身分明在指頭
胡餅不會問綠瓦　平實卻道是木頭
非綠瓦　非木頭　百年妖怪虛開口
石頭雲門真風流　至今諸方難下手

如今諸方老宿、諸方活佛法王，還解向伊致個問端麼？若覓不著伊，來問平實，平實向汝道：

汝是木頭！

第一八七則 寒山茄串

天台山寒山大士 大士常居寒巖中，故名寒山子。大士與拾得大士同現俗士相，常在天台山國清寺廚下執炊役，二人終日晤語，聽者都不體解。一日炙茄，寒山持茄串打一僧背，僧回首，寒山持串云：「是什麼？」僧罵云：「這瘋顛漢。」寒山卻示傍僧曰：「你道這個師僧，費卻多少鹽醬？」（摘自閭丘胤太守著《天台山三聖詩集序》）

某老居士云：《寒山拾得說起來也並不代表禪，有很多西方人講新禪，看了寒山詩就標榜新禪，盲目的否定社會的價值標準，與存在主義一拍卽合；穿著破爛的衣服，頭髮留得長長的，牛仔褲磨得發白，剪兩塊補釘再補上，褲管上棉紗破得像穗子一樣；台灣也有很多人效顰。像這樣衣冠不整、不修邊幅，而說是禪，那真是天大的笑話！禪是很莊嚴的，從達摩西來，到以後的歷代祖師，所住的寺廟都是律宗的道場；律宗講究三千威儀、八萬細行，規規矩矩，一舉手一投足都有規則。所以禪不是吊兒郎當、玩世不恭、嬉笑怒罵；……》

平實云：二十世紀六十年代的嬉皮之所以會與沙特的存在主義相應，而卻誤以為即是寒山的禪意，皆是因為日本的鈴木大拙弄錯了，密宗的活佛、法王、仁波切們弄錯了，美國的卡普樂禪師弄錯了；他們將錯誤的知見教導當時的美國青年，使得他們誤會靈覺心即是不生不滅的本體，以此常見之心來解釋寒山大士的詩偈，將寒山及老子莊子思想扯在一起，便形成嬉皮一代（如今已是雅皮，社會中堅份子）。

然而老居士訶責嬉皮，不妨轉而自責，所以者何？若論寒山意旨，老居士猶未夢見在，居士所奉以為真之無念靈知心，即是存在主義所宗奉者，即是奧修所宗奉者，即是嬉皮所宗奉者。嬉皮之不同者只在崇奉自然無為、自我流浪街頭森林而已。

天台山有寒岩，寒山子常居其中，故呼為寒山子。寒山子相傳乃文殊師利菩薩化現，不知姓名，不知從何而來，與拾得大士同現俗士相貌，常在天台山國清寺廚房中執炊役。二人終日晤語，聽者聞之都不能體會瞭解；常常示現禪的機鋒，世人不知，每以為他二人是「吊兒郎當、玩世不恭、嬉笑怒罵」，如今老居士亦復如是看法，皆名未悟錯悟之人。若是個真悟底伶俐漢，觀之聞之便覺親切無比，思欲親近、瞻仰、禮拜、乃至參與其機鋒之中，何敢誣之為玩世不恭？何敢誣之為嬉笑怒罵、吊兒郎當？

一日天寒，寒山拾得二位大士，與衆僧在廚房以火烤茄子（除去其寒性），寒山子忽持茄串打一僧背（無風起浪，大發悲心），僧回首（依稀彷彿，不知不覺，欲看何人相弄也）寒山子手持茄串問云：「是什麼？」（恁麼老婆，圖個什麼？又不缺少柴米油鹽），僧罵云：「這瘋顛漢！」（果然與老居士一般，將菩薩之慈悲心腸，當作狼心狗肺，猶罵他玩世不恭、嬉笑怒罵。）寒山子因這僧身穿僧伽梨，不好怒斥，只得指向傍僧，牽累他家，看能否度得另一個？便向旁僧示茄串云：「你說這個師僧，白白吃掉了多少鹽與醬？這個也不會！」無奈依舊是石沉大海，連個回響亦無。

且道：寒山子持茄串打僧背，意在何處？真知此者方有住山本錢，若不知此，而敢開山以禪度衆者，他時異日閻王老子算汝衣飯錢在！

寒山拾得乃是文殊普賢示現，寺中僧人無一知者，兩人住寺十餘年中，閑常談論皆教外別傳之旨，闔寺上下無一人會得，不解其意故，以為二人是玩世不恭、嬉笑怒罵，謂二人為瘋狂子。寺僧有時以杖逼逐，寒山子乃撫掌大笑而去，久而復迴。

一日，寒山子老婆心切，持茄串打一僧背，僧回首，寒山問：「是什麼？」此僧痴鈍，辜負大士，猶罵大士是瘋顛漢。及至郡守閭丘胤，因豐干禪師（彌陀示現）指示，方知二人乃是大士示現，尋至廚下，不顧地上濕濾濾地，倒頭便拜，闔寺僧衆上下驚愕曰：「尊官何故禮拜二貧士？」二大士呵呵大笑，寒山子叱云：「豐干饒舌！饒舌！」又訶閭丘太守云：「彌陀不識，禮我何為？」乃與拾得攜手走出寺門，不復入寺，正應豐干禪師先前所言：「見之不識，識之不見。若欲見之，不得取相，乃可見之。」無上甚深般若正法，闔寺僧衆失之交臂。

只如寒山大士持茄串打僧背，問僧「是什麼？」竟是何意？又如寒山持茄串別示旁僧云：「你說這個師僧白白吃掉多少鹽與醬？這個也不會！」又是何意？老居士欲會麼？上天台山禮文殊去！

第一八八則　拾得叉手

天台山拾得大士　一日大士掃地，寺主問曰：「汝名拾得，豐干拾得汝歸，汝畢竟姓個什麼？在何處住？」拾得放下掃帚，叉手而立；寺主罔測，寒山在側搥胸曰：「蒼天！蒼天！」拾得卻問：「汝作什麼？」寒山曰：「豈不見道：東家人死，西家人助哀。」二人作舞，哭笑而出。（摘自閭丘胤太守著《天台山三聖詩集序》）

某老居士云：《南嶽懷讓大師在六祖身邊追隨了十幾年，有一天六祖驀地問：「甚麼物？恁麼來？」南嶽毫不思索，脫口而出：「說似一物即不中。」你說是什麼都不對。你想想，南嶽大師若不觀心，怎知道六祖在問什麼？……因為南嶽大師秒秒觀心，他知道不是指別處，才立即回答：「不論你說它是個什麼都不對。」》

又云：《有太多地方證明只有觀心才是參禪最契機、最穩妥的修行法門。不肯觀心，絕難入真正的禪。》

平實云：禪乃般若，不是禪定。觀心者，須是已有一個所知的心，方能觀之，未悟之前無心可觀。未悟之人若言有心可觀，必是有念靈知或無念靈知心，然此心是意識覺知，不離欲界五塵之覺觀。若觀此心求悟，無異緣木求魚、刻舟求劍，觀至無妄想時依舊是妄心意識之靈知也。

禪之開悟，不可用觀心得，未悟之前尚不知真心何在，何有真心可觀？故不可用觀心之法求悟，當以覓心之法求悟。覓心之前應先了知有情無念靈知心之虛妄，於此靈知心外另覓同時存在之非見聞覺知心，是故參禪不可用觀心之法，當用覓心之法，尋覓無始劫來不曾現起三界覺知之真心。覓心之法無如參話頭與參公案。若參公案，莫在祖師話語上解會，否則轉被公案縛，不如直直看個話頭，逕自覓去！

譬如天台山國清寺中有現在家相之大士名拾得；一日拾得大士掃地，寺主問曰：「你的名字叫做拾得，是豐干禪師拾得你，將你攜回扶養；可是你畢竟姓個什麼？住在何處？」這寺主無端起個問頭，欲探拾得身世，拾得卻放下掃帚，叉手而立；正是家裡人本色，雖然老婆，只是難會，寺主罔測拾得之意，不知所措。

寒山在旁見此光景，也隨拾得入泥入水，希冀度他一寺之主，便以雙手搥胸云：「蒼天！蒼天！」寺主依舊不會，拾得卻問：「你在作什麼？」（蹉過也不知！）寒山子曰：「沒聽人說過嗎？東家有人死了，西家人便過來幫忙辦喪事啊！」寺主在拾得手下不會，又勞寒山子幫襯，無奈依然是無月夜行。二位大士老婆至極，便在寺主面前跳起舞來；寺主依舊不會，二人便一哭一笑，出寺而去。

且道：拾得放下掃帚，叉手而立，竟是何意？二道：寒山子搥胸喚蒼天，又是何意？三道：二人作舞、哭笑而出又是何意？老師若道得，末學道老師有來由！若道不得，莫向人說「觀心才是真正的禪」！

南嶽石頭希遷禪師云：「當明中有暗，勿以暗相遇；當暗中有明，勿以明相睹。」老師欲會麼？且放下此書，走向浴室中，面對鏡子，大哭大笑一回甚妙。

嗄？哭多久？隨你高興笑多久！

第一八九則 拾得撫掌

天台山拾得大士 一日眾僧說戒，拾得驅牛至，倚門微笑曰：「悠悠哉，聚頭作相。」撫掌云：「這個如何？」僧怒訶云：「下人瘋狂，破我說戒。」拾得笑曰：「無瞋即是戒，心淨即出家；我性與汝合，一切法無差。」乃驅牛出，呼前世僧名，牛即應聲而過。復唱偈曰：「前生不持戒，人面而畜心；汝今招此咎，怨恨於何人？」（摘自閭丘胤太守著《天台山三聖詩集序》）

〇珠法王教授「加行法之大圓滿見地」云：《絕對層次上，我們的這個心是空性的，是自我光明，是自性，覺知的，此心自身就是珍貴的佛。外層的佛法現以音聲和意義的形態，你可以聽聞它，並修習它。但從內層的見地而言，它是空性的。在精要中，它是無終無礙覺性的自我光明展現、本初之心。……當你真正正確地做加行法時，你要以熱切的信心在你心中觀想皈依樹，謙遜地用自己的身體做頂禮，並用你的語規矩地持誦皈依文。然後你在修法的最後坐下來，把所觀想物融入自己，而了悟到皈依者（主體）、皈依處（客體）、和皈依（行爲）這三者，**都是自己的覺知**。禪修者卽自己，皈依之樹是自己所創出；僅僅置於覺知的本性中，除了覺性外，無一物可被發現。》

平實云：密教中諸多法王、活佛、仁波切、上師等，大多真妄二心不分、真如佛性一體，是故每多落於自性見中，卻同常見外道。十之八九不能了知真心妄心二者之分際，亦不能了知真如與佛性二者之分際，故若開示大手印大圓滿見地時，每同常見外道，遂有宗喀巴之引般若中觀而否定真心如來藏。若是真悟之人，不落於紅教多數祖師所執常見之中，亦不落於黃教宗喀巴所執空見及等同斷滅之中觀見中，唯有未悟及錯悟之人方有此錯。

觀想所成之樹，乃由妄心觀成，然其相分則由真心如來藏所現，至於真心何在？法王猶未知也。而能觀彼樹之心乃是意識妄心，此能觀之心，於五位時間斷，復不能延續至未來世，是無常生滅間斷之法，以此知覺觀照之體性而謂為不生滅之空性，無異常見外道，一切真悟之人皆不能認同，違佛所說三乘法教第一義之密意故。

譬如天台山拾得大士，現貧士像，於國清寺中執役。一日寺中衆僧説戒時，適拾得驅牛欲出，見衆僧説戒，乃倚門微笑曰：「悠悠哉，聚在一起執著戒相。」又撫掌云：「這個怎麼樣？（問這個持不持戒也）」衆僧憤怒訶斥云：「你這個下作人，瘋瘋顛顛破我説戒！」不知戒乃戒心，不是戒身，猶自起瞋；拾得笑著説：「心地無瞋就是戒，心地清淨就是出家；我的真心本性和你的真心本性符合無異，一切法由祂出生時都是相同的。」乃驅牛而出，同時呼喚一位已經過世之僧人名字，牛就答應一聲，跟著拾得走過去。拾得又邊走邊唱：「前生不持戒，人面而畜心；汝今招此咎，怨恨於何人？」且道：拾得撫掌云：「這個如何？」這個是哪個？

拾得者，「……豐干禪師至赤城，道側聞兒啼聲，問之，云『孤棄於此。』乃名拾得。攜至（國清）寺，付庫院。後庫僧靈熠令知食堂及香燈，忽登座與佛像對盤而餐。復於聖僧（像）前呼曰小果。熠告尊宿等，易令廚內滌器。常日齋畢，澄濾殘食菜滓，以筒盛之，寒（山子）來即負之而去。寒容貌枯悴，布襦零落，以樺皮為冠，曳大木屐，時至寺。或廊下徐行、或廚內執炊、或混處童牧，或時叫噪、望空嫚罵，或云：『咄哉！咄哉！三界輪迴。』僧以杖逼逐，即撫掌大笑。」

六〇年代之嬉皮，以無真禪師故，接觸禪法而未能悟，遂效寒山拾得，狀若瘋狂，實不知寒拾二人意旨。後代錯悟之師亦復如是不知寒拾二人意旨，乃謂二人為「玩世不恭，嬉笑怒罵，吊兒郎當」，將他二人開示第一義聖諦之作為及機鋒，斥為瘋狂，與當年之在家出家俗人無異。

又復一般佛子受菩薩戒後，日日毀犯而無所覺。中焉者犯戒即悔，恐懼戒慎，心惶惶然，不能安定。上焉者嚴持不犯，不近人情，成增上慢及戒慢。下焉者更有錯悟之名師，將他人辨正法義及摧邪顯正誣為誹謗三寶、誣為自讚毀他；明知自己如此作為正是曲解法義、誹謗正法，正是自讚毀他，卻一再於大衆前明知故犯，豈真欣羡拾得所喚牛僧乎！

雖佛說諸戒，為戒未悟衆生之五蘊—色身及靈知作主心—不得造惡乃至不得不行善，故有諸戒相，須日日誦，或半月一布薩。然佛子須知有道共戒者：不取相戒、不著有戒、不非戒取戒、不取佛戒，但以攝心住於正道為戒，永不入三惡道；此為已悟佛子而說，真心無戒可持、無戒可犯故。真悟之人以真心體性為依皈，真心於一切境無所得、無分別、不受苦樂、本性清淨、不貪五塵法、不求樂厭苦、離三界覺觀、無形無色，云何持戒？悟者之靈知明覺作主之心，依此真心體性而住，自然不犯諸戒，是名攝心為戒—持道共戒也。此時若有摧邪顯正、辨正諸方錯悟名師所說邪見等作為，皆非為財為名，乃為慈憫廣大佛子而為，乃為挽救錯悟名師免受未來世之地獄業而為，未悟錯悟之師不應誣為誹謗三寶及自讚毀他，否則所誣之罪還須自己受之；真悟之人以真心為依皈，而真心無所受故。

上座欲得此道共戒麼？何不究取拾得撫掌公案？只如衆僧聚集說戒時，拾得大士倚門撫掌曰：「這個如何？」且道：這個是阿哪個？

上座莫倚正覺講堂大門，進門來！撫掌與平實看！

第一九〇則 寒山蒼天

天台山寒山大士 趙州從諗禪師到天台，行見牛跡，寒山曰：「上座還識牛麼？此是五百羅漢遊山。」州曰：「既是羅漢，為什麼作牛去？」寒曰：「蒼天！蒼天！」州呵呵大笑，寒曰：「笑作什麼？」州曰：「蒼天！蒼天！」寒曰：「這小廝兒，卻有大人之作。」

某老居士主張觀心才是真正的禪，開示云：《我們再看看六祖壇經：惠明為了奪取衣缽追趕六祖，……六祖對他說：「衣缽表信，只是法統的徵信，可以力爭嗎？」惠明用手提也提不動，然後見風轉舵地說：「我不是為衣缽，我是為求法來的。」六祖說：「你既然為法來，現在坐在那裡，善惡都莫思量，好的壞的你都別想。」調心，調了半天，六祖在旁邊觀察，發現他的心態**到達有心無念**的時候，說道：「不思善、不思惡，正與麼時，哪個是明上座的本來面目？」惠明一聽，恍然大悟，感動得痛哭流涕。他說：「我在黃梅幾年，不知道本來面目，現在行者（原註：沒有出家受戒，他只是一個燒火的工人，寺裡的工人就叫行者）就是我的師父啊！」六祖說：「不必客氣啦！我們都是五祖的弟子，你不能這樣啊！」不過惠明還是認他為師，把名字改成道明。試想：離開心態，甚麼是禪？》

平實云：此是誤會六祖及道明禪師之意，錯認無念靈知心為真，也是一般「禪師」常見的錯誤，此中密意，平實已於三九、四十則中拈提，茲不贅語。若知寒山蒼天公案，便知老居士敗闕：

一日，趙州從諗禪師到天台山參禮寒山大士，遊山時，行見牛之足跡，寒山子說：「上座還認得什麼是牛嗎？這就是五百羅漢遊山啊！」趙州問曰：「既是羅漢，為什麼卻作牛去？」寒山子答曰：「蒼天！蒼天！」趙州聽了卻呵呵大笑，寒山子便故意問道：「大笑作什麼？」趙州卻答道：「蒼天！蒼天！」寒山子便讚歎云：「這個小長工，卻有大人物的作為。」

趙州從諗禪師乃一代大師，名震天下，凡有所說，天下無不悚服，寒山子卻道他是個小廝兒。只如趙州問：「羅漢為什麼是牛？」寒山子為什麼答他蒼天？莫道是「無念靈知猶如虛空無形無色，故云蒼天」，若如此道，且放汝三十棒，自領出去自打；違教悖理故。

又如趙州呵呵大笑，意在何處？莫道他只是好笑，須知他笑裡藏刀，不懷好意。寒山明知他笑裡有刀，為勘驗他，故意問他為什麼笑，趙州卻藉寒山之語答他：「蒼天！蒼天！」寒山子便知他已知曉蒼天之旨，許他是大人之作。看他古人一勘一答之後，又賓主互換。再勘再答，將對方之殺人刀移換為自己的活人劍，既不黏膩，又不犯鋒傷手，何等自在？

且道：寒山蒼天與趙州呵呵大笑，是同是別？若是同者云何是同？若是別者云何是別？上座且道：蒼天意旨如何？欲會麼？借幾步路，看蒼天去！

續貂云：「借幾步路，看蒼天去！」語中有偏有正，上座若識得偏中正者，便會蒼天意旨，且道：語中偏正在什麼處？

第一九一則　虎吼拄杖

天台山寒山拾得大士　溈山靈祐禪師悟前，到天台山國清寺受戒，寒拾二人往松門，夾道作虎吼三聲，溈無對。寒曰：「自從靈山一別迄今，還相記麼？」溈無對。拾得拈拄杖曰：「老兄喚這個作什麼？」溈又無對。寒曰：「休！休！不用問他，自從別後已三生作國王來，總忘卻也。」（摘自閭丘胤太守著《天台山三聖詩集序》）

某老居士云：《五祖以金剛經為六祖印證心態，講到「應無所住而生其心」，六祖遂說：「何期自性本自清淨……」若不觀心，怎麼知道本自清淨？怎麼知道本自具足？》

平實嘗云：《觀心一法，必須悟後行之，謂為修道—修除貪瞋惡習。未覓得真心之前，無心可觀。尚不知真心何在？何來真心可觀？》

平實云：若以觀心之法求悟，必定觀照自己—有念靈知心。經由有念靈知心觀照自己的妄想妄念，加以壓制修除，使自己從有念轉成無念。然有念時是自己，無念時依舊是自己，無餘依涅槃不是自己能入的，而是自己消失了—無念靈知心的四住地煩惱消失了，捨報後不再有中陰身現前，只餘真心捨離肉身，無見聞覺知境受，亦無一念不生的靈知心，如來藏不再受生，方是涅槃。

三乘聖者所證無餘依涅槃，雖因三乘無為法之不同，導致對於涅槃本際之智慧有深淺差別，然所證無餘依涅槃之境界則無差別。涅槃乃寂滅無我之無為法，無法塵境、無定境法塵，無境無受，以無知覺受想故。一念不生之靈知心乃是以靈知之我，住於定境或五塵境中；有受有覺，即不離想陰，云何能證涅槃？能入涅槃？此皆知見不正，以觀心之法求悟，故於祖師公案不能通達，便反對證悟者拈提公案相問，便誣賴寒山拾得等覺大士為「玩世不恭、嬉笑怒罵、吊兒郎當」，其過大焉！是故求悟之人應當覓真，切勿觀心；尚未覓得真心者，無真心可觀故。

然諸人真心隨時隨處示現，只是諸人不會；更教打坐觀心，驢年會得？是故平實勸汝諸人覓心，且莫觀心！豈不聞鐵壁慧機禪師云：「……你看這些老古錐，何曾見他閉著眼睜睜看、趺卻足忙忙行、塞住口巴巴說底榜樣來？」是故不可閉眼觀心，不可打坐思量，不可在心裡扯葛藤。然而參禪大難，雖然處處現成公案，要須真善知識指示正確路途，否則管保平地裡吃撲，淺水灘頭溺死人。

所以鐵壁禪師又云：「這幾般病痛，不絆人足跟、便穿人鼻孔、塞人肚皮，悶悶熏熏十年二十年；若不遇端正爐鞴、明眼鉗錘，誰能跳得出？」達摩大師曾云，末法之中自參自悟者，萬中無一也，上座還要緊抱象腿，盲目捫摸麼？若不作摸象之盲者，便須聽取真善知識指引，拈取公案而作提示，庶有入處。

溈山靈祐禪師悟前，到天台山國清寺受戒，寒山拾得二人見他來，便在松門前道路上，一左一右，夾道作虎吼三聲，溈山默然不知應對。寒山子問曰：「自從靈山會上一別至今，還記得我們麼？」溈山亦無語答對。拾得見他被隔陰之迷所障，有心助他，便拈拄杖問他：「老兄！你叫這個做什麼東西？」溈山仍是不會。寒山子便向拾得說道：「算了！算了！不必再問他了，自從靈山一別以來，他已曾經有三生作過國王了，被五塵所障，早就忘記了。」

只如寒拾二人，為溈山禪師而到松門夾道虎吼，是什麼意？拾得拈杖問溈山：「老兄喚這個作什麼？」又是什麼意？若會拄杖便會虎吼，若會虎吼便會拄杖，且道：虎吼與拄杖，是一是二？若道是一，云何是一？若道是二，云何是二？平實自代云：虎吼非虎吼，拄杖非拄杖，是名虎吼拄杖！喚作本來自性清淨涅槃亦得，喚作因緣性空亦得，喚作如來藏亦得，喚作般若亦得，喚作中觀中道亦得，且道：虎吼是什麼？拄杖是什麼？

有一種學人，誦得幾年金剛經，學得幾年中觀般若，便不可一世，逢人皆斥為自性見，見人便道「緣起性空，無一法可得」，以此為會佛法。見他禪師拈起拄杖問是什麼時，便落他境上，回云：「不可喚作拄杖也。」有者回道：「所謂拄杖即非拄杖，是名拄杖。」有什麼見地？這個喚作迷己逐物。

岩頭全豁禪師常云：「逐物為下，卻物為上。」須知平實上來問云：「虎吼是什麼？拄杖是什麼？」二句之中有偏有正，若向正中來，三五年必悟；若向偏中去，貓年未悟在。上座若喚作虎吼拄杖，是迷己逐物，若道「不可喚作虎吼拄杖」，亦是迷己逐物，且道：喚作什麼即是？上座若問在下，在下便拈拄杖與汝。

第一九二則 布袋一文

明州奉化縣布袋和尚 師出語無定，寢臥隨處。常以杖荷一布袋，凡供身之具，盡貯囊袋中，人稱布袋師。有一僧在師前行，師乃撫僧背一下，僧迴頭，師曰：「乞我一文錢！」僧曰：「道得即與汝一文。」師放下布袋，叉手而立。一日師在街衢立，有僧問：「和尚在這裡作什麼？」師曰：「等個人。」僧曰：「來也！來也！」師曰：「汝不是這個人。」僧曰：「如何是這個人？」師伸手曰：「乞我一文錢。」

某老居士云：《百丈還有個下堂句更絕，他每次開示完了以後，等大家都散去時，他突然又招呼道：「各位！」大眾聞聽回頭時，百丈便問：「是什麼？」》

又云：《「是什麼」這三個字就叫下堂句。為什麼問這句話呢？消耗了老和尚半天的精神，每個人接受他的啓發，心靈引起共鳴，這個心態多好！只要留意一下：很清醒、沒有睡著，但確實是已經離念了。那個時候的心態已經沒有念頭，縱想來個妄想，妄想也起不來了。當他一問：「是什麼？」你只要自己一觀心就知道了，只要保持這個心態，就已盡修行之能事了。……如果你是習慣於秒秒觀心、時時內觀，那你就跟懷讓大師一樣，回答「說似一物即不中」了，你就馬上知道應該保任了。》

平實云：若此為真，則一切未到地定、欲界定之修得者，皆應名為開悟明心聖者，則一切四禪修得者皆應名為阿羅漢，寧有斯理！

真悟之人皆知禪與禪定之分際，禪乃般若慧，以明心為鵠的，要在一念相應、突然悟入，非由長時間攝心、消除靈知心之妄念而謂為悟。君若不信，且觀布袋一文公案：

明州奉化縣布袋和尚，未詳氏族，自稱名為契此。形裁腲脮，蹙額皤腹。出語無定，寢臥隨處。常以杖荷一布囊，凡供身之具盡貯囊中。入肆聚落，見物則乞，或醯醢魚肉，才接入口，分少許投囊中。時號長汀子布袋師也。嘗雪中臥，雪不沾身，人以此奇之。或就人乞，其貨則售。示人吉凶，必應期無忒。天若將雨，即著濕草屨，途中驟行；遇亢陽，即曳高齒木屐，市橋上豎膝而眠。居民以此驗知。

一日，有僧在布袋師前行，師乃拊僧背一下，僧回頭，師曰：「乞我一文錢。」僧曰：「道得即與汝一文。」師放下布袋，叉手而立。

白鹿和尚來問：「如何是布袋？」師便放下布袋。又問：「如何是布袋下事？」師負布袋而去。

保福和尚欲知師之虛實，來問師云：「如何是佛法大意？」師放下布袋，叉手而立。保福曰：「為只如此？為更有向上事？」師負布袋而去。

一日，師在街衢立，有僧問曰：「和尚在這裡作什麼？」師曰：「等個人。」僧曰：「來也！來也！」師曰：「汝不是這個人。」僧問：「如何是這個人？」師答曰：「乞我一文錢。」

諸位看官大德！您看他古人，一言一語，莫不是在向上事中用心，何嘗以打坐數息或觀心為事？

布袋和尚拊僧背，此乃悲心欲度彼僧；僧回首，猶未審，早該放他一掌；布袋和尚慈悲，捨不得打，向他道：「給我一文錢。」彼僧落在布袋和尚語脈上，還道他真個乞索一文錢，便道：「你若說得出第一義諦，我便給你一文錢。」不知布袋和尚早為說了兩番也，布袋見彼僧愚鹵，只好再三開示：放下布袋，叉手而立，彼僧依舊不會。看官且道：布袋和尚伸手曰：「乞我一文錢」，竟是何意？平實則不然：放下布袋、叉手而立時，彼僧若猶不會，正好問他：「欲知第一義麼？」邊問邊取布袋頭上荷杖，向彼僧邊打邊問：「是什麼？是什麼？」好教他悟去！

又如白鹿和尚來問：「如何是布袋？」師未答他語話，卻放下布袋，竟是何意？又問：「如何是布袋下事？」師亦未答，竟挑起布袋離去，豈不能答耶？莫錯會！保福和尚來問，師亦如是答。

一日師立街頭，有僧來問：「和尚在這裡作什麼？」師答：「我等一個人。」此僧曚師曰：「來了！來了！」師答曰：「你不是我在等的這個人。」僧便問：「如何是你在等的這個人？」師又伸手云：「給我一文錢。」此僧依舊不會，沒個下文。

故知當時明州盡是粥飯僧，難得幾個參禪僧，盡皆蹉過。不知大士從古至今，不斷示現度衆。及至大士欲入滅時，在嶽林寺東廊下，端坐於磐石而說偈云：

彌勒真彌勒　分身千百億　時時示時人　時人自不識

學人方知是當來下生彌勒尊佛示現，乃悔過往以貌取人，遂競圖其像奉祀。

只如布袋和尚尋常道：「乞我一文錢」，意旨如何？上座若會，見平實時，但向衣袋中撈取一枚銅錢遞與平實。

嗄？你不會？站遠一點！好教平實高聲臭罵云：

「撈取銅板與我也不會！過來！給我一塊錢！」

第一九三則　百丈野鴨

唐洪洲百丈山懷海禪師　早歲離俗，傾心依附馬祖大寂禪師。一日，師侍馬祖行次，見一群野鴨飛過，祖曰：「是什麼？」師曰：「野鴨子。」祖曰：「甚處去也？」師曰：「飛過去也。」祖遂回頭，將師鼻一搊，師負痛失聲。祖曰：「又道飛過去也！」師於言下有省，卻歸侍者寮哀哀大哭。同事問曰：「汝憶父母耶？」師曰無。又問：「被人罵耶？」師曰無。又問：「哭作甚麼？」師曰：「我鼻孔被大師搊得痛不徹。」同事曰：「有甚因緣不契？」師曰：「汝問取和尚去！」同事去問馬大師：「海侍者有何因緣不契？在寮中哭。告和尚為某甲說。」馬大師曰：「是伊會也，汝自問取他。」同事歸寮曰：「和尚道汝會也，令我自問汝。」師乃呵呵大笑，同事曰：「適來哭，如今為甚卻笑？」師曰：「適來哭，如今笑！」同事罔然。

某老居士云：《……大家也知道禪宗有個野鴨子公案。百丈隨侍馬祖散步，前面一群野鴨子飛過，馬祖問：「是什麼？」百丈說：「野鴨子。」馬祖又問：「到哪裡去了？」百丈答：「飛過去了。」於是馬祖把他的鼻子用力捏，百丈痛得大叫。馬祖道：「你再說飛過去了！」百丈有省。有什麼省？省的只是不該離心外觀、不覺心為物轉。很顯然，馬祖是在糾正百丈不觀心而觀野鴨子。》

平實云：且得沒交涉！馬祖不是糾正百丈觀不觀心，而是幫助百丈覓心，直示悟處，覓得真心。一旦覓得真心，四五年間，不但漸能貫通第一義經典，隨後復能生起擇法眼；八九年後更可精通一切種智唯識之學，而深入證驗之；證驗之後便可貫通三乘，通達無礙。若未覓得真心而奢言觀心者，所觀之心必定是有念靈知或無念靈知之心，當知此心乃是意識。君若不信，且檢看自家脚下：「悟後」二十年來，可還有第一義經典之印證符合處？可還有擇法眼能辨諸方知識麼？可曾發起一切種智、貫通唯識正理？還能以唯識一切種智八識心王諸法印證所悟真心麼？若無有此諸功德，即非證悟。是故參禪不應以觀心之法求悟，觀心而求悟者，必定落入靈知妄心中故。

譬如百丈野鴨公案。百丈隨侍馬祖於路行時，見一群野鴨飛過，馬祖便拿來作個引子，問道是什麼？馬祖不懷好意，百丈不知，便道是野鴨子。馬祖緊逼：「什麼處去了？」百丈落他境上，不知馬祖示他真心，此個喚作迷己逐物。若是個伶俐漢，時時刻刻在覓心的疑情上，聞馬祖指天上野鴨問是什麼時，當下便會，哪堪馬祖再次相逼？

百丈不知，在他馬祖語脈上轉，便答「飛過去也！」馬祖無奈，只得使出針錐手段，直下針劄，便回頭猛搊百丈鼻子，罵道：「又道飛過去也。」那個離見聞覺知的真心明明就在眼前，百丈這才省悟，感慨萬端：無始劫來被這有念及無念的靈知心瞞到現在，觸著心中痛處，便回寮房哀哀大哭。此種事例，在我會中屢見不鮮，何嘗因觀心而悟？

百丈同事見他大哭，誤以為是遇事不順，心中傷痛，不知他是一念相應、有感而發；同事百般關懷，百丈便道：「我鼻孔被馬大師捏得並不痛。」同事覺得奇怪，既然不痛，又為什麼哭？便問他：「究竟有什麼因緣不順心呢？」百丈卻答云：「你去問馬大師吧！」你看他古人，才剛剛悟，便會使機鋒。我諸同修亦復如是，多有才悟便會使機鋒者，此豈觀照靈知心之人所能知耶？

這同事邁起雙腳，大殿、寮房、廚下、菜園，到處尋覓馬大師，見著便問：「懷海侍者究竟有什麼事不順心呢？在寮房裡哭著，卻教我來請和尚為我說。」不料馬大師卻答道：「是伊會得禪也，你自己去問他吧！」

這同事又趕回侍者寮，向百丈懷海說：「和尚說你會得禪意了，教我自己來問你。」百丈聽了，卻反過來呵呵大笑。看他方悟之頃，便會笑裡藏刀。同事不解，問道：「方才哀哀大哭，如今為什麼卻笑？」百丈卻一板正經說道：「方才哭！現在笑！」讀到這裡，管教老居士要同彼僧一般罔然。

須知此一公案從始至終，不曾教人觀心，而是教人覓個從來不知不覺不見不聞底心。且道：百丈鼻頭被馬祖捏得負痛失聲，因何卻向同事道捏得不痛？二道：百丈回寮哀哀大哭，難道只是傷感麼？三道：百丈教同事問取和尚，是什麼意？四道：百丈哈哈大笑，笑中有刀，刀在何處？五道：同事問他為何忽哭忽笑？百丈答他：「適來哭，如今笑！」意在何處？可還知他話中有話麼？若真悟人，平實五問只是一問；若是觀心求悟之人，到此依舊罔然。上座欲會麼？問取馬祖。

第一九四則　五洩回首

婺州五洩山靈默禪師　毗陵人氏，姓宣氏。初謁豫章馬大師，馬接之，因披剃受具。後謁石頭遷和尚，先自約曰：「若一言相契，我即住；不然便去。」石頭知師是法器，即垂開示，師不領其旨，告辭而去，至門，石頭呼之云：「闍梨！」師迴顧，石頭云：「從生至老，只是遮個漢，更莫別求。」師言下大悟，乃踏折拄杖棲止焉。

有大法師解云：《當靈默去見石頭和尚，石頭雖答：「從生至死，只是這個」，其實等於什麼也沒講。你所知道的那個，就是我所呼喚的那個，也就是你自己。你的心不能放下，到處追求，以生死心揣摩開悟不開悟、以生死心希望我回答你；我告訴你：「**你現在發問的這一念，就是我給你的答覆。**」從生到死，在時間上是一個念頭的生、一個念頭的死；在肉體上是一個生命的生、一個生命的死－都是這個放不下的你。》

平實云：且得無交涉！如此說禪，何處有禪？此名意識知解。十餘年來，佛法可悲：有諸未開眼阿師，或以定為禪，或以無念為悟，或以放下一切、伏煩惱為禪，或以一切皆空為禪，或以一念不生時之靈明覺了為真心，或以六根感覺為佛性，或以能知能聽之心為真如，或以清楚明白處處作主之心為真如，或以念未起時為真如……。此師以前錯認虛空粉碎、大地落沉為悟，如今則以能問能聽的一念心為真如，卻成錯會，誤將意識作真心，宜其以覺觀之心為不生滅心也。

斯皆誤會，不能證真。大達無業國師云：「如今天下解禪解道，如河沙數；說佛說心，有百千萬億。纖塵不去，未免輪迴；思念不亡，盡須沉墜。如斯之類，尚不能自識業果，妄言自利利他，……醍醐上味為世奇珍，遇斯等人翻成毒藥。」謂此等人也。

當知五洩靈默禪師見石頭和尚所悟者，不是能問的這一念心，也不是能答覆的這一念心，莫錯會，錯會必入三途。故大達國師嘗云：祖師來至此土非常，有損有益；有益者百千人中撈摝一個半個，堪為法器；有損者意識思惟、犯大妄語，誤導衆生，速入塗炭。諸方大師名師切莫輕忽。

譬如五洩山靈默禪師在馬祖座下未有悟處，聞道石頭路滑，必是真正禪師，乃往參石頭，石頭希遷禪師多方開示，未有領會。乃告辭而去，行未出門，石頭於後召喚：「闍梨！」五洩靈默迴顧，石頭直示云：「從生至老，只是這個漢子，不要另外再覓一個心了。」五洩大悟而棲止焉。

且道：五洩是悟得哪個心？便死心踏地皈依石頭座下？看官莫道是能問能聽能知的一念心，且道是阿哪個心？洞山聞云：「當時若不是五洩先師，大難承當；然雖如此，猶涉在途。」學人當知：般若禪一法，若不是自參自悟自承當，聽聞而來者，多不能信受，無法自行體驗真心，亦無力整理真妄二心之間的運作相應，必須靠善知識於其悟後助其體驗整理，方能具信不退，故洞山禪師說五洩悟之當時猶涉在途，尚未歸家穩坐。平實之所以「痛恨」明說密意者，其故在此；皆恐此類人不信退轉，而將聽來之密意公開宣佈並作否定，不唯自己必下地獄，亦斷後世佛子修證宗門正法之途，使宗門正法斷絕，其過大焉，是故平實處處呼籲證道之人，必須謹慎傳法，勿傳非人；古來諸祖莫不如是咐囑門下。

五洩禪師因為不是自參自悟自承當，腳跟猶未點地，隨時隨地皆可能退轉，故長慶禪師為他下個一字腳：險！

後來玄覺禪師將此公案拈向天下問云：「哪個是涉在途處？」有僧意識思惟，便解云：「因為他是從人家三寸不爛之舌而聽來的，所以說他在途。」玄覺禪師聽了又問諸方老宿：「為復薦得自己？為復薦得三寸？若是自己，為什麼成三寸？若是三寸，為什麼悟去？且道：洞山意旨作麼生？莫亂說，仔細好。」

你看他五洩靈默禪師，只為不是自參自悟自肯，便落諸方證悟之人種種口舌，豈況錯悟未悟之人以盲引盲、而不應予以辨正？只如石頭云：「從生至老，只是這個漢。」且道是阿哪個漢？若真會得，洞山、長慶、玄覺等人拈唱之疑雲盡皆消散，麗日晴空，從此處聲色離聲色，觸六塵不在六塵中，處輪迴不在輪迴中，離家舍不在途中。若猶不會，且上石頭山覓希遷大師去。上座莫道希遷大師已逝，希遷和尚日日在石頭山候著您哩！亦莫道石頭路滑，滑處可親切著哩！

第一九五則　長沙芳草

長沙鹿苑招賢大師　綽號岑大蟲。一日遊山，歸至門首，首座問：「和尚什麼處去來？」長沙云：「遊山來。」首座云：「到什麼處來？」長沙云：「始隨芳草去，又逐落花回。」首座云：「大似春意！」長沙云：「也勝秋露滴芙蕖。」

有大法師云：《長沙禪師到山上散步，也許是隨意走走、活絡筋骨，不一定是特地為了欣賞山光水色、自然美景而去。可是院主沒有開悟，認為他可能去了某個地方，遇到了某個人、見到了某個景，應該有什麼特定目的或收穫。長沙禪師告訴他：「始隨芳草去，又逐落花回。」在他眼中，到處都是盎然的芳草，有芳草的地方他就踩著去；在他眼中，滿地都是繽紛的落花，他就是踏著美麗的花瓣回來的。心境悠然無滯，步步都是芳草和落花。這兩句話烘托出長沙禪師內心的無邪，毫無執著罣礙。》

平實云：老人家常吩咐：「家醜不可外揚。」此師則無遮掩，將自己錯悟之底牌掀與天下人看，更印於書中流傳四方；如此誠實，甚可嘉獎！然長沙與首座對話，卻不是此師所說之意。

古人悟後，凡有所說，皆在真心本性上，每一句話皆有偏正，唯除放過之語。譬如長沙招賢大師一日遊山，歸至門首（克勤圜悟拈云：今日一日只管落草。前頭也是落草，後頭也是落草），首座問：「和尚什麼處去來？」這一問有偏有正，不懷好意，豈是未悟人？不可誣他（克勤云：也要勘過這老漢。頭過新羅。）長沙大師答云：「遊山來！」亦是有偏有正，恰好答他首座（克勤云：不可落草，敗缺不少。草裡漢。）首座又問：「到了什麼地方回來？」首座欲待剿絕，再次發問，依舊有偏有正（克勤云：拶！若有所至未免落草，相牽入火坑）。長沙大師答云：「起先是隨著芳草走去，然後追逐著落花走回來。」薑是老的辣，狐狸是老的精，一併剿絕，偏正俱顯，只是理太白，故克勤評云：「漏逗不少。」又讚云：「元來只在荊棘林裡坐」。首座見已剿絕，便隨長沙大師語脈上放過道：「看來春意盎然。」（克勤云：相隨來也。將錯就錯。一手抬一手搦）長沙亦隨之放過云：「倒也勝過秋露滴芙蕖的景緻。」各自散去。（克勤云：土上加泥，前箭猶輕後箭深，有什麼了期？）

克勤大師於長沙末後句評論道：前面有偏有正之對話，學人已難悟入，更哪堪這一句「也勝秋露滴芙蕖」純偏無正，教學人何處悟去？正是教學人在泥水裡洗土塊，又似在土塊上加泥水，何日洗得淨？前面首座「大似春意」一語純是偏中去，偏箭已教學人去了半條命，好似前舉名師開示，專在「心境悠然、內心無邪、毫無罣礙」的境上用心；如今這語純從偏中來，未悟之名師每在這語句上作情解會，恰似前箭之後再射更深一箭，使他法身慧命更難活轉，盡皆死於句下，有什麼了期──有什麼了悟的時候？後來雪竇大師於此公案後著語云：「謝答話。」克勤大師便評云：「一伙弄泥團漢，三個一狀領過。」說雪竇此語恰似長沙與首座之末後放過語，皆是純偏無正，皆該打三十棒，一紙狀子令他三人自己領了出去自己打。

你看他古人對答，偏中有正，正中有偏，正是句句不離本行，著著切中真心；卻又似個水上葫蘆，滑不溜丟，教錯悟之名師分疏不下，每落境上作情解體會，一盲引衆盲。更哪堪末後純偏之放過語？教諸方名師、活佛、法王如何會去？

只如首座放過道：「大似春意。」長沙亦放過道：「也勝秋露滴芙蕖」，純從偏中來，便惹克勤大師語話；為此二句無有為人處，每教學人在此錯會，故評云：「土上加泥，前箭猶輕後箭深。（學人）有什麼了期？」然長沙師徒二人已然多句有偏有正，此末二句雖從偏中來，卻是稟於佛、祖之誡，不敢明說所致。既已多句偏中有正，於此總該結束，各自散去！克勤大師評他土上加泥又待怎地？皆為老婆心切，太過慈悲，怕學人不悟，是故責他長沙師徒二人。一似平實初出道時，凡參加禪三者一律有獎——最少可以明心，不悟之人便為明說。然此種行為恰似揠苗助長，反使某些因緣不足之人、因無參究體驗故退失不受，反謗正法，無益自他。

長沙招賢大師俗姓岑，宗教俱通，禪機敏捷。仰山慧寂禪師尋常機鋒最是第一，一日陪長沙賞月時，仰山指月云：「人人盡有這個，只是用不得。」長沙云：「恰是，便請你用來看看。」仰山云：「請師叔用看看！」長沙便抬腳將仰山一踏踏倒。仰山起身云：「師叔真像是隻大蟲（老虎）。」後來人們便稱長沙大師為「岑大蟲」。

只如長沙與首座，除放過語外，賓主互換，當機直截，俱是有偏有正，且道何處是偏？何處是正？如何是賓？如何是主？首座既知長沙是遊山來，為什麼還問他「到什麼處來」？長沙答云：「始隨芳草去，又逐落花回」，平實即不然，便答首座：「此處去來！」正好走向方丈啜一盞茶，也免得「也勝秋露滴芙蕖」一句惹他克勤禪師幾百年後語話。上座還知長沙、首座、克勤、平實，何處去來麼？

第一九六則　魯祖面壁*

馬祖道一禪師法嗣：池州魯祖山寶雲禪師　僧問：「如何是諸佛師？」師云：「頭上有寶冠者不是。」僧云：「如何即是？」師曰：「頭上無寶冠。」師尋常見僧來便面壁。南泉聞云：「我尋常向僧道：『向佛未出世時會取。』尚不得一個半個，他恁麼地，驢年去！」（玄覺聞云：南泉此語為復唱和語？不肯語？保福問長慶：只如魯祖節文在什麼處？被南泉恁麼道？長慶云：退己讓於人，萬中無一個。羅山云：陳老師當時若見，背上與五火抄。何故如此？為伊解放不解收。玄沙云：我當時若見，也與五火抄。雲居錫云：羅山玄沙總恁麼道，為復一般？別有道理？若擇得出，許上座佛法有去處。）

某老居士云：《起心卽妄，動念卽乖；法過語言文字，不立語言文字……因為文字是思想的符號，語言是思想的聲音，思想是沒有聲音的語言，這些個囉哩叭唆的全是障道因緣。你我為什麼會形成不同的性格？不同的心態？就是被言語文字所害的。語言文字從哪裡來？參！》

又云：《有人問雲門：「怎樣才能把佛法說得恰到好處？」答：「胡餅！」問的人不懂，旁聽的人更不懂；如果是真正把禪人格化了的人，一聽就懂。為什麼呢？給你個燒餅吃，把你的嘴巴給堵住不說話，那就好了。「但有言說，都無實義」嘛！》

平實云：此即不會禪者，情解思惟而得，故雪竇重顯大師頌云：「胡餅𡎺來猶不住，至今天下有淆訛。」不意老居士於千餘年後的今天，依舊將雲門胡餅往自己嘴中𡎺；平實雖於一八六則中頌出密意，料想一千年後依舊會有真悟之人唱道：「胡餅𡎺來猶不住，至今天下有淆訛。」

復有法師二十年來，年年禪七皆教人數息，教人數到「數而不數」，然後給一句「打坐是誰？」教人坐中自問自答，以意識思惟。便同老居士，欲以無念為悟，故開示云：「明心便無心，無心才能見性。」如此二師，便同馬祖大師座下之魯祖山寶雲禪師一般，錯認無心無念之覺知心，認為坐至無妄想時便是不起心、無心，卻成錯會。

池州魯祖山寶雲禪師乃馬大師座下八十四員善知識之一，曾經馬大師印證為悟，然實未悟，每認無心無念為悟。此是馬祖初出道時勘人經驗不足，每以為別人都同樣似他悟得真，只用一個機鋒勘驗，便予印證，故有錯將未悟之人印證為悟之事，而且不止一端。此諸錯悟之人便以錯誤之知見及機鋒度人，若有真悟之人提出辨正，便將馬祖為他印證之事實拿來搪塞人，攪亂禪門知見，當年大慧宗杲禪師氣不過，便罵之為「馬祖邪禪」！

平實初出道時，不防有伶俐野狐學招套招，往往一個機鋒相符，便予印證，不知只是野狐學他人應對進退，其實不知其所以然。後來知道野狐甚多，便於機鋒後令入小參室口說手呈，汰除野狐套招之患。早期共修時被平實錯誤印證之人，於平實重新檢討其所悟之不真，令其重參後，深覺有失顏面，便退轉離去。外人不知內情，便隨退轉不信之人誣蔑平實云：「悟得真也是他說的，悟得不真也是他說的，真悟錯悟，都是他一個人信口雌黃，說了就算。」

當知禪師初出道時勘人經驗不足，錯予印證，乃常有之事，譬如一一七則靈雲桃花公案，乃是溈山靈祐禪師錯予印證之例；又如一二二則天然知寒公案、一六九則龍濟萬象、一九七則行婆冤苦、一九八則馬祖梅熟、一九九則南堂不是……，皆是事例，《傳燈錄》等禪門典籍所載尚有甚多，不可備載；典籍未載者必定更多。故學人千萬莫學他人作錯誤之轉述，以免錯將正法認作非法，成就謗法謗僧之罪，救之不及。閑言表過，言歸正傳。

有僧問：「如何是諸佛之師？」諸佛之師者文殊也，文殊表智，證得真心本性者方是，只如真心何在？以此問魯祖，魯祖錯悟，不解使機鋒，便答云：「頭上若有寶冠者不是諸佛之師。」此僧不知魯祖未悟，又問云：「如何才是？」魯祖答云：「頭上無寶冠才是。」此喚作賓看賓，二皆無主；一個走作，一個籠罩人。

魯祖寶雲禪師尋常見有僧人來參，便轉過身子面壁而坐。南泉普願大師聞云：「我平常多向門下僧衆道：『向佛未出世之時去體會究取』，這樣開示，尚且很難得到一個半個悟入，他這樣面壁而坐，直到驢年來了才有可能度得了人！」

玄覺禪師聽了南泉這麼說，便拈向天下老宿問云：「南泉大師說這段話，究竟是唱和魯祖寶雲？或者是對魯祖不予肯定的話？」

保福從展聽了南泉的話，便拈向長慶慧稜：「只如魯祖寶雲究竟有什麼過失文章？被南泉普願恁麼說他？」長慶回云：「迷失了自己，卻讓學人自己示現機鋒，此種人真是萬中無一個。」

羅山禪師聽了便道：「我陳老師當時如果在現場看見他這樣做，便取火挾子往他背上打他五挾子。什麼道理這樣做呢？只為他懂得把真如顯示出來，卻不懂指導人從何悟入？」

玄沙師備禪師聽了也有話說：「我當時如果看見了，也往他背上打五下火挾子。」

雲居錫禪師聽羅山與玄沙恁麼說，便拈向天下問云：「羅山與玄沙都說要打他五火抄，這兩個人的看法，究竟是一般無二？或是另有道理？如果能夠檢點得出來，我允許您是個知道佛法的人。」

如今海內外說心說禪之禪師、法師、居士、法王、活佛、仁波切等，無量百千，皆認已悟，正是百花齊放、千家爭鳴；且道：上來諸祖拈唱，是有道理？是無道理？莫道諸祖無病呻吟、無端現起神頭鬼臉、自讚毀他。

且道：羅山與玄沙俱道與他五火抄，雲居錫禪師卻云同中有異、異中有同，究竟同在何處？異在何處？諸方大善知識還有道得者麼？何妨相見？

第一九七則　行婆冤苦＊

馬祖道一禪師法嗣：浮盃和尚　有凌行婆來禮拜師，師與坐喫茶。行婆乃問云：「盡力道不得底句，還吩咐阿誰？」師云：「浮盃無剩語。」婆云：「某甲不恁麼道。」師遂舉前語問婆，婆斂手哭云：「蒼天中間更有冤苦。」師無語。婆云：「語不知偏正，理不識倒邪，為人即禍生也。」後有僧舉似南泉，南泉云：「苦哉浮盃，被老婆摧折。」婆後聞南泉恁道，笑云：「王老師猶少機關在。」有幽州澄一禪客，逢見行婆，乃問云：「怎生南泉恁道、猶少機關在？」婆乃哭云：「可悲可痛！」禪客罔措，婆乃問云：「會麼？」禪客合掌而退，婆云：「徛死禪和，如麻似粟。」後澄一禪客舉似趙州，趙州云：「我若見這臭老婆，問教口啞卻。」澄一問趙州云：「未審和尚怎生問他？」趙州以棒打云：「似這個徛死漢，不打待幾時？」連打數棒。婆又聞趙州恁道，云：「趙州自合喫婆手裡棒。」後有僧舉似趙州，趙州哭云：「可悲可痛！」婆聞趙州此語，合掌嘆云：「趙州眼放光明，照破四天下也。」後趙州教僧去問婆云：「怎生是趙州眼？」婆乃豎起拳頭。趙州聞，乃作一頌，送凌行婆云：

當機直面提　直面當機疾

報爾凌行婆　哭聲何得失
婆以頌答趙州云
哭聲師已曉　已曉復誰知
當時摩竭國　幾喪目前機

有師說禪云：《在家居士參禪是不可能開悟的。看祖師出家後專心參禪三四十年都不一定能悟，在家居士有家庭拖累，學佛參禪不到十年，就說他開悟了，還要當人家的老師，這是有問題的，不如法的。》

平實云：自出道以來，常聞人轉述某大法師有這般開示，暗指平實所悟不真。亦多有初機佛子迷信出家表相，動輒謂：「師父說，他們出家人專心修行用功，都沒個入處。你們在家人又不是專業，豈有可能開悟？」更有愚痴佛子與沖沖地想來學法，認為遇到此法是千載難逢良機，然而一聞正覺講堂蕭平實老師沒有剃髮出家，就不來學了。

千山函可禪師云：「世出世間，若見真實，一切無差別。若是出家底識不得破，名為出家在家；若是在家底識得破，名為在家出家。若是男子識不得破，名為戴鬚眉底女人；若是女人識得破，名為少鬚眉底男子。只為你等識不得破，便道『你是在家，我是出家；你是出家，我是在家。你是男子，我是女人；你是女人，我是男子。』種種分別。只此分別心，便是你生死根源，百劫千生輪迴六道。你若向父母未生以前覷，一眼覷著，個裡還有在家出家、女人男子種種分別也無？實實見得無有種種分別，然後不妨出家底一任出家，在家底一任在家，男子自是男子，女人自是女人，各各現成，各各自在，更不移易一絲毫許。」

須知菩薩有隔陰之迷，然不妨來生再自參自悟。平實生來好奇，少不經事時便愛探索生命之實相，然因當年教科書編著者之偏見，灌輸「佛教道教是迷信」之思想，乃轉向舊約新約探索，發覺其中一無是處，遂便放棄，遊於世務。歷練世法二十年後，方知學生時代之被誤導，遂於一九八四年開始學佛；於一九九〇年破參見性，不過六年，人每不信。破參後發起禪定功夫，有時於定中見過去世或現出家相、或現在家相，或在顯教、或在密教，或在江浙、或在河北。一九八九年往印度朝聖，於前往菩提伽耶之遊覽車上入定，明見曾生活於印度北方小村落，另一世則在印度南方海邊，皆為比丘，專事修行。亦曾夢見上一世在江浙生活，現居士身。亦曾夢見九百多年前在江浙一帶，時住天寧寺，為禪師，頗負盛名。彼時師兄弟之未悟者，今亦多在台灣，習性甚少改變，仍如彼時。是故篤信因果，確認有輪迴。

是故佛子莫妄自菲薄，莫因隔陰之迷忘了曾為菩薩法師，便不敢承當弘揚正法之重擔。在家佛子無妨過去世曾為大法師，出家大法師無妨過去世曾是在家人，眷屬成群。莫以一世之表相而侷限自己是出家人，亦莫以一世之表相而侷限自己是在家人，應互相扶持、互相督促，應互相攻錯、互相導正，莫使任何一方產生修證上之偏差，則佛法之長久流傳，猶有可為。是故出家人說法不一定完全對，在家人說法亦不一定完全錯，應當互相切磋，提出辨正，以供有智佛子明辨。對於愚痴盲從之佛子，何妨隨緣！

譬如馬大師座下浮盃和尚，雖名悟者，其實馬祖勘驗有誤，非真證悟；雖是出家，不如在家行者凌行婆。

一日，凌行婆來禮拜浮盃和尚；黃鼠狼給雞拜年，不懷好意。浮盃既受馬大師印可，須逃不得，乃與凌行婆共坐喫茶。凌行婆問云：「盡力道不得底一句──你的真實心，你要吩咐給誰？」凌行婆無風起浪，致個問端，要勘他浮盃和尚。浮盃和尚答云：「我浮盃和尚沒什麼多餘的話好說。」馬腳不覺露出衣外。凌行婆一句之下已知浮盃底蘊，卻有心為他，乃云：「我就不這麼講。」浮盃便將凌行婆底問句，重問凌行婆，欲知究竟。凌行婆卻斂手入袖，以袖拭於眼角，哭云：「蒼天中間更有冤苦。」

浮盃不會，沒做手腳處。凌行婆乃向浮盃和尚說道：「悟者所說語中有偏有正，你不知道；真實理之對與錯，你也不知道；這樣的情況下卻在助人參禪、幫人開悟，必定會有災禍發生的。」

只如凌行婆歛手哭云：「蒼天中間更有冤苦。」蒼天空無一物，又是非情，有什麼冤苦？凌行婆卻偏恁麼道。此中偏正，可是此位排斥居士之大法師所知？試道看！

後有一僧將行婆浮盃公案說與南泉普願大師，南泉云：「苦哉！浮盃和尚！被個老婆子摧折了。」行婆聞得南泉恁麼說，笑云：「王老師（南泉姓王）還不知道我這話裡面有機關哩！」雖是大嘴婆，不妨有見地。

幽州澄一禪客聞道此事，以為抓到悟的機緣了，便去覓行婆，問云：「為什麼說南泉那樣講，不曾說出你的話中機關？」行婆不答，卻哭云：「可悲！可痛！」神頭鬼臉，漏逗不少；無奈澄一法師不會，行婆更撈云：「會麼？」澄一法師依舊茫然，卻因身為法師，恐他人閑話，無膽氣拜行婆為師，乃合掌而退。行婆乃罵云：「像你這種跋山涉水、到處奔波，活不了慧命的禪和子，普天之下其數甚多，猶如芝麻，亦似粟子，到處皆有，數之不盡。」正是：望眼妙峰山下，只見死人無數。

這澄一禪客不死心，便將此一公案鉅細靡遺，說與趙州從諗禪師，趙州聞後云：

「我若見到這個臭老婆，問到他口裡說不得。」古來證悟之人說話，一向不套交情，不同俗人鄉愿作風。澄一禪客正似眼前天下禪客，不向自家腳跟下究取，只欲從他人嘴裡覓個答案，便問云：「不知道和尚您待要如何問他？」趙州便取棒打向澄一禪客，罵云：「像你這種跋山涉水，活不了法身的漢子，現在不打，更待幾時？」連打數棒。澄一禪客冤枉受他多句言語，又挨他幾棒，依舊不會。

後來行婆聞道澄一法師挨趙州痛棒，又聞趙州言語，便說道：「趙州理該喫我行婆一頓痛棒。」你看他行婆一介女流，又是居士身，敢捋趙州禪師虎鬚；不似今時大法師大禪師大活佛大法王，不敢捋平實貓鬚，真似天壤之別。

後有法師將行婆之語轉述與趙州，趙州不曾有絲毫慍氣，卻反而哭云：「可悲！可痛！」且不論趙州意在何處，平實心中可悲可痛的是：這法師放著現成公案，當面失之交臂，猶向趙州絮絮叨叨轉述行婆之語。

行婆聽到趙州此語，不禁合掌讚歎云：「趙州眼放光明，照破四天下也。」意謂趙州知他手眼，真正是個證悟聖者。後來趙州聽得行婆此語，便遣僧人去問行婆：「什麼是趙州慧眼？」行婆乃豎起拳頭。看他古人當機互換，既為學人，又兼互相酬答，豈似今時諸方大師無有能與平實酬答者。僧人回稟，趙州乃作一頌，送凌行婆

云：（白話譯之如左）

遇到了適當的根器，當面就直接向上全提；

這向上全提的機鋒，在學人面前很迅速的就過去了；

我且說與你凌行婆知道：

你的哭聲到如今還在響著，何嘗消失了呢！

凌行婆亦以一頌答覆趙州云：（白話譯之如左）

我的哭聲中的意旨，師父您已知曉；

雖然您已經知曉了，可是還有誰能知道我的意旨？

當年世尊在摩竭陀國拈花微笑時，幸虧有位大迦葉尊者；

不然的話，幾乎把眼前的這些禪機給埋沒了。

學人閱此公案拈提，應當感觸良多：凌行婆亦人也，我亦人也，云何不敢效他證悟？凌行婆一介女流，又是在家人；我乃昂藏七尺之軀，又是出家人，云何不如無鬚在家之人？尤其身為教禪之出家人，更應痛下決心，早了一段生死大事，方不辜負四方布施，方能免得誤導衆生、曲解正法之地獄業。且道：浮盃和尚是有悟處？是無悟處？因何受彼老婆摧折？

二道：行婆歛手哭云：「蒼天中間更有冤苦」，冤苦在什麼處？若知冤苦，便知機關；若知機關，便知行婆與趙州哭云：「可悲可痛」是什麼意！若知可悲可痛之意，便見行婆、趙州、平實，如在眼前！

又如趙州教僧去問婆云：「怎生是趙州眼？」婆乃豎起拳頭。只這麼一豎，因什麼道理值得趙州作頌讚歎？若會此理，便能以法眼聽得行婆哭聲、至今猶在！諸方老宿新秀，還有能會取平實意旨者否？且相見！

第一九八則　馬祖梅熟＊

馬祖道一禪師法嗣：明州大梅山法常禪師　初參大寂（馬祖道一禪師），問：「如何是佛？」大寂云：「即心是佛。」師即大悟。唐貞元中居於天台山餘姚南七十里，梅子眞舊隱。大寂聞師住山，乃令一僧到問云：「和尚見馬師，得個什麼？便住此山？」師云：「馬師向我道：即心即佛。我便向這裡住。」僧云：「馬師佛法近日又別。」師云：「作麼生別？」僧云：「近日又道：非心非佛。」師云：「這老漢，惑亂人，未有了日。任汝非心非佛，我只管即心即佛。」其僧迴舉似馬祖，祖云：「大眾！梅子熟也。」後有僧問：「如何是西來意？」師曰：「西來無意。」（鹽官齊安禪師聞云：「一個棺材，兩個死屍。」）……忽一日謂其徒曰：「來莫可抑，往莫可追。」從容間，復聞鼯鼠聲，師云：「即此物，非他物，汝等諸人善護持之，吾今逝矣。」言訖示滅。

某老居士云：《佛學有一個專用的名稱，叫做內學，又稱內明。內明個什麼？曰：「明自本心，見自本性」。若不觀心，如何明心？不觀到本心綻現，如何見性？》

平實云：佛法是內明之學，但內明所明者不是靈知心；有念靈知與無念靈知皆是意識心，觀此意識靈知之無念靈覺體性，本質上依舊是意識妄心，猶未明得真心本體，云何見自本性？

居士又云：《當知唯有觀心才是禪宗的不二法門、禪宗的真血脈。離開觀心就沒有什麼叫做「保任」，就沒有什麼叫做「管帶」，也沒有你學禪的入手處。如果成天把公案背來背去、解來解去，儼然是在「埋沒祖師心」，與禪有甚交涉？有些人專務解釋公案，什麼拈古啊？古人講的話我們不懂，他唱的比古人講的更晦澀。有時我們看古人的話，還可以明白一半，經他這一評唱啊，我們對那一半也糊塗了。運用這種方法，不但是浪費時間，也浪費了生命，驢年能夠開悟？》

平實云：悟得真心以後，以所悟真心比對如來藏系唯識經律論，加以體驗，則自心不疑所悟、不退轉，亦不受假善知識籠罩否定言語影響，心不退轉，方名保任。若如老居士所悟是無念靈知心，乃是意識，以保持心靈無念為保任者，名為誤會，此非祖師所說之保任。

眼見佛性之人，欲保持眼見分明而不退失，則必須每日做功夫保持定力，直至定力不退，則眼見佛性境界永不退失，亦名保任。若無定力，不能眼見佛性，只能體會佛性；若未眼見佛性，何有保任可言？

不明平實上來所說意旨者，則不能知曉通達公案，錯認意識妄心為真故。真悟之人必懂公案，不懂公案者必屬錯悟。自己埋沒祖師心，反怪他人解說公案是埋沒祖師心。只為公案是祖師明心破參之事實紀錄，而一切祖師破參所明真心皆是同一個，若祖師與佛所悟是離見聞覺知心，而你所悟是有見聞覺知之心，則二者必有一錯，此理顯然，無庸多費唇舌。

公案既是祖佛破參明心之事實紀錄，則破參明心之人必定可以通達公案，若悟後不能通會公案，名為錯悟，同於未悟之人。雖然古來即有許多未悟謂悟之人錯解公案，然非必一切人皆錯解，譬如克勤圜悟禪師之碧巖錄、天童宏智禪師廣錄、萬松老人評唱天童覺和尚頌古從容庵錄、無門慧開禪師之無門關四十八則公案等，又如雪竇重顯禪師之頌古百則等，皆是禪門摩尼至寶，驚動天地之作，諸天天主多有未知者。

真悟之人拈唱公案，處處直示三寸，因緣若具，往往心中一念相應，從此漸能貫通三乘一切法。因緣若不具，便道公案越拈提越複雜、越難懂。真悟之人若讀真悟之人所拈提公案，必定拍案叫好、擊掌稱善，心心相印，何有隔閡？若讀真悟之人所著公案拈提而不解者，名為錯悟，名為未悟。

然本心之證悟，須具多劫所修之善根慧根及福德莊嚴，若不具足者，設遇真善知識，亦必錯會，明州大梅山法常禪師即是一例：

大梅法常聰明絶頂，初參馬祖時問云：「如何是佛？」馬祖云：「即心是佛。」

大梅法常便將能知之心認作佛心，自以為悟，不待馬祖勘驗證可，便告辭而去，於天台山餘姚縣南七十里大梅山住山開山。馬祖聞道此個阿師住山當起宗師來，乃令一僧往問：「大梅和尚！您見馬大師，得到什麼法了？便在此開山？」大梅云：「馬大師向我說：這個心就是佛。我知道了，便向這裡住山。」僧云：「馬大師近來佛法又不一樣了，近日又說：不是心不是佛。」大梅云：「這個老漢，一天到晚迷惑人，一直都是這樣。隨他去講非心非佛，我這裡只管即心即佛。」

一般人聞到「即心即佛」四字，每將靈知心之自我認作佛心，大多錯會，馬祖恐大梅法常錯會，便派人去告訴他：「不是心，不是佛。」因為真心真個不像心、不像佛。凡人所知之心總是靈明覺了，能知善惡、能作取捨，能入定出定……等等，真心則非如此。馬祖恐他錯會，故向他提示。不料大梅法常心高氣傲，自以為所悟真實，便不受教。

彼僧回稟馬祖，馬祖誤以為大梅法常真個體悟了，便公開向大眾宣佈大梅已悟，公開為他印證。此是馬祖粗心大意，以為別人都似他一般悟得真，便輕易印證；平實早年亦犯此過。後來大梅法常不免露出狐狸尾巴。

有僧問：「如何是祖師西來意？」大梅法常答云：「西來無意。」鹽官齊安禪師聽到大梅恁麼答，便知問者答者俱皆未悟，乃評云：「一個棺材（一個現成公案），兩個死屍（陷住了兩個未悟之人）。」歷代真悟之祖師，對於錯悟之師誤導衆生之謬說，絕不留情；恐佛子不明，隨他走入歧途故。

因何見得鹽官齊安禪師所判無誤？且觀大梅法常入滅時之言語，便知端的：《大梅法常忽一日謂其徒曰：「來莫可抑，往莫可追。」從容間，復聞鼯鼠聲，大梅法常乃開示曰：「即此物，非他物，汝等諸人善護持之，吾今逝矣！」言訖示滅。》果不其然，將此能聽能知之心錯認為真也。雖有馬祖印證，何處是悟？如此之人若說公案，必定錯誤連篇，故大梅法常未嘗拈提公案而作開示，此乃明智之舉。不似今時大法師大居士等，不懂公案偏要講公案，並且編輯成書，流通天下，欲示自己為證悟聖者，反將敗闕公諸天下，留與後人，篇篇句句皆成證據，愚不可及；俚語有謂：「聰明人卻專做傻事」，即此類人也。

只如即心即佛與非心非佛，有什麼差別？學人欲了麼？上大梅山採梅子去！

第一九九則 南堂不是*

鼓州大隨南堂元靜禪師 師聞五祖法演禪師機鋒，欲扣之，遂謁祖。祖曰：「我此間不比諸方，凡於室中，不要汝進前退後、豎指擎拳、繞禪床、作女人拜、提起坐具、千般伎倆。只要你一言下諦當，便是汝見處。」師茫然退。參三載。一日入室罷，祖謂曰：「子所下語，已得十分，試更與我說看。」師即剖陳之。祖曰：「說亦說得十分，更與我斷看。」師隨所問而判之，祖曰：「好即好，只是未曾得老僧說話在。齋後可來祖師塔所，與汝一一按過始得。」及至彼，祖便以「即心即佛、非心非佛、睦州擔板漢、南泉斬貓兒、趙州狗子有佛性無佛性」之語編辟之。其所對了無凝滯。至「子胡狗話」，祖遽轉面曰：「不是！」師曰：「不是卻如何？」祖曰：「此不是，則和前面皆不是。」師曰：「望和尚慈悲指示。」祖曰：「看他道：『子胡有一狗，上取人頭，中取人腰，下取人腳，入門者好看。』才見僧入門，便道『看狗！』向子胡道『看狗』處，下一轉語，教子胡結舌、老僧鈴口，便是你了當處。」次日入室，師默啓其說，祖笑曰：「不道你不是千了百當底人，此語祇似先師下底語。」師曰：「某何人，得似端和尚？」祖曰：「不然！老僧雖承嗣他，謂他語拙，蓋只用遠錄公手段接人故也。……」又二年，祖方許可。

某老居士云：《……說管帶，怎麼個管帶法？也只是要你在待人接物、語默動靜之際，要留意自己的心態。所謂管帶，不就是秒秒觀心嗎？若不觀心，請問你怎麼管帶？說到「照顧腳下」，則又低頭看水溝，其實它的意思是提醒你照顧自己的心態，不要被外物換去了所保任的心態。倘若連這句話都不會，妄議觀心不是禪，那才真是荒謬絕倫。可知唯有觀心才是禪最穩妥、最殊勝的方便法門。》

平實云：老居士不明管帶及照顧腳下之意也。管帶者，唯有覓得「離見聞覺知之真心」以後，方能知管帶之意，便會管帶之作略：與真悟之善知識應對時之一言一語、一舉手一投足中，皆能分明示現真心與善知識勘驗，即是善於管帶之人。若是分分秒秒保任靈知心於無念之心態中，必藉言語方能與善知識溝通，云何古來諸祖勘人能否管帶時不用語言文字顯示？故知管帶者非是秒秒觀心也。觀心法非是禪宗之禪，古來真悟之師，不曾教人以觀照靈知心無念為禪宗之禪；唯有神秀一派方教人觀心之法，以靈知心無念為悟，此等人皆未一念相應，未悟得真實心，認妄作真，云何名悟？

禪宗祖師教人觀心者，皆是悟後修定之事，靈知心能入定出定住定，真心從不入定出定住定，乃至成佛之最後一剎那止，皆不入定出定住定，唯有靈知心方能與定相應，此理已於《楞伽經、瑜伽師地論、成唯識論》中廣說，居士若能探究之，便解平實之意。

大乘禪之證悟，稍有差池便致天壤之別；尤其祖、佛一再告誡：不可明說密意。故證悟之人於大衆間勘悟時，被勘與勘者間皆以機鋒行之，不得明言。然有尚慢禪子如大梅法常者，未經馬祖和尚私下深入勘驗，便自認已悟，不受善知識語；成就大妄語業，復於一生之中以盲引盲，令人悲憫。又如浮盃和尚，因馬大師一時疏忽，未深入加以私下勘驗，只知其然，不知其所以然，若有開示便成誤導衆生，故有後來凌行婆「蒼天冤苦」之勘驗公案。是故禪子若有所悟，切莫自以為是，必須避開未悟之人，面見真善知識，不唯機鋒勘驗，尚須口說手呈，以求真實；庶免他後自誤誤人，其過大焉！

譬如鼓州大隨南堂元靜禪師真悟之前亦是一例：南堂元靜禪師聞說五祖法演禪師機鋒峻峭，欲往參學，遂前往晉謁。五祖曰：「我這裡不像諸方道場，凡入室小參，不要你進前退後、擎拳豎指、繞禪床、作女人拜、提起坐具等千般伎倆。只要你一句話說得正確，便是你的見地。」南堂見說不許用機鋒，不能依樣畫葫蘆，必須直接說出自己所悟，沒做手腳處，只得茫然而退。

此因五祖所遇禪狐極多，為免誤勘故出此策。平實早期每以機鋒勘驗，學人應對進退若合符節，便予印證。後來發覺其中有許多人只知其然、不知其所以然，皆因平實說理太白，及因單純地認為「他人之所悟必定同我所悟」，便予印證，造成許多後遺症。因此改絃易轍，令入小參室，別請已悟同修一人傍聽，令彼初悟之人陳述見地、直指真心，不再於大衆前以機鋒勘驗及印證。

南堂自此死心踏地跟隨五祖法演和尚，究參三年。一日入室小參後，五祖曰：「你所說的話，已具足十分了，但仍不究竟，你再為我說詳細一點。」南堂遵命分析解說而稟告之。五祖曰：「你說禪倒也說得不錯，但你還得要把禪的意旨所在判斷與我看。」南堂便就五祖所問，一一判斷。五祖說：「好卻是講得好，只是還沒有與我說話的資格。齋後可來祖師舍利塔邊，與你一件一件弄清楚了才算數。」

到祖師塔邊，五祖便以「即心即佛、非心非佛」之差異問之，又以「睦州擔板漢、南泉斬貓兒、趙州狗子有佛性無佛性」等公案策勵考驗他，他所對答極為流暢，沒有絲毫凝滯，似乎悟得真實不虛。後來五祖以「子胡一隻狗」的公案勘驗他，他才說得沒幾句，五祖便突然搖頭面向別處，說道：「不對！」南堂問道：「既然不對，那該怎麼辦？」五祖說：「此一公案說錯了，則連同你前面所說的皆錯了。」南堂懇求說：「盼望和尚慈悲，給予指示。」

五祖開示說：「看他子胡禪師這麼說：『我子胡有一隻狗，上身與人頭一樣，中身與人腰一般，下身與人腳相同，凡是進入我方丈室之門者，必須好好地找尋觀看這一隻狗。』只要看見有僧人進門，他便說：『看狗！』你若能從子胡說『看狗』這個地方，說一句轉語，教子胡禪師以後遇見你時無法再說這兩個字，教老僧我也開不得口，這便是你悟得真實的地方。」

南堂於次日又入方丈室，私下向五祖陳述所悟，五祖笑著說：「且不說你不是個千了百當的人（仍須再參之意），你說的這些話，倒是蠻像白雲先師所說的話。」南堂說：「我是什麼人？可以像白雲守端和尚？」五祖道：「不是你說的那種意思。老僧我，雖然承嗣他的法脈，是因為他拙於言語，一生只用遠錄公的手段接引人，所以這麼說。……。」……又努力參了二年，五祖方才為他印證許可。

看官讀者且看：南堂恁麼伶俐，千般公案說得，五祖亦讚他「已得十分」，以諸公案於祖師塔下勘驗時，對答如流，五祖本待印證為悟，及至「子胡看狗」公案，卻答錯了，只此一則不是，則和前面說底全都不是，又須從頭再來；只因未覓得真心，不能體驗真心，以致不了子胡看狗公案。雖求五祖開示，五祖亦未肯明說；若明說，必定害他，豈有將來之南堂元靜禪師名震一方？

平實早年悟得容易，便道他人亦皆同我容易得悟，豈知諸人萬別千差、各各殊異？後來便不敢僅用機鋒勘驗，必定令彼口說手呈，簡別衆人是否真能知其所以然？此後更不敢明說，以免慈悲反而害人。是故五祖亦不為南堂明說，令他再參；又二年，方許可。

如今平實再度藉子胡看狗公案，仰諮諸方大禪師、大法師、大居士、及諸活佛、法王、仁波切等：

子胡利蹤禪師常云：「子胡有一狗，上取人頭，中取人腰，下取人腳，入門者好好看取。」才有人揭簾而入，子胡便道「看狗！」請您下一句語，不消第二句，讓平實不得不頂禮大德。且道這一句作麼生道？

自代云：門前搖尾，門後啃骨頭。嗥！嗥！

第二〇〇則　鹽亭明暗＊

四川省鹽亭夫子袁煥仙　師鹽亭人氏，住持成都維摩精舍，提持宗旨，敷演上乘。師以天縱之資，邃博之學，名儒而循吏，歷膺軍政顯職者數十年；潛心內籍、棲志心宗者亦數十年，老而豁然發明大事。往往不假辭色，歷數諸方錯悟，少有推許。師著有《榴窗隨判一卷，黃葉閒譚一卷，中庸勝唱二卷，靈巖語屑一卷，酬語一卷》，合為《維摩精舍叢書》一巨冊傳世，於今台灣尚未絕版。

有馬白眉者，華陽人也，先謁傅先生求解脫，多所開解。無何，傅先生赴渝，因謂馬曰：「余當赴渝，汝可速往靈巖見袁煥仙先生，通余意；渠必能了汝大事，勿忽也。」袁師於靈巖起七，馬乃擱置稅務局事，來山行七。晝夜精勤，至第六日請益，師曰：「此事不在用力處，不在不用力處，又不在用力不用力即用力處。」馬惘然，師乃合眼開眼示之，且曰：「會麼？」馬曰：「不會。」師曰：「開眼見明，合眼見暗；明暗自為代謝，能見明見暗者有移易代謝否乎？」馬曰：「無。」師曰：「此千聖之心燈，四生之慧命，汝之本原也。」馬於言下契理，因胡跪致問曰：「此後當何用功？當何保任？當何行履？」師曰：「好好作事，好好持戒，好好為人。」（摘自靈岩語屑）

平實云：鹽亭袁老師，在四川鹽亭弘化，於大陸易幟之前後，極負盛名。虛雲和尚嘗應邀赴蜀，袁老師往見時，互相拮抗，分庭讓禮，似是大悟之人。然今日觀其《維摩精舍叢書》所說所錄，不過一場笑鬧，未有悟處。余觀其《榴窗隨判》中開示，便知其謬。茲略錄於後，供養當代後世諸方學人，用供增益擇師慧眼：

其一：《十五、判禪宗階位。問曰：「三賢十聖階段歷然，是禪宗者得成辦已，究屬何位？何階？何賢？何聖？渴望明示，開衆巨惑。」師判曰：「獅子撲人，韓盧（獹犬也）趁塊。當人本心不明，縱饒將千賢萬聖等差同異蘊在胸中，有何饒益？且益滋蔓也，故曰：轉解而縛轉堅，轉辯而義轉淵。餘姑置而不論，**即當人現前問話一念是何賢？是何聖？是何階？是何位？速道！速道！若道得，當下不立階梯，即正大位；**若道不得，總是落天涯的浪子，數人珍寶，煮沙為飯。」》此即認現前一念靈知為真不滅之本心也，同於前舉見明見暗之謬。

續判云：《……李長者曰：「無邊刹境，自他不隔於毫端；十世古今，始終不離於當念。」一切現成，不假他借，更有何賢何位何階何聖而不階、而不位乎？》藉他人語，再次宣示當前一念靈知之心為不生滅心也。

其二：《十七、判丹道。問曰：「……略……」袁師判曰：「……二、只知無念之無念，不知有念之無念。何也？蓋不明得本體也，既不明得本體，即不識何為有念？何為無念？曰抱一守中、曰收視返聽、曰無念無息，一派胡言。……詎知吾宗有念時纖毫不立，無念時遍界不藏，頭頭非取捨，處處失有無。……至火候等秘，非師不傳者詎有他哉！實則無念之功，須當人自力，師不能代矣！……》再三指示：於有妄想中另有一個無妄想之靈知心，以此為真故又囑云：《不快漆桶，若云別有奇特，又試道一句看！咄！汝只知無念之無念，不知有念之無念，蠢哉！蠢哉！陋也！陋也！》此乃責人：執取無念靈知心為真，忽略有念時亦另有無念靈知心。殊不知無念靈知心及有念時之無念靈知心（即觀照妄想之心）俱是意識。何以故？靈知心起妄想以及攀緣五塵者皆是見分，末那自知處於六塵中即是自證分，有念中之無念靈知心（意識）—觀照妄想妄念之靈知心—乃是證自證分之意識靈知，同屬見分，皆名妄心。此心若是真者，應睡著無夢時及昏迷等五位中皆悉有知，然此五位中實無有知者，故知此心，身有即有，身壞即無，云何是真？平實諸書已多闡釋，茲不贅言。

此非真悟，故將四書中之世法中庸道理，誤作中道，便著《中庸勝唱》二大卷，羅織禪法典故名相於內，成大戲論。卷下更唱云：《……曰本也者，不來不去、不生不滅、不淨不垢、不斷不常。頭且無，尾何有？今曰結，權語也。**惟不倚，曰靈光獨**

耀、曰照體獨立、曰絕待、曰直覺。非比非喻，不可讚、不可嘆、不可即、不可離，肫肫其仁，淵淵其淵，浩浩其天，躋乎此，聰明聖知，達天德者矣！》此即以直覺靈知心為真，故遂囑云：《然此聰明聖知達天德者，非他非異，行人但一要乎本即得也，豈二致哉！慎勿重彼輕我，高推聖境，窮劫不至，自取沉淪，故曰要本。》如此說法無異常見外道，與禪有什麼交涉？是故其下拈提諸多公案，皆言未及義，聰明靈知思惟知解爾！而觀其與虛雲和尚之晤談，自視徹悟，猖狂無喻，何慢之甚也？

然袁老師聰慧過人，文采甚佳，非一無是處。余嘗閱其《靈岩語屑》中之「醉後之光」，將其所編《水滸傳》花和尚魯智深之劇本，加以斷句試吟，頗饒韻味，值得把玩；雖然其中隱喻正理非是正確，無妨是一首好戲曲也。

然於第一義，余不能苟同其見，譬如《榴窗隨判、黃葉閒譚、中庸勝唱、靈岩語屑》等作之謬失隨處可拾，《酬語》之中亦復如是，其中之顯著者，如「答陳局長潛溪」，解釋慈明禪師公案，亦皆知解葛藤，「拾人牙慧」而已。

然袁老師之教誨，亦有可供佛子及諸方名師大師參酌者，茲摘錄一段於左，用饗名家：

《苦哉！苦哉！去聖時遙，今之所謂善知識者，多未親見親證；或見也證也，大

都滯在半途，未極其至盡；把先聖言章古人妙義，蘊在胸中，或抄在册上；外形大德，內蘊巨姦，處處要人供養，滴滴陰埋己私。學人或有請益，師家無由觀機，於是稱鄭稱楊、說禪說道、是己非人、叛聖離經；狐媚莘莘學子，鈍置人家女男。如是之流，不但教令學人吞沒屎尿，而師家早已預吞自吞也，若不自覺耳，可無悲乎！》

諸方名師若不欲效袁老師之吞自家屎溺者，應將袁師所云：「開眼見明、閉眼見暗之能見靈知心」速速捨棄，另覓「無始劫來一向離見聞覺知之真心」，方能印契大乘了義諸解脫經，方能印契三乘唯識諸如來藏系經律論三藏。一旦印契，則無般若中觀與唯識之爭，無般若空與聲聞緣覺之爭，則藏密中《桑耶宗論》蓮花戒與摩訶衍之爭亦消弭於無形，何須他二人以同一無念靈知心而起思惟法教之爭辯？

只如諸方「稱鄭稱楊、說禪說道、叛聖離經、是己非人、鈍置人家男女」之錯悟名師，比比皆是，學人與其奔走諸方門庭，不如向自家脚跟下究取好。若究取不得，莫認見明見暗之能知能見妄心，且將此書闔起，明日重讀何妨？只是闔起此書放於案頭之後，記得伸手關掉書桌上檯燈。

第二〇一則 馬祖識心

江西馬祖道一大師 示眾云：經云：「非凡夫行，非賢聖行，是菩薩行。」只如今、行住坐臥應機接物盡是道，道即是法界，乃至河沙妙用不出法界，若不然者，云何言心地法門？云何言無盡燈？一切法皆是心法，一切名皆是心名，萬法皆從心生，心爲萬法根本。經云：「識心達本，故號沙門。」

平實云：佛法說心，乃謂萬法根本之心。千百年來，多少人錯會，總認吾人之靈知心為真，便自以為悟，開山聚徒，誤導眾生去也。今時海峽兩岸、歐美兩洲亦復如是，多有錯悟大師，買得一大片山地，命名為某某山，相率以靈知心為真如，利用廣告媒體大作宣傳，宣揚錯誤之開悟。顯密緇素大德，悉皆異口同聲，對眾極力指陳，明指靈知心進入無妄想狀態時即是真心。

某大法師解釋「應無所住而生其心」時云：《無住是什麼呢？就是不在一個念頭或任何現象上執著。比如受了打擊，被心外的事物困擾，那叫心有所住。又比如貪男女色的，心就注意男女色；……這些人若沒有女色男色就活不下去，沒有名、沒有財就渾身不對勁，沒有美食也不能過日子，心中老是牽掛著這些東西，這就叫有所住。至於心無所住呢？美色當前也當作是平常事。》

然而此師誤會《金剛經》意旨，錯將靈知心認作真心。應無所住而生其心之心，乃是真如─金剛心；性如金剛，永不可壞。真如自無始劫來，不曾起念頭妄想；真如無始劫來不曾被五欲所轉，不曾起貪；何以故？為祂離見聞覺知故。猶如明鏡，現一切像而不生欣厭；真如亦復如是，於三界中藉六根而現六塵諸法，然於其中遠離見聞覺知，不生欣厭。祂是本來如此，本性如是，非因修行練習而由染污貪著轉為清淨不貪；此師不明此理，便開示道：

《我們凡夫也不妨練習「無所住而生其心」；最初可能比較困難，但是時間久了，就會把世間的人事物，看作如幻如夢如演戲。你會非常認真地演好目前的角色，但很清楚自己是在演戲，那就不會受到利害得失你我是非的影響而煩惱不已。》

如此大師卻同古時黃州大石山福琳禪師一般，誑謼閭閻：「福琳禪師遊方，遇荷澤禪師，示無念靈知不從緣有，即煥然見諦。後抵黃州大石山結庵而居，四方禪侶依之甚衆。」自己錯悟，卻誣荷澤所傳之心為無念靈知心，將意識心認作不生不滅之真如；荷澤如余初出道時勘驗不慎，責無旁貸。

此事古來所在多有，無獨有偶，普遍存在；看官不信，且觀古今聞名之圭峰宗密禪師如何開示真如：《若能悟此(靈覺)性即是法身，本自無生，何有依託？靈靈不昧，了了常知，無所從來亦無所去；然多生妄執習以性成，喜怒哀樂微細流注；真理雖然頓達，此情難以卒除；須長覺察，損之又損；如風頓止，波浪漸停，豈可一生所修便同諸佛力用。但可以空寂爲自體，勿認色身；以靈知爲自心，勿認妄念。妄念若起都不隨之，卽臨命終時，自然業不能繫，雖有中陰所向自由，天上人間隨意寄託。》凡此皆是野狐常見，何有見地？

玄沙即不然，上堂開示云：「……夫出家人識心達本，故號沙門。汝今既已剃髮披衣爲沙門相，卽合有自利利他分；如今看著盡黑漫漫地，如黑汁相似，自救尚不得，爭解爲得他人？……饒汝鍊得身心同空去，饒汝得到精明湛不搖處，不出他識陰，古人喚作如急流水，流急不覺，妄爲澹淨；恁麼修行，盡不出他輪迴際。……更有一般便說：『昭昭靈靈，靈台智性，能見能聞。』向五蘊身田裡作主宰。恁麼爲善知識，大賺人！知麼？我今問汝：『汝若認昭昭靈靈是汝真實，爲什麼瞌睡時又不成昭昭靈靈？若瞌睡時不是，爲什麼又有昭昭時？』汝還會麼？這個喚作認賊爲子，是生死根本妄想緣氣。汝欲識此根由麼？我向汝道：『汝昭昭靈靈，只因前塵色聲香等法而有分別，便道是昭昭靈靈；若無前塵，汝此昭昭靈靈，同於龜毛兔角。』仁者真實在什麼處？……父母放汝出家，十方施主供汝衣食，土地龍神護汝，也須具慚愧知恩始得，莫辜負人好！長連床上、排行著地銷將去，道是安樂未在，皆是粥飯將養得。汝爛冬瓜相似變將去，業識茫茫，無本可據，沙門因什麼到恁麼地？只如大地上蠢蠢者，我喚作地獄劫住；如今若不了，明朝後日看變入驢胎馬肚裡，牽犁拽杷、銜鐵負鞍，碓擣磨磨，水火裡燒煮去，大不容易受，大須恐懼好！是汝自累！知麼？」

不唯長沙如是道，睦州、雲門、羅漢、藥山、歸宗、克勤、大慧、無門……諸祖悉如是道。教下亦言法離見聞覺知，又言第一義諦離諸覺觀，無覺觀者是名心性。

只如馬大師云：「行住坐臥應機接物盡是道。」且道應機接物行住坐臥有什麼玄妙？而云是沙門之道？云何說為心地法門？云何祖祖相傳、悉皆以此為無盡燈？上座辭親出家，立下成佛誓願，何不於此起個疑情，探究到底？看是什麼道理？也免辜負父母師長及四方供養，方得名為真沙門。

如今天下叢林、平疇原野，野狐無數，何處覓明師？既無明師，又不願拜於平實門下，只好向古人夢中推尋：

有僧問：「凡有言句，盡落捲槓。如今不落捲槓，請和尚商量。」玄沙師備禪師云：「拗折稱桿來！與汝商量。」上座若寫信來問，平實卻答云：

待汝拗折筆桿，卻向汝道。

第二〇二則　大珠寶藏

唐越州大珠慧海禪師　師乃建州人，俗姓朱，依越州大雲寺道智和尚受業。初至江西參馬祖，祖問曰：「從何處來？」師曰：「越州大雲寺來。」祖曰：「來此擬須何事？」師曰：「來求佛法。」祖曰：「自家寶藏不顧，拋家散走作什麼？我這裡一物也無，求什麼佛法？」師遂禮拜問曰：「阿哪個是慧海自家寶藏？」祖曰：「即今問我者，是汝寶藏，一切具足，更無欠少；使用自在，何假向外求覓？」師於言下自識本心，不由覺知，踴躍禮謝；師事馬祖六載。後以業師年老，遽歸奉養。乃晦跡藏用，外示痴訥。自撰《頓悟入道要門論》一卷，被法門師姪玄晏，竊出江外呈馬祖，祖覽訖，告眾云：「越州有大珠，圓明光透，自在無遮障處也。」

有大法師開示云：《「自家寶藏」是馬祖禪師和其弟子慧海禪師之間的對話。……老師和弟子如果都是過來人的話，只需一個會心的表示，沒有其他東西可以傳授。所謂「心心相印」，也就是老師的智慧與弟子的智慧彼此相通，可以用任何一句話，任何一個表情，任何一個動作來傳遞消息，繼而證明弟子真正發現了自己的寶藏。這個寶藏就是明心見性—從煩惱的心變成智慧的心，……一旦開悟，就是發現了自己的寶藏。》

平實云：大法師既知禪門之中無一物可傳、無一法可授；亦知一言一語、一個表情動作，即可證明已經真正發現了自己的寶藏；他時異日，平實有緣晉謁大法師時，可否請大法師向平實眉目傳情？或以一句話、一個動作來傳遞消息，證明已經發現了自家寶藏？

如或不能，莫召平實；且效大珠禮拜馬祖故事，逕向佛前禮拜，禮拜起來向佛問云：「阿哪個是弟子自家寶藏？」佛若不答，明日再禮再問。明日不答，後日再禮再問。若能如是十年連續不斷，擾得佛心冒煙，卻教汝禮拜起來自答：「即今問佛者是我自家寶藏，一切具足，更無欠少，使用自在，何假向外求覓？」言下自識本心，不由思惟覺知，正好踴躍禮佛三拜，從此宗門教下漸漸七通八達，何須仰人鼻息？不必思覓平實。平實但閱大師新書開示，便知消息；正好前來拜謁大師，猖狂握手，大聲傾談，令諸旁侍悉不能聞。緇素已分，賓主已定，大師卻向克勤圜悟像前應禮三拜；所以者何？為大師往昔辜負他老人家，至今已九百餘年矣！此時不拜，更待何時？

第二〇三則　大珠行道

越州大珠慧海禪師　源律師問：「禪師常譚即心即佛，無有是處。且一地菩薩分身百佛世界，二地增于十倍，禪師試現神通看。」師曰：「闍黎是凡是聖？」曰：「是凡。」師曰：「既是凡僧，能問如是境界？經云：仁者心有高下，不依佛慧。此之是也。」源律師又問：「禪師每云：若悟道，現前身便解脫，無有是處。」……師曰：「闍黎自不解道，不可障一切人解。自眼不開，瞋一切人見物。」源作色而去云：「雖老渾無道。」師曰：「即行去者是汝道。」

平實云：自古以來禪師度人，一切言語造作悉皆直指本心，不同法師經師之長篇大論；是則當下印可，不是則當時剷卻，不通商量，無有二話。未悟錯悟之人不解禪師金剛作略之大慈大悲，每謂禪師冷酷無情，而不知禪師霹靂手段背後之老婆心腸，辜負禪師諸多施設之苦心孤詣。

平實亦復如是，為諸無緣與我共住精進禪三之佛子，每年作此公案拈提一輯，藉諸祖師證悟公案及古今錯悟大師之開示與公案，提出解析，令諸禪子得於點滴之中修正已往所受邪謬教導。然有淺學佛子不會我意，謂平實憍慢憤高，唯我獨尊；凡此皆因不解教外別傳之旨，以及心中偶像之破滅而不能接受現實所致。

此不但一般佛子誤解，久學弘法之經師律師亦復如是誤解，皆因未能契證真如，誤會禪師直指人心之作略所致。不唯古人如是，今之大師亦復如是錯會；君若不信，例舉如左：

有僧問趙州禪師：「如何是道？」趙州曰：「牆外底。」僧曰：「不問這個。」趙州曰：「你問哪個？」僧曰：「大道。」趙州答云：「大道透長安。」

某大法師解釋得很好：《對一個真正的修行人而言，佛道並沒有離開我們的生活環境，睜眼閉眼都是成佛的路，成佛之路就在自己面前，舉手投足修的都是佛道。》未悟佛子皆應將此大師上來所述語句，以正楷恭書裱褙，懸於堂上，每日端詳。平實見此一段語，滿心歡喜；所以者何？只為大師已將長安大道示諸佛子矣！

然而大師老婆心切，又復開示云：《問題在於如果心中存著彼此、好壞、凡聖等等分別或執著，那就是煩惱。如果把這些觀念統統放下，那就徹頭徹尾內內外外凡所見者都是佛所見到的道。》果真如此，則佛唯說聲聞法即足，何須再說般若類智法智？何須再說如來藏種智？

大師又言：《如果執著眼前去長安的路才是佛道，那是錯的；如果說這不是佛道，也是錯的。趙州禪師是以眼前出現的環境來糾正問道的人。》有什麼巴鼻！趙州和尚才不管你執著不執著哩！更不是以眼前的環境來糾正問道的人。「大道透長安」一句，猶今俗語「條條道路通羅馬」，大師若會，抬腳便邁向長安，何須論他執著不執著？何須管他佛道非佛道？

大師又復向諸弟子示云：《就一般人而言，心中能非常舒坦地生活的人並不多，大多數都被外在的景象牽著鼻子走，這就見不到道。如果自己的心不受外在景象所動，那就見到道了。》且得勿交涉！若此即是見道，則一切學會無相念佛法門之人應皆是見道者。以此諸人於四威儀中能保持於無相念佛之正念中，不為外境所動，時時正念分明故。然此諸人多有未破參見道者，不能得余印證為見道。大師以上開示，乃是將靈知妄心修至不緣外境時，錯認為真如，此非真見道，乃是誤會也。

古時之有源律師亦復如是不解教外別傳之旨，質問大珠慧海禪師：「禪師每云：『若悟道，現前身便解脫。』無有是處。」一般佛子亦復如是，不知不解大乘見道，不信一悟即出三界。佛子若有已得四禪不退、具足圓滿者，但能向平實一句語中悟入本心，當時即可取證無餘涅槃。（若未降伏其心攀緣習氣，雖然見道，要須七返人天，方入無餘界。）有源律師不信破參之人可以現身解脫，便予否定。

大珠慧海禪師乃云：「你自己不懂佛道，不可障礙他人解道；你自己眼睛張不開，卻怪罪一切人能見物。」有源律師聽了這話，生氣起來便離開了，離開前又罵大珠慧海禪師：「你枉活這麼大歲數了，卻不講道理。」在他憤而離開時，大珠慧海禪師卻不忘為他，在他身後丟了一句話：「你現在這樣走回去，這就是你的道。」

大師若來數落平實：「愈老愈無道，專尋他人瑕隙！」不待平實嘮叨，扭頭便行，平實卻向大師身後唱云：「即行去者是汝道。」

第二〇四則　大珠般若

越州大珠慧海和尚　講華嚴志座主問：「禪師何故不許青青翠竹盡是法身、鬱鬱黃花無非般若？」師曰：「法身無象，應翠竹以成形；般若無知，對黃華而顯相；非彼黃花翠竹而有般若法身。故經云：『佛眞法身猶如虛空，應物現形如水中月。』黃花若是般若，般若即同無情；翠竹若是法身，翠竹還能應用。座主會麼？」對曰：「不了此意。」師曰：「若見性人，道是亦得，道不是亦得，隨用而說，不滯是非。若不見性人，說翠竹著翠竹，說黃華著黃華，說法身滯法身，說般若不識般若，所以皆成諍論。」志座主禮謝而去。

復有講華嚴座主問：「禪師信無情是佛否？」師曰：「不信！若無情是佛者，活人應不如死人，死驢死狗亦應勝於活人。經云：『佛身者即法身也，從戒定慧生，從三明六通生，從一切善法生。』若說無情是佛者，大德如今便死應作佛去！」座主無對。

平實云：所謂般若，華言智慧，謂佛子能曉法界實相也。法界諸法生住異滅中，有一不生不滅、永不毀壞之心體，能生有情界萬法；佛子以實證此真實相故，名為智者；從此行凡夫行而非凡夫，行賢聖行而非賢聖，腳踏實地邁向成佛之道，無怨無悔地廣行自利利他諸行。

然而此心難覓，自古已然，是故世尊特為此事示現於人間。達摩大師欲覓個不受人惑的佛子，不遠千里萬里，來到震旦；面壁九年，無非欲覓此人。神光法師聞說有個碧眼胡僧在嵩山面壁九年，來到少室山，只說得個「覓心了不可得」，達摩卻說「我為你安心竟」，有一般無眼僧讀此公案，便道神光慧可是在此一句下悟入，悉皆錯會，便與般若相遠，開示法語便將誤導衆生。看官不信，且舉某大法師開示為證：

《……如果順著人的心給它說明解釋分析，心會越來越亂，想得越來越多，離開智慧越來越遠。》因為未曾找著真如，順著想像中的真如而說明解釋，所以聞者之心便越來越亂，想得越多便離智慧越遠。真悟之人以實證之真如體性加以分析解釋，聞者不須想得很多，依悟者開示直接究取，很容易便可悟得真如，般若自然現前。

大法師復云：《因此達摩要慧可把心找來，實際上沒有心這個東西，那只是一個個念頭的起伏。》然而達摩要慧可找的心，並非大師所說的念頭起伏的心，此心是靈知心，念念生滅，幻化不停。聲聞羅漢以證此心虛妄，捨壽時滅除此心而入涅槃；禪宗祖師教人覓心者非覓此心，而是此心之外另有不墮見聞覺知之清淨心，並非無心。譬如大顛寶通參石頭，石頭問曰：「哪個是汝心？」大顛曰：「見言語者是。」

石頭便將他喝出。十日後，大顛又問：「前者所說心既不是，除此外，何者是心？」石頭曰：「除卻揚眉瞬目，將心來！」大顛曰：「無心可將來。」石頭曰：「元來有心，何言無心？無心盡同謗！」大顛言下大悟。

若道靈知心虛幻，復無真如心可覓，以此作悟，則禪宗即成斷見外道；大師不明此理，便開示云：《前念滅，後念起；後念起，前念滅，念頭不斷起滅。如果很認真地找自己的心，在尋找的當下，霎時扣住煩惱起伏波動的心，這個心竟然不見了，剩下的是平靜的、安定的，甚至沒有念頭的一種經驗。這不能稱爲是心或念，而是一種體驗。人的心沒有頭、沒有尾、也沒有痕跡，無處可覓，有的只是雜念而已，是一團煩惱心、分別心、執著心、自我中心的組合。如果發現這個事實，實際上就是開悟了。》

果真如此，則吾衆多同修皆不必參禪，只須將無相念佛之正念捨棄，住於空明無念之中，即成開悟。如此開悟，反較無相念佛容易，只須往回頭路退一步，即成開悟；則一切佛子只須將靈知心修至空明無念，即可自印為悟。然此種開悟卻同藏密四大派諸祖之「全然開悟成佛」，墮於常見外道法中，不能發起道種智；莫說道種智，乃至大乘十智之法智類智粗淺般若尚不能現前，云何得名為悟？

大乘宗門正法之難以修證者，乃因大菩提——般若——極為微妙深細，兼顧三乘，雙通世間與出世間法，苟無真具頂門眼之善知識指導，極難具證。何以故？以真如法智類智應向離見聞覺知之方向參尋，而佛性之法智類智卻須向見聞覺知之方向參尋故；若無真善知識指導，往往墮於明心而斥見性，或墮於見性而不解明心，於大善知識眼前即無說話餘地。是故大乘般若極難修證，若非宿世累劫因緣，往往當面錯過，不信不受；若自鹵莽承擔，復多墮於大妄語業中。以修證極難故，大乘比丘二衆乃皆無本可據，轉向南傳聲聞佛法，飾言回歸佛陀本懷；或求之於密教，漸墮常見法及無上瑜伽雙身修法之邪道中，欲求般若，無異緣木求魚。

譬如講華嚴經之志座主來問大珠慧海禪師：「禪師何故不許青青翠竹盡是法身、鬱鬱黃花無非般若？」大珠乃為釋義：「法身無象，應翠竹以成形；般若無知，對黃華而顯相；非彼黃花翠竹而有般若法身。」眼見佛性之人，放眼望去，盡大地有情無情，悉皆得見佛性，然非見有翠竹黃花之佛性，乃是由翠竹黃花之上見己佛性，故云「青青翠竹盡是法身，鬱鬱黃花無非般若」，非謂無情自身亦有佛性也。未眼見佛性之人不知此理，便謂翠竹黃花亦是自己法身，祖師訶為迷己逐物是也。大珠為免佛子誤解，塞見性門，故不許人云「翠竹黃花是法身般若」，並示云：「黃花若是般若，般若即同無情；翠竹若是法身，翠竹還能應用。」謂般若乃是修證真如佛性之智慧，依於有情之五蘊而有，非無情所能有之；若黃花即是般若，則般若即同無情，故不許黃花是般若。法身乃是如來藏，在有情身中具諸功德力用，翠竹不具如來藏諸功德力用，故不許翠竹是法身。然見性人於翠竹黃花上，能眼見自身之法身佛性力用，故云「青青翠竹盡是法身，鬱鬱黃花無非般若」，乃誠實語。志座主不會，大珠禪師乃云：「若見性人，說是亦可以，說不是亦可以；隨其功德力用而說，不會落入是非之中。若不是眼見佛性之人，聞說翠竹是法身，便執著於翠竹之上有真法身；聞說黃花是般若，便以為黃花真個有般若佛性。根本不懂法身與佛性般若，所以都成為諍論。」

只如現今海峽兩岸、歐美各洲之顯密諸師，可還有識得翠竹法身、見得黃花般若之人麼？

為什麼諸人悉知佛性之名義內涵，卻無法眼見？可曾有人虛心探究麼？

為什麼諸人嫻熟《金剛經、心經》內涵，卻落得須以聲聞法解釋真如之境地？

若人真證真如，不須以聲聞法之無常無我解釋真如，不須以緣覺法之緣起性空解釋真如，自能直接由自心流露，敘述真如之體性，完全符合三乘法教，方名真解般若空。如若不然，皆須思惟強記，悉是依草附木精靈，業識茫茫，無本可據，永於外門修菩薩行，不入佛法。

若人不信，強辯無情亦有佛性，教人須將靈知心修成無覺無知，如似木頭死人，名為證得能所雙亡之法身者，倒不如請他自殺，更為乾脆！何以故？坐入無覺無知境中，數小時後仍將回復見聞覺知；則彼能所雙亡是無常間斷性，不如死已永無覺知，豈不是永久之能所雙亡，豈非更究竟？然則世尊於三界常住度衆，必定不離見聞覺知，是否意謂世尊未離能所雙亡境界？世間有否如此之佛？

是故大乘微妙法—法身般若，非諸少福障重之人所能得證，佛子當須廣植德本、善滅性障，而後方與真善知識靈犀相通，悟入大乘；非小根小器佛子所能入也。應依善知識所示，真修實參，莫四處聚頭討論，無益自他。謹以洞山良价禪師之偈相贈：學者恒沙無一悟，過在尋他舌頭路；欲得忘形泯蹤跡，努力殷勤虛空步！

第二〇五則　荷玉相悉

撫州荷玉山玄悟禪師　師有時舉拄杖示眾曰：「從上皆留此一路，方便接人。」時有一僧曰：「和尚又是從頭起也。」師曰：「謝相悉。」

有老居士云：《現在我們來講禪宗，也就是宗門禪的基本精神何在？禪的基本精神不是成佛作祖，而是尊重自己。它是自悟自修，自成佛道，以完成生命的覺醒。不但佛法是這麼要求，連上帝也是這麼要求的。禪是超越宗教的，我們不必忌諱什麼，如果讀過舊約聖經，很多地方都在提醒「你們要清醒！你們不要睡覺！」那就是教你覺醒。因為人大都喜歡做白日夢，很少是「清明在躬」的，所以才會迷失。一般人縱使沒有刻意在胡思亂想，也常常被不自覺不自主的念頭所旋繞，那就是作夢。人必須從這迷惘中覺醒，清明在躬地主宰自己的心國，才不致迷失，才能正確地把握住自己的人生方向，否則就遠離了正見。……。》

平實云：若論禪宗，老兄猶未夢見在。古來禪宗諸祖之真證道者，從不教人保持清明覺醒以為證悟，反而於悟後以睡覺示現解脫無著。譬如六祖云：「但自卻非心，打除煩惱破，憎愛不關心，長伸兩腳臥。」又如鐵牛持定禪師悟後，不參與大眾打坐，以紙被裹身而睡，其師巡堂時發現此事，召至方丈室裡厲聲責問：「我巡堂，汝打睡；若道得，即放過；若道不得，趕汝下山！」鐵牛禪師隨答曰：「鐵牛無力懶耕田，帶索和犁就雪眠；大地白銀都蓋覆，德山無處下金鞭。」其師仰山祖欽乃讚曰：「好個鐵牛也！」從此以鐵牛為號。

是故禪宗之基本精神，不是老居士所說之保持清醒覺醒，不是保持清明在躬，更不是尊重自己。只因清醒覺醒，念茲在茲的心乃是意識心，這個清醒的靈知心正是自己、正是自我；尊重這個自我，即是我執；老居士更莫勸人保持覺醒地主宰自己的心國，老趙州曾開示云：「自己尚是冤家。老僧不住明白裡。」何以故？禪宗之禪乃是教人修證無我之如來藏，不教人尊重靈知清明之自己；如來藏離見聞覺知，不住在明白清醒之中；即使老居士疲累而睏睡時，祂依舊是不睡不眠亦不住在清醒明白之中，不須您老人家為祂保持清明在躬。

叢林之中真悟之師，唯有悟後修定，欲揉伏其心，使靈知心捨除五塵攀緣習氣，方教向內保持清醒，遠離昏沉睡眠，以增益定力及定境，斯乃增上心學。禪宗之禪乃是般若——增上慧學，教人尋覓不墮清醒與睡眠二邊之如來藏，此非老居士及一神教之上帝之所知也。唯有錯悟之禪師，以無念靈知心為真如者，方才令人保持覺醒，深恐睡著之後，自己消失不見了，不能作自己的主宰，此正是常見外道之我執；此心正是證悟者修證解脫果時所欲斷除之自己，云何老居士教令徒衆以此為真？認賊作子！君若不信，且觀荷玉相悉公案，還能印證得麼？

撫州荷玉山玄悟禪師，有時舉起拄杖示衆曰：「從世尊代代相傳下來之歷代祖師，都留下這麼一條路，方便接引學人悟入教宗。」當時有一比丘便道：「師父您又是從頭開始了！」荷玉玄悟禪師聽了，不以為忤，卻向彼僧云：「謝謝你對我這一開示之瞭解，免得別人以為我是裝模作樣籠罩人。」

且道：從上諸祖歷代相傳、教外別傳之方便門路，因何在荷玉禪師之拄杖上頭？拄杖乃是無情，何預宗門正法？荷玉禪師卻鄭重舉起示衆？普天下阿師不知，皆墮荷玉閑機境上，被他拄杖所轉。汝若喚作拄杖，舌頭七花八裂！

只如荷玉禪師舉起拄杖，方才起個話頭，也未說得什麼禪語禪機，座下彼僧因什麼便道荷玉禪師又是從頭起？且道彼僧悟抑未悟？若道悟了，荷玉禪師尚未有什麼開示，云何彼僧便道荷玉又是從頭起？若道未悟，因何又解恁麼語話？荷玉因什麼卻向他謝個相悉？普天下顯密阿師還有會者麼？何妨相見？

荷玉玄悟忒也老婆，猶舉拄杖婆婆媽媽；平實即不然，眼角瞄著個二楞子，便將拄杖丟去，呵呵大笑，下堂睡覺去；也免得座下已悟之人又嫌咱家從頭起。三重公案！

諸方老宿且道：荷玉禪師與彼僧，相悉在什麼處？

第二〇六則　汾陽捨命

汾陽太子院善昭禪師　師歷參諸方善知識七十一員，後到首山。一日首山升座，師出問曰：「百丈卷席，意旨如何？」山曰：「龍袖拂開全體現。」師曰：「意旨如何？」山曰：「象王行處絶狐蹤。」師於言下大悟，拜起而曰：「萬潭碧古空界月，再三撈摝始應知。」有人問曰：「見何道理，便爾自肯？」師曰：「正是我放身捨命處。」

長沙某居士析云：《而汾陽徹悟於首山處，他之所得卻在舉古；他以「百丈卷席的意旨」叩問首山，首山便以「龍袖拂開全體現」（原註：事實上此宗講究全體作用）以接引；而善昭進一步再問首山自己的意旨如何，首山便以「象王行處絶狐蹤」來接引，因而使善昭大悟。》

平實云：居士所述無訛，而猶未知其理。然凡拈古，必須悟道；方能拈其關節，啟諸禪子疑情；逮至因緣成熟，撞著磕著便悟。若不知古來公案關節何在，便拈來示衆，即同一盲引衆盲，無益禪子，非所宜也，此其一。

若諸未悟之人競拈公案，汗牛充棟，佛子之探究宗門者，耗費多財請購諸書，而不能得益；反致誤導參究方向，建立錯誤知見，貽誤道業，亦非所宜，此其二。

佛子欲入宗門，選擇諸家公案拈提書籍時，但見書局架上佛書數百千種，眼花撩亂，欲於其中擇其善者，唯憑好運。又諸未悟錯悟之人為求名聞故，競相著書；若得著作等身，佛子便道彼是大善知識，利養眷屬隨之而來；故諸法師居士競相出書，遂致台灣小小一島，每月竟有五十餘種佛書擠上各大書局之佛書專櫃；而諸家所印免費贈閱之宣傳書籍更多於此。劣幣驅逐良幣之結果，便使真正示道之善本書，因每月五十餘種新佛書之上架而被擠下書架，佛子便失去入道機會；是故未悟之人拈古，不唯浪費佛子錢財及時光，亦產生排擠善本書之效果，實非所宜，此其三。

未悟之人廣繕諸書，無益自他道業，唯得世名俗利，數十年光陰猶如白駒過隙，轉眼便須結算一生功過，世名俗利悉將化為烏有，有何可貪？何如將彼著書光陰移心宗門？若能依真善知識所示而潛心參詳，必有證入之一日；彼時貫通三乘經教，再作拈古，則天下宗仰，亦免敗闕為人所拈，兼能廣益天下佛子；不唯自身永免三惡道之輪轉，亦可邁向第二阿僧祇劫之修道，何樂不為？有智佛子然余言者，當知定奪。

話說汾陽善昭禪師歷參七十一員善知識後，來到首山省念禪師座下參訪。一日首山禪師上堂升座，汾陽善昭禪師便出衆請問：「百丈懷海禪師悟後，馬祖大師方才上堂猶未開示，百丈禪師便將自己的坐蓆收卷起來，究竟是什麼意旨？」首山禪師答曰：「皇帝將二隻龍袖往身外拂開時，龍體便全部顯現了。」意謂百丈捲蓆同於皇帝拂開龍袖一般，眼尖之人當時便見心王。汾陽雖知首山之意，依舊遲疑，未敢承擔，再次探問：「這究竟是什麼意思？」首山云：「象王所行之處，狐狸是不敢在那裡出現的。」意謂百丈捲蓆乃是象王之行，一切野狐悉皆自絕於此，不敢進入。汾陽善昭言下大悟，乃禮首山省念禪師為師，嗣法於他。禮拜起來卻道：「千千萬萬的潭水之中，皆有藍天古月；而這藍天古月其實是在空中，不在水裡。這個道理，卻須再三再四去水中撈摝過的人，才有可能知道的！」有人問他：「到底是看見了什麼道理？便這樣自己肯定下來？」汾陽善昭答說：「這正是我放身捨命處！」

看官且道：古人因甚恁麼伶俐？三言兩語便得悟去？須知汾陽善昭若非歷參七十一名善知識，早疑著此心，只待個肯定之因緣，斷無可能於此二句之下便得悟去，從此確定色身及靈知心之虛妄而遠離我見。

往往有諸教界名人來覓平實，欲冀一二次之面見便得悟入；然平實細審之後，雖然亦施機鋒，終究不敢語言說破，以非其人故，因緣未具足故。當知此事乃是大心佛子進入內門修菩薩行之入處，若非無私無我之人，若非性障輕微之人，不應令入，以免後來私心自用，破壞宗門正法。平實已往未觀根器，度人浮濫；性障深重、私心自用之人亦令悟入；後來變生肘腋，極為慘痛；直至如今猶受其害，正是自作自受，怨不得人。近年痛定思痛，轉趨小心，嚴格把關。寧教人誣我謗我，終不肯將佛法作人情。

且道：百丈卷蓆，有什麼玄妙？首山竟道是「龍袖拂開全體現」？看官您若不會，且買件草蓆捲著點兒。捲破了若還不會，平實穿起海青，兩條玄袖猛力拂開，全體顯現與君看！君若眼尖，一眼瞥見，當入平實門中護持正法。若猶不會，平實便舉象鼻喝水去也！

且道：萬潭碧古空界月，在空中？在水中？諸方顯密老宿名師，可有道著者麼？若道不著，莫管他空界月在空中？在水中？但請伸手向潭水裡撈摝看！

若有個禪和子眼尖，向水中月撈個正著，正好來覓平實，當胸鼓我一掌，卻看我如何殺剮。正是：

三十當年屠夫，有幸遇著一條肥漢剮！

只如諸方老宿，還肯於此喪身捨命麼？

第二〇七則　汝州眼瞎

汝州廣教院歸省禪師　師遊方，參首山。一日首山舉竹篦曰：「喚作竹篦則觸，不喚作竹篦則背，喚作什麼？」師掣得，擲地上曰：「是什麼？」首山曰：「瞎！」師於言下豁然頓悟。

某大法師云：《在中國禪宗，始終都要坐禪，但也說坐禪和成佛開悟沒有關聯。如果像馬祖那樣不斷地打坐，馬祖可能成不了馬祖，也開不了悟。一旦他明白磚頭磨不成鏡子，打坐也成不了佛，對打坐的執著就放下了，進而從心上用功。只要放下心中的一切，就是明心見性、頓悟成佛。……當心中靈光一閃，把過去現在未來人我是非一齊擺下，此時就顯現出光明的心地和萬里晴空無私的境界，這叫開悟吧！》

平實云：請讀者看官評評理，如此是否可以名之為悟？若此放下，即名為悟，試問：看官大人您此一悟，是悟明哪一個心？莫是那個能放下煩惱的心？或是安住於萬里晴空、無私境界中的光明心？莫寐語好！

禪宗之悟乃是明心及與見性。破初參者乃是明心—證得真如，因地名為如來藏；非以放下煩惱為悟。禪宗弟子修持者多，悟道者少，非唯今時如是，古時亦是遍地死人。古時禪子純樸，死心蹋地參究，大多是死了活不了；今時禪人多狂慧，師家亦善搞怪，豈唯活不了？直是未曾死！乃竟狂言修證，廣為錯悟之人印證，皆不畏懼大妄語果報，忒也膽大！

今人若欲會禪，當效古人立志苦參；先須死卻成佛作祖之心，死卻教界揚名之心，死卻靈知為我之心。靈知之心若不肯死卻，執自己為不生滅心，如何能與禪宗所悟之無我空性心相應？若不肯大死一番，焉得活汝法身？

六祖大師當年死了這靈知心，不認祂是真，所以說出膾炙人口的偈來：「菩提本無樹，明鏡亦非台，本來無一物，何處惹塵埃！」這便是死了心的好榜樣。然雖如是，五祖仍嫌他未破得本參，未見得本性；洞山良价禪師亦拈云：「直道本來無一物，猶未能消得缽袋子！」

諸方老宿試觀：六祖當年說得這首好偈，連裝佛缽的袋子尚且消受不起，何況能受佛缽與祖衣？豈況今時大德尚以靈知為自心，猶自不肯死，何能大活？而奢言開悟？

諸方開悟大德若不信余言，堅執無妄想之靈知心為真者，請觀汝州眼瞎公案，看能印證得否？

汝州廣教院歸省禪師悟前遊方，參訪首山省念禪師。一日首山手舉竹篦曰：「你若說這是竹篦子，便與祖師西來意不符；你若說這不是竹篦子，卻又錯了；你說這是什麼？」汝州歸省禪師上前，將首山禪師手中竹篦子搶過來，擲到地上卻問：「是什麼？」首山禪師卻罵他：「你瞎了眼睛！」汝州歸省禪師言下大悟。

只如首山禪師手舉竹篦，為什麼卻不許人說是竹篦？不說是竹篦，卻又錯了！諸方老宿且道：首山是何居心？一網打盡天下龍蛇，悉皆不出他袖裡乾坤。

汝州歸省禪師上前，卻合符節；一把搶過竹篦子，不妨是條好漢！丟向泥地上，卻是鏗鏘有聲，震得五不還天宮颯颯作響；復問一句：「是什麼？」直驚得天宮中三果聖者下覷，弄不清楚是什麼？無奈首山是條老狐狸精，不受他瞞；若是平實初出道時，必為汝州歸省印證；如今閱人多矣，便向他道：「似即似，是則不是！」首山省念更不客氣，直下罵他學人模樣，瞎了眼，不懂得直下看取真如；汝州聞言之前，早疑著是祂，只欠首山送他腦後一鎚（錘）；如今聞言，直下承擔，便成五百人大善知識，開法於汝州廣教院。

如今諸方顯密大師，還有肯向平實手中掣取竹如意者麼？過來！過來！

第二〇八則 汝州畫宗

汝州廣教院歸省禪師 師一日上堂云：「宗師血脈，或凡或聖；龍樹馬鳴，天堂地獄；鑊湯爐炭，牛頭獄卒；森羅萬象日月星辰，他方此土有情無情……」以手畫一畫云：「俱入此宗。」

宗薩〇〇仁波切云：《…佛陀和密勒日巴都是無二之心或究竟真理的展現；至於你如何看他們，決定於你自己悟境的層次。雖然在相對的層次上，佛陀把鉢放在桌子上，而不是把桌子放在鉢上面；但究竟上，佛陀並沒有像小大自他種種的偏見。同樣地，對密勒日巴而言，究竟的層次離於大小內外的概念。事實上，任何知道無二和實證無二的人，都能夠看到非常美妙的實相表演。如果你真的能夠看到這場表演，就具足了西藏人所稱的「塔瓦托巴」—證悟了見地。》

平實云：若論見地，仁波切猶未夢見在。何以故？以密勒日巴墮於無妄想之靈知心中，以之為法身故。君若不信，請觀《密勒日巴全集（傳記）》一九六頁：「我就將琵達帶來的一點點酒，和結賽帶來的食物吃了，照著信符上的指示，依心要、氣要和觀要，努力修行；打開了身上小脈的脈結，中脈臍間的脈結也打開了，生出前所未有的樂、明、無念的覺受。其境界非語言所能形容。這種不共的覺受證解功德，堅固廣大，轉過失為功德。我通達了妄念即是法身，了知輪迴涅槃一切法皆是緣起；自心一切種識本離一切方所，行爲錯誤則招致輪迴，善行解脫則獲得涅槃。而此生死涅槃二者之體性皆爲不二空性光明。生出此種不共功德的因地，即是苦修淨行的累積；生出此不共功德的緣助，乃食物及甚深口訣，以因緣和合而得成功。」（慧炬出版社一九八三年二月再版）凡此皆是意識靈知心也，猶未能明如來藏何在，未觸證真如，尚未是別教七住菩薩，云何仁波切將彼與佛相提並論？

又如歌集下冊四〇九頁，密勒日巴自述大手印境界云：「我修大手印觀時，心住本然離造作，無散亂中鬆鬆住，空性境中明朗住，喜樂境中明體住，無妄念中惺惺住，衆緣境中平等住，此心如是安住已，……」其大手印境界之心乃是靈知意識心，同於《楞嚴經》所說外道五現涅槃之初──欲界定中之靈知心，未離常見；不唯未入大乘見道位，小乘見道亦無，仁波切云何將彼與佛相提並論？其餘見地之錯誤尚有二十餘處之多，勿煩枚舉，暫置不論，且就仁波切之開示「見地」辨正：

實相不在桌子與佛缽之何者在上、何者在下。小大自他內外之見，不曾妨礙見地，以此諸見皆是世間法之空相──緣起性空所顯無常法相；然而大乘空性卻不是說緣起性空之世間法空相，乃是不離緣起性空之世間法空相而同時存在之法界實相──如來藏空性。佛陀常住三界之中廣度有緣，其意識無妨不離小大自他內外之見，而洞見法界實相之真如空性，二者並存而不相妨礙；非將靈知心遠離小大自他內外之見而名為見地。仁波切既是大修行者，乃人中之寶，云何不明此理？見地何在？

仁波切若欲遠離密勒日巴所墮常見法中，當速尋覓自身本具之如來藏，此心與汝靈知心並存，潛伏於汝五陰之中，而汝不知不覺；墮於靈知心中，錯認無妄想之靈知心為真如，故墮常見，未證見地，所說之「見地」即成似是而非之戲論，有負「人中寶」之令名也。

今者仁波切若欲速生見地，當捨既有邪見，死卻靈知心之自我執著，復以此心為工具，速入禪宗公案中參究，莫再沉迷密宗之大手印大圓滿法，以彼法教未具見地故。若不肯捨大手印大圓滿法教，平實記汝終此一生不脫常見窠窟。仁波切欲於一念之間進入別教七住麼？欲於一生之內進入別教初地麼？且觀汝州畫宗公案，平實為您指畫：

汝州廣教院歸省禪師於首山省念禪師座下得法後，開法於汝州廣教院，時稱汝州禪師。師一日上堂開示《佛教的見地》，云：「宗門之師所傳血脈，不論未悟之凡夫或已悟之聖人；龍樹及馬鳴大士著作中所說天堂地獄境界，地獄中之鑊湯爐炭所刑罪人及牛頭馬面諸多獄卒；以及森羅萬象日月星辰、他方此土一切有情無情等等……」話未說完，卻以手向虛空中畫一畫，又說云：「全部都入此宗。」

且道：宗師血脈若已悟入，得名已入此宗；云何未悟凡夫及錯悟之人亦得入此宗？若據汝州禪師此言，仁波切雖猶未入見地，亦得入於此宗，且道：云何是此宗？

聖者龍樹馬鳴，以及天堂人間地獄中之一切凡夫衆生，亦悉不離此宗，且道：世出世間無上妙法，因何汝州輕描淡寫地在虛空中畫一畫，便道是此宗？

汝州以手畫一畫，手是色陰，無常空相，非干空性實相；在空中一畫，一畫之過程是行蘊，無常變易，非干空性實相；吾人見彼汝州一畫，能見之心是眼識，知我能見者是靈知意識心，念念生滅變易，非干空性實相；動轉是風大之性，汝州這一畫不離風大，虛幻變易有為之法，云何汝州卻道法界一切法俱入此宗？且道：阿哪個是此宗？仁波切欲會麼？平實訴與汝知：此宗方是密宗；

如何是此宗？

斗大的一畫！

第二〇九則　汝州自去

汝州廣教院歸省禪師　僧問：「如何是毘盧師、法身主？」師曰：「僧排夏臘，俗列耆年。」僧曰：「向上更有事也無？」師曰：「有！」僧曰：「如何是向上事？」師曰：「萬里崖州君自去，臨行惆悵怨他誰？」

宗薩〇〇仁波切云：《另外一個瞭解空性的方法，就是要明白具足空性見地的意思是：避免二元對立的一切極端—避免二元對立的極端，本身就是空性。一個自我本位的人永遠都會掉到某個極端中，因爲他一看到任何事物，就會自動形成例如美醜好壞等判斷；他相信這些性質天生就存在那件事物之中，並自認了知那件事物的真相。如果不用好壞等概念支解事物，只看事物本來的面目，就非常近似於空性的體驗。》

平實云：靈知心永遠不離二元對立之知見與執著，唯除實證如來藏之聖者。若人未證如來藏，錯將不起分別之靈知心誤認為如來藏者，便思自我抑制，令靈知心自己處於無分別狀態之中，自謂已離美醜善惡分別，謂此即是無二無分別之空性狀態。此皆未解空性者之思惟戲論也。須知靈知心對一切法之覺知即是分別—不離二邊。實證如來藏之人，其靈知心依舊能分別美醜善惡，而不墮於美醜善惡之執著，非如白痴之不別美醜善惡也。學佛之目的欲求洞見實相而生智慧，非欲學彼白痴無智之人不別善惡美醜也。故實證如來藏空性之聖者，其靈知心猶如悟前之能分別善惡美醜，而同時照見空性心之併存於五陰之中，此心永不壞滅間斷，恒與吾人同處六塵之中，而遠離見聞覺知，一向不生分別；靈知心以照見此心之清淨本性及永不壞滅間斷，反觀自己之日日間斷及不離見聞覺知，而了知自己如幻如化妄想不實，我見我執因此斷滅，生起智慧，轉依空性如來藏之清淨體性而證涅槃。空性如來藏心乃是一向不墮二元對立之心，非由一向墮於二元對立之靈知心修行轉變而成；乃至成佛之後，靈知心依舊是意識，不會變為空性；故仁波切不應勸人將靈知心遠離美醜善惡分別，而應勸人尋覓與靈知心同在之空性如來藏，方能使靈知心因見道而轉依空性之清淨本性。若未覓著空性如來藏，而壓抑靈知心不起分別者，皆名不知不證空性實相，如石壓草，不斷我見我執之根，永遠不解空性，遇境遇緣又復墮於世法分別之中，不能捨離我見我執，永墮輪迴，出離無期。仁波切若欲實證空性，當觀汝州自去公案，平實為您分曉：

有僧問：「如何是毘盧遮那佛所師法之空性？法身之實際？」汝州歸省禪師答云：「出家僧人依出家年資排定位次而坐，在家俗人依年歲大小排定位次而坐。」此僧復問：「向上一路還有什麼法沒有？」汝州禪師答有，此僧又問：「如何是向上一路、千聖不傳之道？」汝州禪師答道：「萬里江山峻嶺州郡，都隨你自去；如果不會，臨行之時心情惆悵，怨得了誰？」

只如僧問毘盧師、法身主，汝州云何答他「僧排夏臘、俗列耆年」？若是個伶俐仁波切，聞言正好扯下首座，自己大剌剌地坐上去，當之無愧！汝州若問，便向他道：「汝道有誰出家比這個更早？」無奈此僧不會；平實則不然，便向東廂俗人最年長之首座，一把扶將下來，令他向次座坐去，自上首座而坐。

此僧不會汝州之意，更向汝州問云：「向上更有事也無？」汝州爽快答個有字！此僧不曉汝州「有」中藏刀，分明示現，而竟不知不見，一心再問：「如何是向上事？」汝州無奈，只得又復撒土撒沙：「萬里崖州君自去，臨行惆悵怨他誰？」料想仁波切讀至此處，仍將不會汝州密意，平實老婆，於此為君指示正路：

神州西藏君自去，臨行惆悵莫怨吾！

第二一〇則 神鼎相入

潭州神鼎洪諲禪師 師嘗與數耆宿至襄沔間，會野飯，山店中供辦；有一僧舉論宗乘頗敏捷，論說不已；師乃曰：「三界唯心，萬法唯識；唯識唯心，眼聲耳色。是什麼人語？」僧曰：「法眼語。」師曰：「其義如何？」僧曰：「唯心故聲色不相到，唯識故聲色縱然。」師曰：「舌味是根境否？」僧曰：「是！」師以箸夾菜置口中，含胡而語曰：「何謂相入（到）耶？」一座駭然，僧不能答。師曰：「途路之樂，終未到家；見解入微，不名見道。參須實參，悟須實悟；閻羅大王，不怕多語。」僧拱而退，返長沙，隱於衡嶽三生藏。

宗薩〇〇仁波切云：《真正的空性覺知一切事物，因爲它不受貪瞋痴等自我的觀點所遮蔽。見到空性並不意味著達成「見到某種東西」的佛教目標。見到空性表示「見到一切事物」，因爲空性不排斥任何事物，函括了一切事物。見到某件特別的事物，必然表示你沒有見到某些其他的事物，所以你沒看到的就被排除在外而沒有感受到。空性去除了那些「沒看到」，因此每件事物都在其中；空性去除了一切事物的「不存在」，包括不存在的不存在。》

平實云：真正的空性不覺知一切事物，因為它離見聞覺知，故不受貪瞋痴等自我觀點所遮蔽。見到空性不是仁波切所說的「不意味著達成『見到某種東西』的佛教目標」，而是意味著親眼見到一種東西—如來藏—阿賴耶識。見到空性即是見到一切法，因為六塵諸法皆不離空性如來藏，祂函蓋一切法。見到某件特別的事物—空性—時，必然表示你將漸漸看到一些前所未見之其他事物—一切種智及道種智，所以目前你尚未看到的，就不會被排除在外，而將由你漸漸地感觸到。空性本身並不去除那些「沒看到」，因為空性本身向來無知無覺無觀；空性並不去除一切事物的「不存在」，也不去除不存在的不存在，因為空性向來離見聞覺知，不於六塵諸法及這些戲論中相應。

平實上來所說，句句與仁波切顛倒；究竟是平實老糊塗了？還是仁波切少不更事？云何正反顛倒，尖銳對立，乃至於斯？其間岐異之根源，皆在汝我所認知之空性有異所致。仁波切所認知之空性心乃是無妄想之空明覺知心，平實認為此心是意識，審而非恒，日日斷滅，藉等無間緣而與前一日之空明覺知心相連，因根而有，非是空性之心。平實所悟，非是此心；般若無知，因覺知心而顯智慧；空性離知，藉覺知心而了萬法。今者年輕尊貴的仁波切說「真正的空性，覺知一切事物」，雖能符合藏密四大教派諸祖之口傳心訣，卻違諸經佛意。其所以違佛旨意者，咎在空明覺知之心既能覺知一切事物，即與六塵相入相到；既與六塵相到，即是意識；乃至修到成佛時，能完全不受三毒等自我觀點所遮蔽，仍舊是意識，祂永無可能變成空性心──真如。

錯認空明覺知心為空性者，不論古今中外，顯密皆然，尤以藏密四大教派諸祖為最；於四大派諸祖之心要口訣中，隨處可見，屢見不鮮，非獨仁波切如是。乃至禪宗典藉之中所載諸祖，亦有不少錯認空明覺知心為空性之事例；由此可知大乘入道之困難及尊貴。

既然平實有緣拜讀仁波切之開示，眼見尊貴的仁波切墮於常見外道法中，不合棄捨慈悲、視若無睹，便檢神鼎相入公案，與尊貴的仁波切合計合計：

潭州神鼎洪諲禪師嘗與數耆宿至襄沔間，正逢野飯，在山店中用齋之際，有一僧舉說禪法頗為敏捷，意氣風發，論說不停；神鼎禪師一聞，便知彼僧未悟；嫌他聒噪不停，便故意問他：「三界唯心，萬法唯識；唯識唯心，眼聲耳色。這話是什麼人說的？」彼僧說：「是清涼大法眼的話。」神鼎禪師便問他：「法眼這話的道理如何？」彼僧答道：「因為唯心的緣故，音聲色相都不覺知（不相到）；唯識的緣故，所以音聲色相了然分明。」神鼎禪師圈套已佈置完成，便向彼僧頭上套：「請問：舌與味是根與境，對不對？」彼僧不知小命已在神鼎手裡，爽快答是；神鼎禪師便舉筷夾菜送進口中，含胡而說道：「什麼叫做相入相到呢？」滿座駭然，瞠目結舌；彼僧更不能答。神鼎乃曰：「半路上得個清涼休歇之處，只是半途之樂，終歸尚未到家，不是真正安穩之樂；佛法知見雖能進入到很微細之境界，仍不能稱為見道。參禪必須老實地參，證悟必須真實地悟。哪怕你能說得許多言語，閻羅大王還是不賣人情的。」彼僧聽完神鼎禪師這一番話，當下拱手而退，返回長沙，退隱於衡嶽三生藏，不再出世弘法。

仁波切所認之空明覺知心乃是意識，不是空性；祂與六塵相到，嘗味之際即已了知酸甜苦辣，見人之際即已分別師友弟子，聲色儼然，作麼生說個與六入不相到之理？

彼僧尚知空性如來藏不與六入相到，只為未證如來藏，猶免不得神鼎禪師一番訓示；今者尊貴的仁波切，尚不能知空性離見聞覺知之理，尚不能知空性不與六入相到之理，云何當得「人中之寶」之仁波切尊稱？彼僧途路之樂，君猶未得；見解入微，君亦無之；云何不辭千里來到台灣誑謔人家兒女？不若儘早覓路歸家，到家穩坐後，具知《佛教的見地與修道》之次第後，何妨再來台灣！平實與君猖狂握手高聲傾談，令君傍侍都不解語，豈不快哉！

歸去來乎！歸去來乎！

第二一一則　神鼎不知

潭州神鼎洪諲禪師　師一日上堂云：「貪瞋痴，實無知，十二時中任從伊；行即往，坐即隨，分付心王擬何為？無量劫來元解脫，何須更問知不知。」

平實云：佛子參禪之最大目的，無非欲速證解脫。欲速證解脫者必須先具足了知無餘涅槃之本際，了知其境界；此乃大乘一切宗派行人──包括密宗行人──當務之急。然欲了知涅槃境界者必先知其本際，本際則是如來藏──禪宗證悟者所明之心。是故一切佛子當務之急乃是學禪破初參，若不破參明心，則不能內門修菩薩行，唯外門轉，不入七住位不退。然而破參見道極難，遑論能解涅槃境界？不唯一般佛子如是，密教中極尊貴的人中寶──仁波切──及諸大寶法王，亦復如是錯會。

宗薩〇〇仁波切談輪迴與涅槃時開示云：《由業力造成的幻覺，根據發心的不同，產生了不同的因緣，所以就有輪迴和涅槃的不同結果。這些概念可用相似的例子說明：有個人急躁緊張，又非常堅持自己的想法；最近他度假時幾乎被毒蛇咬到；他走進一個漆黑的房間，有一條有紋路的繩子橫臥在地板中央。由於以上五個因的組合，這個人看見一條有條紋的蛇橫臥在地板中央，於是他驚慌起來，也許會心臟病發作而死─這就像輪迴一樣，完全是一種幻覺。……假設另外有一名女子，她很平靜謹慎，最近也沒有遇到蛇的恐怖經驗；當她走進房間時，看到有個人倒在地上，差不多快死了，那個人身旁有一條繩子。她問：「發生了什麼事？有什麼不對嗎？」那個人仍在驚駭中，無法回答。那位女子於是瞭解到：躺在地上的人可能把繩子當成了蛇，所以她就打開電燈。由於她從一開始就把繩子當成繩子，對她而言，蛇從來沒有存在過。躺在地上的人，在開了燈之後，看見那條有節紋的繩子—蛇消失了。他得到難以形容的解脫感—不再有蛇了。……這種蛇消失了的體驗，就是我們所謂涅槃。》然而涅槃之中寂靜極寂靜，非未悟實相之人所知，何以故？涅槃之中無有能知者，亦無所知之涅槃境，故無仁波切所謂之解脫感。如此解釋涅槃，顯見仁波切不唯未入大乘見道，乃至二乘無學所證涅槃亦猶未知未證，云何得名仁波切—人中之寶？

仁波切復開示云：《對於第二個人來說：一、她看到蛇了嗎？沒有。二、她體驗不再有蛇嗎？沒有。三、她在情緒上有沒有體驗到輕鬆或痛苦的中止呢？沒有。四、她看到什麼？她看到繩子。這就如同「大涅槃」—超越了輪迴和涅槃。》如此而可名為大涅槃者，則《金剛經》云：「一切賢聖皆以無為法而有差別」者即成妄語也；以仁波切如此形容解釋大涅槃時，則二乘無學所得涅槃亦皆得名大涅槃故，同皆依於蘊處界之相空上取證故，未解涅槃境界之本際故；是則佛語成妄，不是則仁波切成妄語，請仁波切試說看。

尊貴的仁波切又開示云：《輪迴是執著在幻覺上，而涅槃則是執著在幻覺的消失上。涅槃仍是二元對立的成見，因爲你所認知的是幻覺消失，而不是實相。……涅槃的存在是依靠輪迴，真實事物的存在哪有可能依賴不真實的事物呢？涅槃就像是幻覺之後的幻覺，如同電影結束後，你還瞪著空白的螢幕—你仍然沒看到實相。》若然，則三乘無學共證之無餘涅槃亦是幻覺，若是幻覺、則不應修證；若不然，則仁波切此言有差，不應如此示人。

涅槃境界絕非仁波切所說「仍是二元對立的成見」，只因涅槃境界中無有能知涅槃之了知心，亦無所知之涅槃境，云何而有解脫感？故非「二元對立之成見」，仁波切此言有大過矣！何以故？若涅槃真似仁波切所說之二元對立之成見，則實證無餘涅槃之二乘聖者捨報入涅槃後仍將輪迴，是二元對立的成見所成故。

涅槃絕非仁波切所說依靠輪迴而存在。不論有情修行已否臻無學位，涅槃法性皆已本然存在，非因修得。仁波切認為「涅槃的存在是依靠輪迴」，所以「涅槃執著在幻覺的消失上」，此即顯示尊貴的仁波切仍然不解涅槃，更未知曉涅槃與輪迴之關係。

涅槃即是如來藏阿賴耶識，依此本心之離見聞覺知及不分別六塵境，而說有涅槃。有情之七識未修除三界愛種之前，無能取證無餘涅槃，故輪轉三界；然輪轉三界之時，其如來藏已具涅槃本性──自性清淨，不執六塵，離見聞覺知，不墮六塵能所之中。此一本具之涅槃體性非因修有，本已具足，稱為本來自性清淨涅槃。二乘無學以見道故修除見思惑，七識種之輪迴煩惱已盡，捨報後不復出生七識，唯餘如來藏離見聞覺知而消失於三界，不再受生輪迴，名為無餘涅槃。故涅槃性及涅槃境是本已自有，非依輪迴而存在。若依輪迴而存在，則應離輪迴時無法取證無餘涅槃，證無餘涅槃時仍將繼續三界輪迴；是故尊貴的仁波切不應言「涅槃的存在是依靠輪迴」。

若涅槃真似仁波切所言，是幻覺後之幻覺，則涅槃即非實有可證，則佛說解脫果即成戲論，世間無有出三界之聖人，二乘法即成虛妄。

若涅槃非離輪迴而本自有，是依輪迴而有，則涅槃即是修所得境；既是修得，後必依緣之散壞而失涅槃，則涅槃真成仁波切所言「幻覺後之幻覺」，則三乘無學修除煩惱顯現涅槃即成無義；則佛亦不須示現人間傳解脫道。

又涅槃者即是心體，謂真如離見聞覺知而永不受生輪迴，故涅槃即是空性──心──之異名；今者仁波切言涅槃非真實，則亦應涅槃無有真實本際──如來藏；則仁波切所知之涅槃即成斷滅，無異斷見外道。若涅槃有真實本際—如來藏，則顯示涅槃有真實體性—離見聞覺知而自性清淨，則不應言「涅槃是幻覺、是二元對立的成見，是依靠輪迴而存在」，以上所舉種種過失，在在顯示仁波切仍不懂「本來自性清淨涅槃、無餘涅槃」，何有資格談論「大涅槃」？

仁波切若欲了知涅槃，當求速證如來藏，莫因平實檢點邪謬而生煩惱。為仁波切計，應拈神鼎不知公案，建立正知正見，襄助仁波切速入大乘見道位，方能避免爾後再誤導密宗行者：

神鼎洪諲禪師一日上堂時云：「貪瞋痴本身並不自知，皆因七轉識—靈知作主之心—而有。在每天十二個時辰之中，都莫管他，由著他生起落謝。當我們行走時，真如便與我們同往；當我們坐下來時，真如也隨我們之意而坐；祂從來無所求、不作主、不分別六塵境，你何須再吩咐真如離三毒、學佛法？這個真如心從無量劫以來，本就是解脫的，祂從來不曾有生死與三毒，你何須再問祂懂不懂這個道理呢！」

靈知之心日日間斷—熟眠、悶絕、入無心定時斷而不起；唯存在一生，此心於中陰滅後永不復起，不至未來世；但是靈知之我攀緣六塵，不停造業，成就業種，所以使得如來藏由於靈知心所造之業種勢力而於死後不能安住涅槃，便又出生中陰身；在中陰身時又因錯誤之認知，以自己為不生滅心，不肯死卻自己，故不能安住涅槃，便又投胎受生，輪迴之鍊相續不斷。來世緣熟出生，又是另一個靈知心，繼續重複錯誤知見而復輪迴。

唯有覓著不知貪瞋痴的如來藏，才能確認靈知心自己是假，才能確知涅槃之實相，方知是靈知心拖累如來藏不能安住涅槃。若我們能確立正知正見，知道靈知之我虛幻，斷除了「我」的執著，如來藏便可不再輪迴生死—不再出生未來世的靈知心。當我們證悟而如實確認這個道理時，便可滿證或分證解脱果，而如來藏本身是不理會這些道理的，您何須問祂知不知呢？平實上來婆婆媽媽詳加解析，未審尊貴的仁波切，能否向平實道個不知呢？

第二一二則　瑞鹿驢馬

溫州瑞鹿寺本先禪師　上堂云：「南泉遷化，向甚處去？東家作驢、西家作馬。若是求出三界修行底人，聞這個言語，不妨狐疑，不妨驚怛。南泉遷化，向甚處去？或會云：千變萬化不出眞常；或會云：…………；或會云：…………；或會云：東家作驢虧南泉甚處？西家作馬虧南泉甚處？如是諸家會也，總於佛法有安樂處。南泉遷化向甚處去？東家作驢西家作馬。學人不會？要騎便騎、要下便下，這個答話不消得多道理而會。若見法界性，去也勿多事。珍重！」

宗薩〇〇仁波切云：《人們常認爲空性就是空無所有，有時則認爲空性是沒有了什麼東西，譬如空杯子裡沒有茶。有些修行者誤認爲思想暫時停止的遼闊感就是空性，有些人則認爲空性是隱藏在一般現象界或經驗之後的某樣東西、或某種隱藏次元，只有具足智慧的人才能看得到。這些誤解是可以瞭解的，因爲佛法中空性的概念非常難於瞭解，而我們唯一具有的，又不足以表達或描述它。我們使用文字、片語所組成的語言來說話，在我們心中爲每個字和概念都創造了一幅圖像，這些圖像障礙了我們的溝通。空性超越了這些圖像和概念，只有從「沒有這些圖像」的觀點上，才能討論空性。》

平實云：空性誠然難以理解，唯證乃知故。然空性並非如仁波切所敘述之虛幻縹緲意象，仁波切上開說明，概屬意識思惟想像，未真證知空性也。空性是世出世間一切法之根本，有真實體性；雖然描述祂的語文不是祂，但一切悟者皆能以簡單之一言一語一顰一笑而令人證驗祂，完全符合三乘經律。

仁波切認為語文圖像障礙師生間空性修證之傳授溝通，若真如此，則世尊應只拈花微笑即足，不必多說第一義諸經。空性之難以理解，是因為不可明說密意，以防信不具足者誹謗破法，是故一切悟者只能隱覆密意而說，非無法以語文令人知證，非一切語文不足以表達及描述祂。

空性即是如來藏，是亙古以來常恆不壞之金剛心，每一有情各各有一唯我獨尊之空性如來藏，不共他有。

空性攝受藏隱於各個有情之蘊處界中，和合似一；是故有些人認為空性隱藏在現象界內，這是正確的開示，仁波切因何反對此說？而認為這是誤解？乃竟教示佛子離現象界而覓空性？

空性如來藏又名圓成實性，祂具有圓滿成就諸法之真實體性故。依他起性之蘊處界、根塵識等，皆依空性心而起，不能獨存；遍計執性之意根末那識亦依空性心而起，不自存在；空性如來藏以具有成就吾人身心十八界諸法之圓滿真實體性，亦能成就四種涅槃，故名圓成實性。既能成就維持吾人身心一切法，當知祂不離現象界；若離現象界，無處覓祂。三乘無學若入無餘涅槃，佛亦不能見彼；若欲覓此空性，必須於取證無餘涅槃之前親證，否則永不能證，無餘涅槃中無有能證知空性之靈知心故，空性如來藏於無餘涅槃位中無見聞覺知故。是故佛於一切種智中教示佛子：應當不離遍計執及依他起而覓圓成實性。仁波切若欲親證空性者，當依佛語，莫依自心之虛妄憶想。此有歷代禪宗證悟祖師之公案可證，仁波切無妨參詳之：

溫州瑞鹿寺本先禪師一日上堂開示云：「南泉遷化，向甚處去？東家作驢，西家作馬。若是求出三界修行底人，聞這個言語，不妨狐疑，不妨驚怛。南泉遷化向甚處去？或會云：『千變萬化，不出真常。』南泉遷化向甚處去？東家作驢，西家作馬；或會云：『須向異類中行，始會得這個言語。』南泉遷化向甚處去？東家作驢，西家作馬；或會云：『東家是南泉，西家是南泉。』南泉遷化向甚處去？東家作驢，西家作馬；或會云：『東家郎君子，西家郎君子。』南泉遷化……或會云：『既問遷化，答在問處。』……南泉遷化向甚處去？東家作驢，西家作馬；或會云：『東家作驢，虧南泉甚處？西家作馬，虧南泉甚處？』如是諸家會也，總於佛法有安樂處。」

瑞鹿禪師舉此公案忒也有趣；時值南泉普願禪師入滅不久，有僧問長沙招賢大師：「南泉遷化，向甚處去？」長沙云：「東家作驢，西家作馬。」僧問云：「此意如何？」長沙云：「要騎即騎！要下即下！」瑞鹿禪師舉此公案說向徒衆，欲度幾個不受人瞞底人，隨後又道：「南泉遷化向甚處去？東家作驢，西家作馬！你們還不會嗎？要騎便騎！要下便下！這個答話，不須懂得很多道理的人才會，三歲孩兒也聽得懂。如果真已見到法界之真實體性，臨命終時其實並沒什麼事。大家休息去吧！不須在此久立。」

只如南泉是大修行人，因什麼道理長沙說他遷化之後東家作驢西家作馬去？又為什麼說作驢作馬不曾虧待南泉？且道南泉遷化後作驢作馬是哪個？莫是仁波切所說之空明覺知心麼？莫寐語。

如今南泉大師遷化已千餘年，今者南泉在什麼處？仁波切若垂下問，平實亦無二話，東施效顰云：「要騎便騎！要下便下！」

第二一三則　瑞鹿日用

溫州瑞鹿寺本先禪師　上堂云：晨朝起來洗手面，盥漱了喫茶，喫茶了佛前禮拜，佛前禮拜了和尚主事處問訊，和尚主事處問訊了僧堂裡行益，僧堂行益了上堂喫粥，上堂喫粥了歸下處打睡；打睡了起來洗手面盥漱，起來洗手面盥漱了喫茶，喫茶了東事西事，東事西事了齋時僧堂裡行益，齋時僧堂裡行益了上堂喫飯，上堂喫飯了盥漱，盥漱了喫茶，喫茶了東事西事，東事西事了黃昏唱禮，黃昏唱禮了僧堂前喝參，僧堂前喝參了主事處喝參，主事處喝參了和尚處問訊，和尚處問訊了初夜唱禮，初夜唱禮了僧堂前喝珍重，僧堂前喝珍重了和尚處問訊，和尚處問訊了禮拜、行道、誦經、念佛。如此之外，或往莊上、或入郡中、或歸俗家、或到市肆；既有如是等運爲，且作麼生說個勿轉動相底道理？且作麼生說個那伽常在定、無有不定體底道理？還說得麼？若也說得，一任說取。珍重！

宗薩〇〇仁波切云：《空性也指「因緣相依」的真理。一切事物都互相依靠其他的東西而存在，就像左和右，如果沒有右，那就沒有什麼叫做左—那就是空性。沒有獨立存在的左，也沒有獨立存在的右。如果右能夠獨立存在，不依賴其他東西，那麼應該有一個不以左爲參考點的右；同理，也應該有不需要客體的主體、有不需要他人的自己等等。由於存在與

不存在是互相依存的，因此沒有所謂的「真正存在」，也沒有「真正不存在」。》

平實云：讀此一段開示，平實很懷疑仁波切是否哲學家沙特轉生到佛教中來？仁波切此說極似沙特之存在主義故；只是吸收了佛法中「不落二邊」的觀念，所以語中些許不同於沙特。

仁波切立宗云：「空性也指『因緣相依』的真理」。此語有大病矣！何以故？若是因緣相依，即非真理故。佛說因緣者，謂以無明為因，父母為緣而有我人五陰輪迴，此因此緣非是真理，乃佛方便說法，以度小根小器（二乘）入佛法中，非謂因緣相依即是真理也，仁波切萬勿誤導衆生。真理乃是二乘因緣相依、緣起性空背後之如來藏空性；二乘因緣相依、緣起性空乃是空相之法，依陰處界等而說諸法空相，非謂緣起性空即是空性，仁波切應先了知此理，而後方可弘法也；否則所說皆名言不及義，不能言及第一義故。第一義者乃謂因緣相依、緣起性空之本源—空性如來藏也；唯有真如如來藏方名空性，其餘一切諸法，皆不離因緣相依而現，不離緣起終壞之性空，皆是空相。然因此等空相一切法悉依空性如來藏而現起，故如來藏有時亦得名為一切法，是一切法之本源故。仁波切若證知此理，即不應主張「空性也指因緣相依的真理」。

仁波切所舉左右相依而立之理，皆在法相上說，不及第一義諦——空性；是故汝諸言語皆是戲論，未觸證空性而墮於想像之中道故；所以者何？謂佛說中道乃是闡釋空性如來藏之體性故，非以靈知心遮遣存在與不存在等二邊而可名為中道也。

又仁波切云：「如果右能夠獨立存在，不依賴其他東西，那麼應該有一個不以左為參考點的右；同理，也應該有不需要客體的主體、有不需要他人的自己等等。」當知仁波切此諸言語所述者皆是有為法界之法，不應據以闡明空性，唯可用以闡明三界一切有為法之相待而有、其性相待無常；是諸法空相，非是空性也。

空性如來藏是「不需要客體的主體」，仁波切不應主張空性是必須有客體的主體；空性於三界中輪轉時，固相對於陰處界等客體而存在，但仁波切不應因此而主張空性必須相待於陰處界客體才能存在，何以故？若仁波切此旨無誤，則佛說無餘涅槃之修證即成妄說；何以故？謂無餘涅槃中無一切客體，無陰處界故，無見聞覺知故，唯空性如來藏不起無明業種而不受生於三界中故。故仁波切此語有大過也！

又仁波切云：「……也應該……有不需要他人的自己等等。」此語亦有過失，何以故？不應以之解釋空性故，唯可以之解釋三界內諸有為法之空相故。謂空性如來藏自性清淨，不論悟抑未悟，空性心皆不自知我、不自執我、不知不覺有自己；悟後之現在如是，悟前之無始劫亦復如是。若謂無餘涅槃位中之空性心是自己，此人即名誤會涅槃、不解涅槃，名為未見道人；何以故？謂仁波切錯認靈知心之自己為空性故，故有此謬說。一切真悟之人絕不指說空性為自己，凡知有自己、覺有自己之存在者，必是靈知心，能覺知自己之存在故；今仁波切墮於此覺知心中，以此覺知心而教人遠離「自己與他人」之觀念，教人遠離「真正的存在與真正的不存在」，皆名戲論，不解空性及與中道，不離三界有為法自共相，此即《楞伽經》佛說之外道凡夫自性妄想及成妄想，佛告弟子應速遠離，云何仁波切反以此二妄想言說開示於弟子？

仁波切若欲遠離自性妄想及成妄想者，應速參究禪宗公案，若得破參—覓著空性如來藏，便可漸漸遠離此二妄想；凡有所說，不違第一義諦—空性，是時方名為仁波切—人中之寶也。然諸禪宗祖師公案甚深難解，平實今為仁波切特選瑞鹿日用公案，以為法供養，瑞鹿禪師最老婆故：

溫州瑞鹿寺本先禪師上堂開示云：「晨朝起來洗手面，盥漱了喫茶，喫茶了佛前禮拜，佛前禮拜了和尚主事處問訊，和尚主事處問訊了僧堂裡行益（擺置碗筷等），僧堂行益了上堂喫粥，上堂喫粥了歸下處打睡；打睡了起來洗手面盥漱，起來洗手面盥漱了喫茶，喫茶了東事西事，東事西事了齋時僧堂裡行益，齋時僧堂裡行益了上堂喫飯，上堂喫飯了盥漱，盥漱了喫茶，喫茶了東事西事，東事西事了黃昏唱禮，黃昏唱禮了僧堂前喝參，僧堂前喝參了主事處喝參，主事處喝參了和尚處問訊，和尚處問訊了初夜唱禮，初夜唱禮了僧堂前喝珍重，僧堂前喝珍重了和尚處問訊，和尚處問訊了禮拜、行道、誦經、念佛。如此之外，或往莊上、或入郡中、或歸俗家、或到市肆；既有如是等運為，且作麼生說個勿轉動相底道理？且作麼生說個那伽常在定、無有不定體底道理？」

仁波切讀過瑞鹿禪師此一段開示後，應已證得真正之空性了，因為瑞鹿禪師老婆無比，從朝至晚不斷地塞向仁波切手裡，其老婆心切，古今無人能及故；只如仁波切既已證得空性、了知真正之中道，且作麼生說個勿動轉相底道理？又作麼生說個大龍常在定、無有不定時底道理？平實洗耳恭聆訓示。

仁波切若能說得，平實一任說取！不管仁波切是留在台灣說，抑或回到西藏尼泊爾印度去說，平實悉皆隨喜，法無過故。若說不得，來覓平實，平實為汝說：

回西藏省親去！

第二一四則　魔伺菩薩＊

經云：「天魔波旬領諸眷屬，常隨金剛齊菩薩後，覓菩薩心行起處，便擬撲倒；如是經一千年，覓菩薩一念起處不得，方與眷屬讚歎供養菩薩後禮辭。」法眼舉此云：「天魔波旬不見金剛齊即且從，只如金剛齊還見天魔波旬麼？」

宗薩〇〇仁波切云：《「止」使你的專注範圍變窄，因此減低了心靈的造作，創造一種寧靜的狀態。這並不表示你的心變得狹窄了；你的心愈寧靜，就愈寬廣、愈柔和，這使得你想怎麼用它、什麼時候用它，都能隨心所欲。然而，如果只有寧靜，無法讓你體會「空性」的見地；所以由「觀」產生的銳利洞察力，也是必要的。……一旦「止」平靜了你的心，「觀」加大、加深並使心更清晰、更敏銳地去認識心的本性。》

平實云：從遠方聖地來的尊貴的仁波切，如此指導我們《佛教的見地與修道》，卻同常見外道之修法。謂以止以觀而能安住、寧靜、寬廣、柔和的心，皆是意識靈知心；《楞嚴經》說此心可以覺遍十方，並謂「十方虛空生汝心中，猶如片雲點太清裡」，然又指陳此心清淨以後雖有大用，卻非果地心，乃是如來藏所生；七處徵心、八還辨見之中已有開示。既是如來藏所生，即非實相空性。不論仁波切運用止觀使祂達到任何境界，祂都是意識靈知，永無可能變為空性。以止觀之法訓練而生大用之心，唯有意識靈知；藉止觀對靈知心加以深入觀察、鍛鍊，永無可能認識空性心的本性，不能發起般若慧，不解實相；唯能認識靈知心─意識之本性。

尊貴的仁波切又開示云：《在禪修結束的時候，應振奮決心，在日常生活中維持正見。一天之中經常想著：「我正在吃，我正在喝，我正在洗盤子，我正在走路（用當時你正在做的事）。但是這沒什麼大不了的，因爲它沒有本質。由於這些事物─我的想像、念頭等─沒有一樣是我所想像的樣子，因此這些都沒什麼大不了的。」在日常工作裡，維持這樣的見解，就是所謂「安住在正見的領域中」。》

平實云：如此而可名為佛教之見地、佛教之修道者，則諸佛子應皆已入修道位，皆具見地─成初果人。然實不得。如此之人即同金剛齊菩薩，以一念不生之靈知心為真如；以保持此心一念不生，放下一切事物為修道。仁波切縱能如此保持一千年，得受天魔供養，終歸同諸魔衆，無有見地，更被南泉普願大師所責：

「行菩薩行唯一人行；『天魔波旬領諸眷屬，常隨菩薩後，覓心行起處，便擬撲倒。如是經無量劫，覓一念起處不得；方與眷屬讚歎供養禮辭。』猶是進修位，中下之人便不奈何；況絕用功處，如文殊普賢更不話他。」

云何文殊普賢於金剛齊如此精進之修道方法，竟無一語讚歎？為此乃是修定之法，直饒修得非非想定，依舊不具見地。何以故？未入見道故，不名見地。是故金剛齊菩薩如此精進辦道，猶不免南泉語話。

古今多少祖師大師錯會，每謂禪宗之禪即是禪定，總教人認取一念不生時之靈知心為真如，以一念不生為證悟；譬如古時有僧問：「一念未生時如何？」舒州投子山大同禪師答云：「真個謾語！」又如有僧問：「一念不生時如何？」湖州道場山如訥禪師答云：「堪作什麼？」凡錯認四威儀中之無念靈知心為真者，悉遭真悟祖師所斥。金剛齊菩薩於千年中不起一念，文殊普賢不唯不讚他，提亦不提；今者仁波切教人以欲界中之見聞覺知，而體會靈知心之性空，以此謂為體會空性，則離道遠矣！

天台德韶國師嘗示云：「只如諸方老宿言教在世，如恆河沙；如來一大藏經，卷卷皆說佛理，句句盡言佛心，因什麼得不會去？若一向織絡言教，意識解會，饒上座經塵沙劫亦不能得徹；此喚作顛倒知見、識心活計，並無得力處，此蓋為脚跟下不明。若究盡諸佛法源，河沙大藏一時現前，不欠絲毫、不剩絲毫。諸佛常出世，常說法度人，未曾間歇；乃至猿啼鳥叫、草木叢林常助上座發機，未有一時不為上座；有如是奇特處，可惜許！諸上座！大家究取，令法久住世間，增益人天壽命，久立！珍重！」

仁波切若能信受，揚棄金剛齊菩薩之謬見，低心來覓平實問取真如時，平實卻向爾道：「早被仁波切說了也！」若猶不會，開口再問，平實卻將仁波切一掌撲倒，逕自喫茶去！

第二一五則　黃檗無子＊

鎮州臨濟義玄禪師　師初在黃檗，隨眾參侍。時堂中首座勉令問話，師乃問：「如何是祖師西來的的意？」黃檗便打。如是三問三遭打，遂告辭首座云：「早承激勸問話，唯蒙和尚賜棒。所恨愚魯，且往諸方行腳去！」

首座遂告黃檗云：「義玄雖是後生，卻甚奇特；來辭時，願和尚更垂提誘。」來日，師辭黃檗，黃檗指往大愚。師遂參大愚；愚問曰：「什麼處來？」師曰：「黃檗來。」愚曰：「黃檗有何言教？」師曰：「義玄親問西來的的意，蒙和尚便打。如是三問，三轉被打，不知過在什麼處？」愚曰：「黃檗恁麼老婆！爲汝得徹困，猶覓汝過在！」師於言下大悟云：「黃檗佛法也無多子。」大愚搊師衣領云：「這尿床鬼子！適來猶道有過無過，如今卻道黃檗佛法無多子。是多少來？是多少來？」師向大愚肋下打一拳，大愚托開云：「汝師黃檗，非干我事。」

師卻返黃檗，黃檗問云：「汝回太速生？」師云：「只爲老婆心切。」黃檗云：「遮大愚老漢，待見與打一頓。」師云：「說什麼待見！即今便打！」遂鼓黃檗一掌，黃檗哈哈大笑。……師因半夏上黃檗山，見黃檗和尚看經，師曰：「我將謂是個人，元來是唵黑豆老和尚。」住數日乃辭去，黃檗曰：「汝破夏來，不終夏去。」師曰：「某甲暫來禮拜和尚。」黃檗遂打趁令去，師行數里，疑此事，卻迴終夏。

師一日辭黃檗，黃檗曰：「什麼處去？」師曰：「不是河南，即河北去！」黃檗拈起拄杖便打，師捉住拄杖曰：「遮老漢！莫盲枷瞎棒，已後錯打人。」黃檗喚侍者：「把將几案禪板來！」師曰：「侍者！把將火來！」黃檗曰：「不然！子但將去，已後坐斷天下人舌頭在。」師即便發去。

平實云：古來諸方知識初出道時，總如平實初出道時，唯以機鋒勘驗，便作印可。殊不知伶俐野狐漫山遍野，裝模作樣、學人應對進退，其實不具見地；平實初出道時，總認一切人皆如自己，不防有他；待至後來發覺有人所悟不同平實，方知不可單以機鋒勘驗，要須入室口說手呈，方可印證。

黃檗希運大師一生毀訾諸方，馬祖道一大師亦不免其斥責。黃檗禪師一日上堂云：「…汝等既稱行腳，亦須著些精神好。還知道大唐國內無禪師麼？」時有一僧出問云：「諸方尊宿盡聚眾開化，為什麼道無禪師？」黃檗云：「不道無禪，只道無師。闍黎不見：馬大師下，有八十四人坐道場，得馬師正眼者止三兩人，廬山和尚（歸宗智常）是其一人。」一日復舉僧辭歸宗公案云：「馬大師出八十四人善知識，問著個個屙漉漉地（嚇得屁滾尿流），只有歸宗較些子（只有歸宗智常禪師好一些）。」

然觀黃檗傳法臨濟義玄禪師公案，真乃嚴以責人，厚以待己。觀乎臨濟義玄於其座下之悟入及被印證，授予禪板、許其開山弘法之過程而言，實嫌草率，無怪乎初開法於臨濟院時，普化禪師便不肯他。大愚以臨濟非本門座下弟子，黃檗遣來參訪，不免效法雀兒養杜鵑之愚行，然卻不肯入泥入水為作勘驗，遣回黃檗山，由黃檗自勘。

待得臨濟返回黃檗山，應對進退皆合符節，而黃檗仍未教令臨濟下參堂口說手呈，便哈哈大笑放過。然雖如是，非全過在黃檗；以臨濟狂慢故，有以致之。

後來臨濟於四月初復上黃檗山，見黃檗正閱經，仍不改狂禪習性，說道：「我還以為師父大悟徹底了，原來師父還得讀經（唵黑豆）。」住了數日，又辭去，無非希望黃檗為他印證，便可出去開山弘法；黃檗曰：「你破夏才來，如今夏天未過，你又要走了。」臨濟曰：「我只是暫時來禮拜和尚而已。」黃檗便取拄杖，趕他下山去。臨濟走了數里地，心疑此事──難道禪就只有如此麼？這一想，沒了主意，只好又回到黃檗，一直住到七月去。

有一天，臨濟又辭黃檗，黃檗說：「你要去何處？」臨濟答道：「若不是去河南，便是去河北！」臨濟不知黃檗話中機鋒，老實回答；黃檗以此認定臨濟未悟，遂取拄杖打去。不料臨濟早有提防，伸手捉住拄杖說道：「你這老漢！可別盲枷瞎棒，以後錯打了已悟者。」黃檗以為臨濟既如此說，必是已悟，方有膽子恁麼語話，乃喚侍者：「將小桌上之禪板取來！」臨濟錯會，以為黃檗仍要打他，便喚云：「侍者！拿火來（欲燒禪板也）。」黃檗仍未教入參堂口說手呈，便為他印證云：「不是這樣的！你只須將禪板取去，以後可以坐斷天下人舌頭了！」此即允他出外開山弘法也。

義玄後至臨濟院，教令普化二人擁護他，普化二人卻不與計較，將住持之位讓出來。臨濟初住院時，便開示道：「在眼曰見，在耳曰聞，在手執捉，在足運奔……」等常見外道知見便說出來，狐狸尾巴撩向天際。皆是學悟者應對進退而已，錯將四威儀中之靈知心認為真實，正是野狐一隻。所以雲門禪師道：「我看爾諸人，二三機中不能覯得，空披衲衣何益？汝還會麼？與汝注破：久後諸方若見老宿舉一指、豎一拂子，云是禪是道。拽拄杖，打破頭便行。若不如此，盡是天魔眷屬，壞滅吾宗。」

天台德韶國師因僧問云：「承古有言：若人見般若，即被般若縛；若人不見般若，亦被般若縛。既見般若，為什麼卻被縛？」師答：「爾道般若見什麼？」僧云：「不見般若，為什麼卻被縛？」師云：「爾道般若什麼處不見？」又云：「若見般若，不名般若；不見般若，亦不名般若；般若且作麼生說見不見？」

臨濟義玄初至臨濟院開法時，其見地猶未離見聞覺知，真妄不分，何有見地？乃後人不知，竟將其早期開示奉為圭臬，直至如今，猶在誤導衆生；始作俑者非黃檗而何？此過平實不免，亦應自責；故近年來凡勘驗學人者，必令入室口說手呈，以免唯以機鋒勘驗之失，可以避免放過野狐也。看信欲知其詳，請閱下則拈提。

第二一六則　臨濟見聞＊

鎮州臨濟義玄和尚　示眾曰：「今時學人且要明取自己眞正見解。若得自己見解，即不被生死染，去住自由；不要求他殊勝，殊勝自備。如今道流且要不滯於惑，要用便用。如今不得，病在何處？病在不自信處。自信不及，即便忙忙徇一切境。脫**大德若能歇得念念馳求心，便與祖師不別；汝欲識祖師麼？即汝目前聽法底是！學人信不及，便向外馳求，得者只是文字學，與他祖師大遠在！莫錯！大德！此時不遇，萬劫千生輪迴三界，徇好惡境，向驢牛肚裡去也！**如今諸人與古聖何別？汝且欠少什麼？六道神光未曾間歇；若能如此見，是一生無事人。一念淨光是汝屋裡法身佛，一念無分別光是汝報身佛，一念無差別光是汝化身佛；**此三身即是今日目前聽法底人；**爲不向外馳求，有此三種功用。……大德！四大身不解說法聽法，虛空不解說法聽法，是汝目前歷歷孤明、無形段者解說法聽法；所以山僧向汝道：五蘊身田內有無位眞人，堂堂顯露，無絲髮許間隔。何不識取？心法無形，通貫十方，**在眼曰見，在耳曰聞，在手執捉，在足運奔；心若不在，隨處解脫。**山僧見處，坐斷報化佛頂；十地滿心猶如客作兒，等妙二覺如擔枷帶鎖，羅漢辟支猶如糞土，菩提涅槃繫驢馬橛。何以如斯？蓋爲不達三祇劫空，有此障隔；若是眞道流，盡不如此。如今略爲諸人大約話破，自看遠近。時光可惜，各自努力！珍重！」

平實云：此是臨濟初悟所說，猶是盤古開天之前—渾沌一片也。所以者何？觀乎臨濟義玄初住臨濟院之開示，便知彼時猶是真妄不分，同於外道凡夫也。若非後來接觸諸方，漸漸通達，何有臨濟一脈之未來發展流傳？君若不信，且觀澧洲樂普山元安禪師在臨濟座下開悟印證後，猶不免夾山書函之省發，後到夾山，方得真悟：

《師（樂普元安禪師）依本郡懷恩寺祐律師披剃具戒，通經論。首問道於臨濟。臨濟常對衆美之曰：「臨濟門下一隻箭，誰敢當鋒？」師蒙許可，自謂已足。尋之夾山卓庵，後得夾山書，發而覽之，不覺竦然，乃棄庵。至夾山後方得真悟。》

臨濟義玄初至臨濟時，令人歇卻念念馳求之心，教人返本還源—認取見聞覺知之心，以此為真，尚且未離我愛，云何便敢訶他聲聞羅漢、大乘十地？真可謂為七月半之鴨子也。臨濟云：「……脫（若）大德能歇得念念馳求心，便與祖師不別；汝欲識祖師麼？即汝目前聽法底是！」

然南泉普願大師卻云：「他經論家說：法身為極則。喚作理盡三昧，義盡三昧。似老僧向前被人教『返本還源』去，幾恁麼會；禍事！」南泉未遇馬祖前，亦曾親遇假名善知識，猶如臨濟義玄初出道時之令人歇卻妄想，而以能見能聞之心為真如，南泉說：「這真是一場禍事，因為我差點兒就那樣去體會真如了。」

汾州大達無業國師亦斥責「念靜求真、歇卻攀緣心」之謬見：「…先賢古德碩學高人，博達古今，洞明教網；蓋為學識詮文，水乳難辨；不明自理，念靜求真。」

漳州羅漢院桂琛禪師亦示衆云：「…莫錯向肉團心上妄立知見以為疆界，此一見聞覺知識想情緣；然非不是；若向這裡點頭道我真實，即不得。只如古人道此事唯我能知，是何境界？還識得麼？**莫是汝見我、我見汝便是麼？莫錯會！若是這個我，我隨生滅**—身有即有，身無即無。」

諸如此類開示，古來證悟祖師所說極多，舉之不盡。教中亦皆闡釋真如離見聞覺知，久學禪子無不知之；乃竟如今顯密大師，悉以無妄想之靈知心認作真如，即同臨濟初出道時之真妄不分也。然而真悟明心後，又復眼見佛性之人，於「在眼曰見，在耳曰聞」等句則無謬誤，謂佛性不離見聞覺知也；然非如臨濟以聽法者為真如也。

臨濟之敗闕，非唯平實今日檢點之，古時已有人不肯他，譬如前述夾山禪師之度臨濟座下元安禪師乃一例也。又如長沙招賢大師與三聖禪師問之公案，亦可知當時諸多證悟者對臨濟之評價也：

三聖令秀上座問云：「南泉遷化，向什麼處去？」長沙云：「石頭作沙彌時參見六祖。」秀云：「不問石頭見六祖，南泉遷化，向什麼處去？」長沙云：「教伊尋思去。」秀云：「和尚雖有千尺寒松，且無抽條石筍。」長沙默然，秀云：「謝和尚答話。」長沙亦默然。秀迴舉似三聖，三聖云：「若實恁麼，猶勝臨濟七步。……」

又如鎮州普化和尚，師事盤山，密受真訣而佯狂，出言無度。師每振一鐸云：「明頭來也打，暗頭來也打。」一日臨濟令僧捉住云：「不明不暗時如何？」答云：「來日大悲院裡有齋。」……嘗暮入臨濟院，喫生菜飯，臨濟曰：「這漢大似一頭驢。」師便作驢鳴，臨濟休去，師即評曰：「臨濟小廝兒，只具一隻眼。」又一日入臨濟院，臨濟曰：「賊！賊！」師亦曰：「賊！賊！」同入僧堂，臨濟指聖僧（像）問：「是凡是聖？」師曰：「是聖！」臨濟曰：「作這個語話！」師乃振鐸唱曰：「河陽新婦子，木塔老婆禪，臨濟小廝兒，只具一隻眼。」古時亦有禪師責云：「臨濟大似白拈賊！」

不唯夾山、三聖、普化諸師不肯臨濟，平實今日亦不肯之，謂彼初出道時猶自真妄未分，明心之見地且無，三乘共道之解脱道亦未證，便敢非他聲聞無學、大乘十地及與等妙二覺。猶自不解七住所證法智類智，不解七住、初地、八地、十地境界，便敢目空一切，誇大其辭，貶抑諸聖，謂之狂禪不亦宜乎？何以故？謂彼錯會黃檗之意故。黃檗禪師傳心法要云：「……世人不悟，只認見聞覺知為心，為見聞覺知所覆，所以不睹精明本體。但直下無心，本體自現；如大日輪升於虛空，遍照十方更無障礙。故學道人唯認見聞覺知為動作，空卻見聞覺知即心路絕，無入處，但於見聞覺知處認本心。然本心不屬見聞覺知，亦不離見聞覺知。但莫於見聞覺知上起見解，莫於見聞覺知上動念；亦莫離見聞覺知覓心，亦莫捨見聞覺知取法。不即不離不住不著，縱橫自在無非道場。」

黃檗尚不教人於見聞覺知上用心取心，其徒臨濟竟云：「在眼曰見，在耳曰聞……即是目前聽法底人，……」而謂此見聞覺知之心即是真如法身，歷代及今錯悟之師都不檢校彼師黃檗所說，亦不檢校大乘諸經佛語，便迷信其已為黃檗印證，對其早期謬說信受奉行，真乃古今佛門一大怪事！何以故？黃檗又云：「所謂心地法門，萬法皆依此心建立；遇境即有，無境即無；不可於淨性上專作淨解。所言『定慧鑑用歷歷，寂寂惺惺見聞覺知』，皆境上作解，暫為中下人說即得，若欲親證，皆不可作如此解。」

凡以見聞覺知心為真如者，皆不能知七住菩薩法智類智，以此緣故不與一切種智唯識經論相應，所證非如來藏故；則此佛子永不能入初地得道種智，遑論六七地解脫果羅漢境界？遑論十地滿心等覺妙覺境界？普化禪師雖然狂猖，世所共知，而於諸聖不敢稍有冒犯；乃至十方諸佛亦未曾於羅漢辟支予以毀斥，唯除定性二乘及開示三乘道之差異；云何臨濟彼時作此狂語？

平實往世曾於佛前立誓，誓不將佛法作人情；近年來雖於諸方多所指說，然於諸聖未敢絲毫狂語（唯除敘述三乘法道差異）。對我會中初明心者亦予敬重，不因其初悟及未得道種智而起輕心，以深知十重戒因果及道次第故。普化雖然狂猖，亦復如是，未曾輕他羅漢辟支，何況大乘諸地菩薩？乃臨濟彼時錯悟之人，而竟誹斥諸聖，過於其師；後世佛子萬勿師法，果報可畏故。

然而黃檗云「（眞如）遇境即有，無境即無。」亦見其敗闕，今日難逃平實檢點。謂真如於一切時一切境中恆常與靈知心俱時運作；死亡、悶絕、入二無心定時，靈知心雖滅，真如亦恒常住運作，非黃檗所謂「無境即無」也，顯見黃檗之悟亦尚粗淺，以此淺悟欲得初地道種智者，無有是處。是故諸方新秀欲著作佛法書籍流通天下者，當先以己所悟之心，檢校大乘唯識如來藏系諸經及成唯識論等，若皆符契，方可著作印行；否則將來遭人檢點事小，貽誤佛子、斷人慧命事大，來世果報亦大，諸方老宿新秀不可不思也。

此則拈提苦口婆心、嘮嘮叨叨，讀者已煩，便不再舉；謹以丹霞禪師《玩珠吟》摘錄八句供養諸方老宿新秀及一切禪子：

般若靈珠妙難測，法性海中親認得；
隱顯常遊五蘊中，內外光明大神力。
黃帝曾遊於赤水，爭聽爭求都不遂；
罔象無心卻得珠，能見能聞是虛偽。

第二一七則　芭蕉三步

郢州芭蕉山慧清禪師　師乃新羅人氏。僧問：「如何是吹毛劍？」師曰：「進前三步。」僧曰：「用者如何？」師曰：「退後三步。」復有僧問：「如何是和尚爲人一句？」師曰：「只恐闍黎不問。」師上堂謂眾曰：「會麼？相悉者少。珍重！」僧問：「不語有問時如何！」曰：「未出三門千里程。」僧問：「如何是自己？」師曰：「望南看北斗。」僧問：「光境俱亡，復是何物？」師曰：「知！」僧曰：「知個什麼？」師曰：「建州九郎！」

復有僧問：「北斗裡藏身，意旨如何？」師曰：「九九八十一。」師復問：「會麼？」僧曰：「不會！」師曰：「一二三四五！」

宗薩〇〇仁波切云：《三轉法輪教導絕對實相，傳法的地點不定，一般相信是在幾個不同的地方。同樣地有許多弟子參加；但是這次教授，主要是利益那些不再回到輪迴的菩薩，重點在於開示佛性。》

平實云：三轉法輪不唯教導絕對實相，亦教導「三界一切法皆依真如阿賴耶識而起」之道理，故云「法相唯識」，謂一切法皆依本識而起，唯本識能生一切法相故；此一事實，仁波切應知也。

又：三轉法輪非為「利益那些不再回到輪迴的菩薩」，反而是教導那些菩薩大涅槃之理，使他們不畏三界輪迴，常住三界自度度他，直至成佛，永不入滅出三界，而證大般涅槃；此等事實，仁波切亦應知之也。

三：三轉法輪之重點不唯開示佛性，更著重於佛性之根源──真如、如來藏。若見佛性而不明真如、不證如來藏者，尚不得道種智，遑論即身成佛？仁波切於此事實亦應知也。

仁波切又開示云：《許多大乘行者認爲小乘是比較低級的乘，不値得注意；這是由於他們完全缺乏對佛法的瞭解──不同的乘並非代表精神上的階級。雖然大乘表示偉大，小乘表示小、低劣；但是小乘一詞是大乘某些學派所造出來的。所謂的小乘行者，稱自己的派別爲「上座部」。》

平實云：仁波切未具絲毫大乘見地也，二乘見地亦無也；謂仁波切猶未知曉二乘諸法唯於三界有為法之空相上著眼，而不及大乘空性如來藏之實相也。

「小乘比較低級」，是因為彼等唯能證解脱果，不證大菩提果；小乘聲聞菩提唯證有為法空相，不證空性實相如來藏，不得佛菩提；大乘菩薩不唯身證解脱果，亦分證佛菩提，非小乘人所知也。大乘一詞非佛子所創，阿含經中已有「摩訶衍」大乘之說；聲聞南傳佛法當然不會承認自己是小乘，以「上座部」佛法自稱，是可以理解的。仁波切於三乘法義差別，不應如此懵然無知，便出而弘法也。

仁波切若欲了知三乘法義差別，當先悟入大乘空性實相—如來藏妙法，然後返首檢校二乘法義，便知其間「高級、低級」緣由，否則終不能知也。欲證大乘空性實相，當於禪宗入手，且觀芭蕉三步公案：

郢州芭蕉山慧清禪師乃朝鮮人氏，來到中國求法而悟道。有僧問：「如何是吹毛劍？」吹毛劍者喻衆生各各本具之真如也。芭蕉慧清禪師竟道：「進前三步！」諸方多有錯會，每道禪師答非所問者，無非欲斷人葛藤、教人進入無可思惟、無可體會之心念不動之境界中；盡皆不知禪師作略也。

彼僧不會，乃轉就性用上而問「用者如何？」不料芭蕉禪師卻教他退後三步。芭蕉禪師分明捧出，無奈一座不會；一場懡㦬，兩廂無事，便不須參堂裡聒噪也。仁波切若欲實證大乘法智類智者，莫向他靈知心上作解，轉思轉遠；但以直心依言跨步，便得會去；從此一會，五湖四海悉拘限仁波切不得；諸方活佛法王若至仁波切跟前，悉無語話分。只如芭蕉三步稀鬆平常，有什麼玄妙？而云大乘法智類智之實相？莫是芭蕉故弄玄虛瞞人麼？

復有僧問：「如何是和尚為人一句？」此僧希望芭蕉為他一語道破，不料芭蕉卻答：「只怕你這出家人不肯問。」且道芭蕉答他話？不答他話？若道答他話，甚處是答他處？若道不答他話，因甚禪師恁麼吝法？豈不違其度衆本願？仁波切還會麼？芭蕉見彼不會，便上堂舉此公案，復問云：「你們會麼？知道我芭蕉住處者實在太少了。珍重（散會）！」莫道千餘年前芭蕉有此嘆，如今平實亦復感嘆：「相悉者少！」

有僧問：「不以語言而向禪師問道時如何！」芭蕉曰：「尚未出得寺院三門，就已經遠隔千里了！」此謂靈知心念念馳求，心猿意馬；若認此為真，則離道遠矣！

僧復問：「如何是我的本心？」芭蕉曰：「你轉身向南去看北斗吧！」此僧若會，便該迴首認祂，無奈又墮芭蕉語言境上，轉更迷悶。

復有僧問：「光境（靈知心之作用及五塵境）都不現起時，又是什麼東西？」芭蕉曰：「祂唯有知。」僧便問：「知個什麼？」芭蕉答道：「知道建州九郎！」不唯能知建州九郎，抑且能知汝我一切人及與一切有情之心想。仁波切讀至此處，卻莫錯認見聞覺知之知；此知乃如來藏之知，非汝意識所知也。莫道仁波切不知此知，乃至修得滅盡定之二乘無學亦不知此知也；唯有大乘明心聖者方能知此知故。

復有僧問：「北斗裡藏身，究竟是什麼意旨？」芭蕉曰：「九九八十一。」此語便同「曹源一滴水、丙丁童子來求火」公案一般，轉更難會；芭蕉問道會麼？彼僧必同仁波切一般答個不會！芭蕉禪師老婆，卻為他道：「一二三四五！」仁波切若來覓平實，平實亦道「九九八十一。」仁波切若猶不會，平實便拉汝手指數道：「六七八九十！」仁波切三十年後若知此中曲折，何妨前往極樂世界尋覓平實！

第二一八則　資福蒼天

吉州資福如寶禪師　僧問：「如何是玄旨？」師曰：「汝與我掩卻門。」僧問：「魯祖面壁，意作麼生？」師曰：「勿交涉！」僧復問：「如何是從上眞正眼？」師搥胸曰：「蒼天！蒼天！」僧曰：「借問又何妨！」師曰：「困！」有僧問：「學人創入叢林，一夏將末，未蒙和尚指教；願垂提拯。」師托開其僧，乃曰：「老僧自住持來，未曾瞎卻一僧眼。」師一日將蒲團於頭上曰：「汝諸人，恁麼時難共語。」眾無對，師將蒲團坐卻，曰：「猶較些子！」

宗薩〇〇仁波切云：《小乘和大乘之間一直有理論上的爭論，小乘堅持認定佛陀從未真正給過大乘教法；而大乘還是得承認小乘是佛陀給予的教法—因爲小乘是大乘的基礎。》

平實云：仁波切乃一代宗師，萬人敬仰；不意卻於法上顛倒至此，誠不可思議者也。何以故？二乘唯於蘊處界諸三界有為法之無常空相上修除煩惱，以取證無餘涅槃為鵠的；未能觸及法界實相之空性如來藏，非究竟法也。故小乘法乃佛之方便說法，使諸畏懼生死者於現生取證涅槃、能出三界；然後為說大乘成佛之道—菩薩外門內門之六度萬行。

小乘絕非大乘之基礎，大乘方是小乘之基礎，仁波切云何顛倒其說而示衆生？此過大矣！何以故？謂二乘取證無餘涅槃時，若無如來藏離見聞覺知而存—不自知我、不觸六塵境—則無餘涅槃悉成斷滅，則小乘法必將於未來世被斷見論同化而消滅，本質無異故。然佛於原始佛教中，已曾闡釋如來藏阿賴耶識，說為涅槃之本際，非同斷滅，睽之阿含四部，即知平實無妄語也，仁波切何不知此？而顛倒其說？是故應說「大乘是小乘之基礎」；大乘正法若滅，小乘亦將踵接而滅。

「小乘雖不承認佛曾開示大乘教法」，然此乃彼等之無知，仁波切不應人云亦云，以免同等無知之譏。謂佛於阿含四部中已曾說大乘及法界實相之空性如來藏，非不曾說；平實已於拙著《真實如來藏》中詳述證明，仁波切何妨請閱細讀？方曉平實言之有物、誠實說法也。

仁波切之所以有諸謬誤者，皆悉咎在未曾親證空性如來藏所致也，故於三乘法義便生混淆錯會。今為仁波切避免誤導衆生計故，勸請參究禪宗密意，否則終究不免誤導衆生之業也。

吉州資福如寶禪師因僧問：「如何是玄旨？」師云：「你為我關起門吧！」只如此僧問的是禪宗密意—如來藏，資福禪師因甚不答他話？卻專教人為他做事？

須知個個真悟禪師皆是大丈夫，豈有吝法乃至於斯者？必無此理；未審仁波切還能於此切麼？若能時時於此切，久後會去，般若智慧日漸光顯，方知今日平實直指之恩也。

復有僧問：「魯祖禪師凡見人來，便面壁而坐，他是什麼意思？」資福禪師道：「他這種作略，根本與禪悟無關（只是一隻野狐而已）！」此僧又問：「如何是向上一路之真正道眼？」資福卻雙手搥胸喚曰：「蒼天哪！蒼天哪！」彼僧因緣不具，當面錯過，枉費資福為他撒土撒沙、入泥入水。此僧錯過之後猶自懵懂，向資福道：「借問一下又有什麼關係？」資福曰：「被困住了！」

又有僧問：「學人自從初入叢林以來，一個夏天即將過去了，都不曾荷蒙和尚指授禪意；希望和尚垂慈、提攜拯拔。」資福卻將彼僧推開，又說：「我自從住持資福以來，未曾瞎掉哪一個比丘之法眼。」（詳見拙著《禪門摩尼寶聚》第六十三則）

云何道資福未曾瞎卻一僧眼？謂資福從朝至暮不停說法，不辜負人。復一日取蒲團置於頭上，向衆人說道：「你們這些人，到了這個時節時就很難和你們說話了。」大衆悉皆不曉資福意旨，枉費資福扮此神頭鬼臉，依舊不會。資福老婆心切，更與注破：便將頭上蒲團取下來坐，向衆人道：「這還差不多！」

此則公案之資福禪師無比老婆，不惜犧牲禪師尊貴之大人相，弄盡神頭鬼臉；仁波切智逾諸人，應已會去！此時便有語話分，何妨垂顧平實、請益道種智？

第二一九則　烏石青蛇

福州烏石山靈觀禪師　師尋常扃戶，人罕見之；唯一信士每至食時送供方開。一日雪峰伺便扣門，師出開門，雪峰驀胸搊住云：「是凡是聖？」師唾云：「這野狐精！」便推出，閉卻門。雪峰云：「也只要識老兄。」一日，師因剗草次，見一僧過，師問：「汝何處去？」僧云：「西院禮拜安和尚去！」時竹上適有一青蛇子，師指蛇云：「欲識西院老野狐精，只這便是！」

有僧問：「如何是佛？」師出舌示之，其僧禮謝；師云：「住住！爾見什麼便禮拜？」僧云：「謝和尚慈悲出舌相示。」師云：「老漢近日舌上生瘡。」

宗薩〇〇仁波切云：《如果修行不具無我見，那麼不是落入常邊，就是落入斷邊；這兩者都會加強二元對立。這表示不具空性正見的修行，使你在輪迴中陷得更深。》

平實云：每一位佛子都具無我見，但多如同仁波切一般不離斷常；此過皆因錯會空性而起。空性乃是本來自性清淨涅槃的如來藏，仁波切不應如同一般佛子，將緣起性空之無常無我見之空相錯認為空性。仁波切認取無妄想之靈知心為真如，即是常見；若認此心死後斷滅無我，則成斷見；仁波切試說看：無我見是斷見？是常見？唯有證得無我空性之如來藏，方能離斷常二見，非以小乘法之無我無常及緣覺法之緣起性空能離邊見也。此種錯會非獨仁波切有之，顯教中教禪聞名之大法師亦復錯會，悉皆不曉本來面目：《有人在用功時以「本來面目是誰」來參話頭，可是如果執著於有本來面目的話，大概永遠參不透。我們眼見的、耳聞的，身體所接觸到感覺到、以及自己的存在和環境的存在，只要心中不把它當成是煩惱，那就是本來面目。》

平實云：若依大法師之見，則只要心中不牽掛一切煩惱，那個無煩惱的靈知心便是本來面目了。若然，即有大過；謂阿羅漢皆離三界煩惱，則應皆已親見本來面目，則應皆已了知實相，云何佛說不迴心聲聞悉不解法界實相？大法師作此說法，顯見迄仍未解聲聞法之五蘊空相也，何況能知本來面目？此謂法師所說遠離煩惱之靈知心，乃是五蘊中之識蘊，雖離煩惱妄想而猶剎那流注變易，每日間斷，云何說它遠離煩惱即是本來面目？如此開示，云何得免誤導佛子之重業？平實今為仁波切及大法師計，且舉烏石青蛇公案，共爾二人打葛藤去：

福州烏石山靈觀禪師，尋常多關門閉户，人們難得看見他；只有一位護持他的信士，到了用齋時間，送飲食來供養他時才開門。有一天，雪峰義存禪師找到機會，便去扣他的房門，烏石禪師便出來開門；雪峰覰得門開，突然當胸抓住烏石衣領逼問：「這個是凡夫？還是聖人？」烏石卻向地上吐一口痰云：「你這野狐精！」便將雪峰推出，又關閉了門户。雪峰云：「我也只是要弄清楚老兄：究竟知有不知有？」二位大德且觀：他二人間一則公案，的是賓看賓？主看主？賓看主？主看賓？若能說得，嵩山少室、天台五台、峨嵋九華、拉薩日喀則，皆由著汝去；一切法王活佛大小禪師，於汝眼前皆無語話分，大德何不究取？而今空言無我見、空性見、本來面目，皆是說食數寶，有何利益？

又一日，烏石禪師正剷草時，見一僧走過，烏石問云：「汝何處去？」僧云：「我要去西院禮拜安和尚去！」當時竹子上正好有一條青竹絲在覓食，烏石便指著那條青蛇云：「你想認識西院那個老野狐精嗎？只這便是！」

二位大德請看，禪師家因什麼恁麼歹心？西院乃是人人敬佩的老宿，烏石卻不肯他，說他是隻老野狐精；然而說人不是之後，理合指示正理，便指青蛇道：「西院老野狐精的本來面目，也只是這個！」二位大德會否？若猶不會，十年後覓取平實；平實弄蛇上座看，請帶眼來。

復有僧問：「如何是佛真如法身？」烏石出舌示之，僧便禮謝；若是平實初出道時，於僧禮拜起來，便予印證；如今知悉套用機鋒之野狐極多，必令入室口說手呈，謹慎勘驗。烏石彼時閱人已多，便問云：「停住！停住！你看見了什麼道理？便禮拜我？」僧云：「感謝和尚慈悲出舌相示。」烏石一聞，便知彼僧未見道，乃輕描淡寫鈍置云：「老漢這些天來舌上生瘡。」便不為他再作道理。

烏石此個公案機鋒，如雨夜電光，一眨眼間已然過去，彼僧不會，便道烏石真個舌上生瘡；卻遠去！

二位大德若欲親證不墮二邊之無我空性本來面目，且請每日走向原野看蛇去！

第二二〇則　益州着賊

益州西睦和尚　師上堂時，有一俗士舉手云：「和尚便是一頭驢。」師曰：「老僧被汝騎。」俗士無語而去。後三日再來云：「某甲三日前著賊。」師拈拄杖趕出。師有時驀喚侍者，侍者應喏，師曰：「更深夜靜，共伊商量。」

宗薩〇〇仁波切云：《……現在，我們要開始討論佛教中證悟「無我見地」的各種技巧。我們經常能直覺地知道實相，但是由於我們的執著不接受，而忽略掉它。……雖然在某些很深的無意識層次，我們可能已經知道空性了，但修行悲心依然是發現自心本性的最好方法。……修行的時候應該試著對每一個人生起悲心，這樣子就能逐漸發展出平等心；如果你試著以既沒有仇人也沒有特別朋友地去修行，就能逐漸建立對每一個人平等的悲心。你也可以修自他平等，逐漸消弭自他分別。「平等」是定義「定性」和「無二」的另一種方法，它的意思是好壞、自他等都不再存在了，一切事物都沒有標示、定義，成爲空性。》

平實云：仁波切以上開示佛子「證悟無我見地」的各種技巧，是否表示仁波切已經證悟了？所以出書教人證悟的各種技巧？

某密教在家大德電告余云：「藏密中之法王、上師、仁波切等人，都不曾自稱活佛；他們只自稱為『咕嚕』；他們也不曾說過已經開悟的話；你誤會他們了，……。」

然彼大德在台灣為仁波切出書，傳授佛子「證悟無我見地的各種技巧」，這是否表示彼大德認定仁波切已悟？若非證悟，則仁波切不應出書教示「證悟無我見地的各種技巧」，因為這些技巧都是意識知解所得故；非真證悟，云何能教人悟？既已出書教人證悟，云何大德為彼等人飾言「他們都很謙虛，不曾自稱已經開悟」？

由仁波切上列開示而言，亦可見仁波切之錯悟；謂仁波切教人以靈知心修行，欲將靈知心修成無我見、平等見，而在最後階段變成無分別性的空性。然而仁波切錯了！此靈知心假饒能如仁波切所說：修行清淨而成為「無我見、平等見、一切事物都沒有標示及定義」，仁波切認為此時之靈知心即成空性，則有多過，違佛教示。余於一九九七年二月出版之《真實如來藏》書中已預為破斥，不意仁波切仍犯此過，於一九九九年仍以余所預為指斥之大過失，欲令佛子以此證悟無我見及空性，余誠不知仁波切之「見地」何在也！悲歟夫！

十方諸佛及歷代祖師之真悟者，未有一人教令弟子將靈知心修成不分別自他好壞，亦未教令弟子將靈知心變成「於一切事物都沒有標示定義而變成空性」；若仁波切開示無誤，則應一切人真悟之後悉成植物人，靈知心已變成空性，完全離見聞覺知而不能分別故；如此則同木石，不能出生般若慧。亦應成佛後不能觀諸衆生根器差別及與因緣，不能說法—於一切事物都已沒有標示定義而變成空性故。仁波切若不然此說，此後切莫說悟、及說空性，當收回上引導語，改依拙著《真實如來藏》正理，以建立正確知見；若不能全依余語建立正知見，終無悟道之由，則汝一切所知所學悉名知見，不得名為「見地」；悟道之人方得名為見地故。

悟道之最速者莫過於禪宗，教人悟道而最具成績者亦莫過於禪宗；東密西密（藏密）中欲覓一位真悟道者，極難可得，不道古時難得，現代亦復不得。密教中若有真悟之大德，三十年內必將由彼真悟聖者發起一場驚天動地的密教法義及道次第之革命；然而此人難得，平實倚門斫額佇望二年，至今無消息。仁波切若能發大心，肯擔當此一密教史中前所未有之重責大任者，請參詳益州著賊公案：

益州西睦和尚上堂開示禪法時，忽有一在家居士自以為悟，欲較短長，乃舉手云：「和尚便是一頭驢。」此居士乃野狐復兼狂禪，問語無絲毫合轍，徒令識者恥笑耳；益州和尚卻不與計較，仍賜機鋒云：「老僧被汝騎。」這俗人不會，以為法戰勝利，學人應對進退，便無語而去。

三日後，這俗人又來賣狂，向益州道：「某甲三日前著賊。」其實這俗人根本不懂禪門中著賊之意，卻來魯班門前弄大斧，更云三日前著賊。益州禪師卻是慈悲，拈起拄杖又打又趕，無非欲令這野狐居士覓得身中賊。無奈這野狐居士因緣不具，離了話頭，放著現成的賊不抓，只管怕痛逃離益州。仁波切既已來到佛法寶地之台灣，不應空手而歸，且於離台前，日日持棍走向台北街頭，但見野犬便打，看牠賊在何處？有朝一日會得，卻須還牠見道深恩；至於怎地還法？您自個兒琢磨吧！

若離台前猶自不會，來覓平實；平實便喚仁波切，仁波切應答了若還不會，平實說與汝知：「更深夜靜時共伊商量。」

第二二一則　興化明珠＊

魏府興化存獎禪師　有僧來參，師問：「什麼處來？」僧曰：「崔禪處來。」師曰：「將得崔禪喝（ㄏㄜ）來否？」僧曰：「不將得來。」師曰：「恁麼，即不從崔禪處來。」僧喝，師遂打。師謂眾曰：「我只聞長廊也喝，後架也喝；汝子！汝莫盲喝亂喝，直饒喝得興化向半天裡住，卻撲下來、氣欲絕；待興化甦息起來，向汝道『未在！』何以故？我未曾向紫羅帳裡撒真珠與汝，諸人虛空裡亂喝作什麼？」

師後為唐莊宗之師。一日莊宗謂師曰：「朕收大梁，得一顆無價明珠，未有人酬價。」師曰：「請陛下珠看。」帝以手舒開幞頭腳，師曰：「君王之寶，誰敢酬價？」（玄覺徵云：且道興化肯不肯同光？若肯同光，興化眼在什麼處？若不肯，同光過在什麼處？）（平實云：恰值得一天下。且道平實此語，肯不肯同光？）註：莊宗年號同光。

平實云：明珠者喻指大乘佛法所說之常住心也。此心常住不壞不斷，恒為一切有情輪轉生死之所依。

宗薩○○仁波切云：《成佛是相續心識的唯一障礙和對治方法。成佛摧毀了「自我」的妄見，從根切斷了心的相續；也可以說：把種子燒毀了或者關掉投影機，電影便完全消失。轉世再生和永恆的靈魂毫不相干，佛教中並沒有永恒的心這種概念。》

平實云：佛教不是斷滅論者，若無永恆常住心，佛法即成戲論，本質無異斷見故。何以故？以仁波切同意靈知心之念念變易生滅故，三乘佛法皆依蘊處界而闡釋靈知心之虛幻生滅性故。

佛云涅槃即是中道，龍樹亦以中道闡釋涅槃，在在處處闡釋涅槃非是斷滅。佛為破斥常見外道妄執靈知心為不生滅心，故依蘊處界而說無我，令諸常見外道明解受想行覺之靈知心非真實我，方便引入佛法，故說小乘四諦八正無常無我等法；然不可謂二乘法同於斷見，佛已於聲聞法中說有阿賴耶識、有涅槃之實際故。以此緣故，仁波切不應墮於斷滅見，說「佛教中並沒有永恆的心這種概念」，違佛旨意故，同於斷見故，諸大乘經悉說有如來藏常住不滅─恒而不審，自性清淨故。

仁波切又開示云：《如果心是永恒的，你就無法加入或滅去任何東西，因爲永恒是不可移動、不可變易的；永恒也不受時間、空間、方向，特別是活動的影響。心的活動必然包含變易，這就是無常。》

平實云：仁波切不解不證如來藏也！仁波切以上所說乃以靈知心為對象而闡釋之，故有大誤。靈知心可具仁波切所描述之體性，平實已於一九九七年所著《真假開悟之簡易辨正法》中敘述詳盡。然如來藏體恒常住，永不壞滅中斷，而其內有諸種子生滅變易流注，故能出生靈知心而產生作用，亦能儲存靈知心種子及諸業種，故云如來藏心常恒不壞，非有變易非無變易。此非仁波切之所能知也。

仁波切又云：《與心的移動和變易有關的念頭和意識，對於永恒的心不可能有任何影響，因此永恒也是無法表達的。如果你的心是永恒的，改變對於某種事物的感受就不可能；因爲根據定義，永恒否定了變易的可能性，而移動與成長包括在變易之中。》

平實云：果真如此，則汽車應該是不能行駛運作的；因為汽車是恒：昨天它在，今天它在，明天仍在；若汽車是不變易的，則應車門不能關開，方向盤不能動轉，引擎不能運轉；因為凡是有作用的必是變易，變易則是非恒。若然，則應汽車一經開動使用即必壞滅，因為使用開動即是變易，變易即是無常。是知仁波切不解非常非無常、非有變易非無變易之理也。仁波切所述之理若用以形容靈知心即成正說，若用以描摩如來藏，即成邪說。

汽車之體是恒，常在，故非無常。體雖常恒，然內有諸功能差別生滅變易故有作用，如車門可以開關，引擎可以運轉，方向盤可以轉動控制車子前進方向……等，是故汽車非常，有各種變易故。雖有各種變易作用，而其汽車形貌永不變易，體常不變，故汽車非有變易非無變易。

靈知心則如汽車之局部功能：能行進後退轉彎，能以喇叭發聲，以燈照色，以椅載人，以排檔桿變速，以油門加速，猶如六識靈知心之面對六塵，皆有生滅變易，故皆非恒，汝若停車熄火，車諸功能即滅而不現；如人靈知心之眠熟而中斷不現，故是生滅變易之法，故能有用。汝若再次將車起動行駛，則諸功能又復現前；如人靈知心滅已，於應醒時又被喚起，於六塵中運作，故是生滅變易之法，以有作用故。然汽車諸種功能差別悉皆依於汽車之體而現其用，不能獨存而成其汽車體上之用；靈知心亦復如是，依於有情之如來藏心而現心之功能，不能離於如來藏而起其用。故靈知心非恒而能審，以念念變易故成其作用，然如來藏則非如是，此非仁波切所能知之也。是故未悟之人說心，猶如盲人射箭，偶或中的，多分虛發；未悟之人亦復如是，說心說性，偶成正說，多分邪謬，證悟之人一聞便知。敗闕處處，何忍成書公諸世人，寧不畏懼悟者檢點？

古時唐莊宗亦復如是，留下一段淆訛公案，千年之後，不免平實檢點，仁波切宜可引以為鑑：

魏府興化存獎禪師因僧來參，師問：「什麼處來？」僧答：「從崔禪師處而來。」師便問：「有沒有將崔禪的喝帶來？」僧答：「未曾帶來。」師云：「那麼便是你不曾去過崔禪處來。」僧便喝，師遂打。隨後又向僧衆說道：「我只聽到長廊那邊也有人大喝，後面架房那邊也有人大喝；你們這些佛弟子們！可別瞎著眼亂喝，就算你們能把我興化禪師喝上半天高，掉下來跌個半死；待我甦醒過來，我卻向汝道：『你壓根兒就未悟！』為何這麼說呢？我也不曾向紫羅帳裡撒真珠給你（未曾施汝機鋒），你們這些人向虛空亂喝作什麼？」

後來唐莊宗拜興化禪師為師。一日莊宗向興化道：「我收復大梁國時，得到一顆無價明珠，一直不曾有人向朕出價。」興化禪師說：「請陛下將寶珠借我看看。」莊宗以手解開幞頭之腳，興化禪師云：「這是國君之寶，誰敢出價來買？」後來玄覺禪師聽到這個公案，便問諸方老前輩：「你們請說說看：興化禪師這個答話，是肯定莊宗有悟？還是不肯？如果是肯定的話，請問：興化的法眼在什麼處？如果是不肯的話，莊宗皇帝的過失在何處？」仁波切既肯千里迢迢來到台灣說心說性，何妨檢點這一公案？答他玄覺語話？

千年後，平實代興化答他莊宗一句：「恰值得一天下！」且道平實此語肯不肯莊宗？若肯莊宗，因何道他恰好值得一天下？若不肯莊宗，因何又道他值得一天下？且道平實意在何處？仁波切若真是人中之寶，必能答吾此問，玄覺語話便一併答了；若不能答吾此問，則非人中真寶，宜返西藏苦修，三十年後再來語話。只如仁波切返回西藏參詳時，最好頭戴五方佛帽，閑時何妨將佛帽腳巾鬆一鬆？

第二二二則　萬歲吹灰*

鎮州萬歲和尚　僧問：「僧家究竟事如何。」師曰：「本來只是吹灰法，卻向灘頭卸卻衣。」師訪寶壽，初見便展坐具，寶壽即下禪床，師乃坐彼禪床，寶壽驟入方丈。少頃，知事白師曰：「堂頭和尚已關卻門也。請和尚庫頭吃茶。」師乃歸院。

翌日寶壽回訪，師踞禪床，寶壽展坐具，師亦下禪床；寶壽還坐禪床，師歸方丈閉門。寶壽入侍者寮內取灰，於方丈前圍三道而退。（平實拈問諸方老宿云：且道寶壽肯不肯萬歲？若肯，寶壽眼落何處？若不肯，萬歲過在什麼處？）

宗薩〇〇仁波切云：《「研讀」能讓你有一幅空性的心理圖像，甚至有時候在心中有空性的複製品；但是光靠研讀是無法真正體驗到空性的，在這個階段，我們研究的是空性模型的模型。真正的空性離於概念、無法表達；因此無法研讀，只能體驗。……很多人都犯的錯誤是：認爲念了一些書就能真正瞭解空性。研究佛法的確很有啓發性，對智慧有益。你念了一些東西，就說「是啊！當然！」不妙的是：這些東西能產生另一種頑固的習性，又成爲真正體驗空性前所必須清除的障礙。》

平實云：仁波切不應傳播錯誤知見，謂研讀不能真正體驗到空性；古來諸宗祖師多有藉教通宗而證得空性者，仁波切不可以己例彼。

真正的空性並非離於概念、無法表達，仁波切不應作此謬說；十方諸佛皆以語文及欠佉頻伸等無量法而示說空性，菩薩讀已聞已見已便得親證，而能表示與已悟之人知之、證明之。

仁波切同許多人都犯同一個錯誤：認為念了一些經典就能真正瞭解空性；便急於教導佛子證悟無我見、空性見。便廣印開示，發行流通，誤導廣大佛子。不妙的是仁波切這些錯誤的開示，必定使信受者產生另一種頑固的知見習性，又成為這些佛子們真正體驗空性前所必須清除的障礙。平實每年出版公案拈提者，都是在為仁波切等人善後——清除佛子真正體驗空性前所得之於仁波切等人之障礙。此一工作既辛苦繁瑣，又必須處處得罪諸方老宿新秀，人之所不敢為，而余一肩獨挑；只為悲憐廣大佛子之被誤導，及為延續大乘正法命脈，方起慈悲、毅然為之；盼望仁波切等人，嗣後勿在佛子心中再加一些「真正體驗空性前所必須清除的障礙」，則平實來年少煩少惱，無任感恩。

隨例仍請仁波切共參公案：有僧問：「僧家究竟事如何。」萬歲和尚答云：「本來只是吹灰法，卻向灘頭卸卻衣。」一日萬歲和尚前往參訪寶壽禪師，初見便攤開坐墊，寶壽即下禪床，萬歲和尚卻坐上寶壽的禪床；寶壽見已，急步走回方丈室。這萬歲和尚只知其然，不知其所以然，猶自穩坐於禪床不動。寶壽在方丈裡等了些時，不見萬歲跟入方丈室，乃閉卻方丈門。知事乃向禪床上的萬歲和尚稟白：「參堂主法和尚已經關門了，請您移駕庫頭處吃茶吧！」這萬歲和尚來到寶壽處，一番手腳，只成個笑柄，不免賢聖暗笑。

次日寶壽回訪萬歲，亦只是要確定虛實，怕向後冤枉了他。不料萬歲和尚竟也依樣畫葫蘆，端坐禪床不動；寶壽見他如此，遂依昨日故事重演一番—展開坐墊；萬歲仍學昨日寶壽故事下禪床，寶壽亦不客氣，上他禪床端坐；萬歲卻學寶壽歸方丈室，入方丈已，卻不懂得等候寶壽入方丈室，立即閉卻門。寶壽來到方丈室，見已閉卻門，便知萬歲落處，知他是隻野狐；遂入侍者寮取灰，於萬歲和尚方丈室前圍三道灰而返，令萬歲此後不敢再言禪是吹灰法。這個公案，古來少人能辨虛實。

如今且要問仁波切：一、萬歲未隨後跟入方丈室，因什麼便不得寶壽親自奉茶？又遭他疑是野狐？二、萬歲入方丈室已，未稍候寶壽入方丈室，立即閉門，因什麼便遭寶壽確認為野狐？三、寶壽行前因什麼道理卻取灰於萬歲方丈室前圍三道？

仁波切若識得寶壽與萬歲之落處差異，方能解得此三問；方入別教七住位；否則皆名外門修菩薩行，名為未悟凡夫，不應出書傳授「證悟佛教無我見、空性」的各種技巧。

仁波切若讀此公案拈提後，依樣畫葫蘆，並跟進平實斗室者，平實便端出無生茶，請您說說無生茶的吃茶道理，仁波切可願賜見？若不敢來見，即同萬歲和尚一般——私心以為空性即是無常無我緣起性空之空——吹灰法；此生救不得也。

仁波切欲會麼？且回西藏覓個冷灶——　——吹灰去！

第二二三則　桐峰野狐*

桐峰庵主　有僧問：「和尚遙裡忽遇大蟲，作麼生？」師作吼聲，僧作怖勢；師大笑，僧曰：「這老賊！」師曰：「爭奈老僧何？」

有僧到庵前便去，師喚曰：「闍梨！闍梨！」僧迴首便喝，師良久，僧曰：「死卻這老漢。」師乃打之，僧無語，師呵呵大笑。

有僧入庵把住師，師曰：「殺人！殺人！」其僧推開曰：「叫作麼？」師曰：「誰？」僧乃喝，師打之；僧出迴首曰：「且待！且待！」師大笑。

宗薩○○仁波切云：《透過智慧來研究空性，偶爾在剎那間會瞥見空性；但是如果你不藉由思惟和修行來熟悉這種狀況，悟境就無法穩定，很快地，煩惱就淹沒了它。》

平實云：仁波切於書中之口傳開示，雖未明示汝之悟處，然平實於汝書中隨意檢取一段開示，即知汝之落處何在。譬如上引仁波切短短一段開示，即知仁波切錯認空明境界中之靈知心為真如也。

然空性真如非似仁波切之臆想概念；若人於某一剎那瞥見空性已，從彼剎那起，便可永遠親見此空性如來藏，無有不見時。若如汝所說有時不見者，此乃墮於靈知心中，以安住於無妄想之空明境界為空性，以攀緣五塵紛擾境界為不見空性；此即《楞嚴經》佛斥外道「五現涅槃」之初也，具足常見外道之法，不應以之示人，遭識者笑。

須知空性於一切時一切處，皆悉恒常示現，未曾有分毫瞞汝；自是汝不曾見，不可說祂有時不現。乃至仁波切讀此公案拈提、心生怨惱，煩躁不安時，空性依然如本不異，分明顯現；汝若曾經剎那瞥見，此時亦可分明親見，自是汝一向不曾見，不可誣祂有時不見。

汝若不改邪見，堅持以靈知心之是否安住空明覺知境界，作為認定是否見到空性之標準，則無悟緣；千佛過已，依舊不離常見外道法中，永沉生死。若以此邪見繼續為人開示佛法，即同桐峰庵主，俱是野狐也。

有僧問：「和尚若遠遠忽見一隻老虎時，您怎麼辦？」桐峰庵主便學老虎吼了一聲，僧便舉手作驚怖狀；桐峰便大笑，僧人雖知桐峰是隻野狐，爭奈他機鋒符節相合，辨不了他，只得罵他一句老賊，桐峰腆不知恥，卻答云：「你又能奈我何？」此僧無過人手段，只得放過；平實即不然，當時若聞「爭奈老僧何」一句，便取拄杖打破他頭，管教桐峰會去，方知吾不欺他。

復有一僧來到桐峰庵前不語便去，桐峰喚曰：「闍梨！闍梨！」彼僧回首便喝，看似已悟；桐峰卻不懂得使出活人劍，無語良久，以為空明中之靈知心即是空性；卻不知證悟祖師無語良久所示者，且不是這靈知心。彼僧亦不知其落處及用意，便云：「死卻你這老漢。」正是兩隻野狐相見，賓主不分；桐峰更使老野狐手段，舉杖便打，彼僧無做手腳處，被桐峰老野狐籠罩去也。桐峰佔了便宜，便呵呵大笑，彼僧無可奈何。平實則不然，正值桐峰呵呵大笑、得意忘形之際，突地掀翻桐峰禪床，跌他一跤，也好教他知曉道理，方懂得起來禮拜之道理。

復有僧入庵，雙手把住桐峰不放，桐峰叫曰：「殺人！殺人！」然而此非禪門語話，野狐狂語未悟充悟爾。其僧亦不解此中蹊蹺，乃推開桐峰曰：「你這樣叫是作什麼？」桐峰卻反問云：「是誰？」欲示見聞覺知心即是本來面目，僧知其意，乃大喝一聲。至此二人落處既同，桐峰理應印證彼僧，然桐峰又復打之。其僧出庵迴首云：「稍候！稍候！」皆不合轍，桐峰佔了便宜，又復大笑。

三重公案見得桐峰野狐顢頇，狂傲自賞，不可救藥，有智之人決不效彼自欺欺人；桐峰庵主雖然深諳禪師機鋒及作略，而猶不免平實檢點，今者仁波切實宜以之為鑑，速速參究，覓汝真如；莫再以無妄想之空明覺知心為真，方能識得桐峰敗闕，便成人天福田，方可真符「仁波切」之名也。

只如桐峰庵主喊叫「殺人！殺人！」時，仁波切作麼生度得了他？平實訴與汝知：但取拄杖於其脖子來回鋸割即得。

第二二四則　雙峰能思＊

福州雙峰古禪師　師本業講經。因上雙峰禮謁，雙峰問云：「大德什麼處住？」師曰：「城裡住。」雙峰曰：「尋常還思老僧否？」師曰：「常思和尚，無由禮覲。」雙峰曰：「只這思底，便是大德。」師從此領旨，即歸本寺（平實云：死了孕婦）。捨所居，罷講，入山執侍數年。後到石霜，但隨眾而已，更不參請。眾僉謂古侍者嘗受雙峰印記，往往聞於石霜。霜欲詰其所悟，而未得其便。一日，師因辭石霜，霜將拂子送出門首，召曰：「古侍者！」師迴首，石霜曰：「擬著即差，是著即乖，不擬不是，亦莫作個會。除非知有，莫能知之。好去！好去！」師應喏喏，即前邁。尋屬雙峰歸寂，師乃繼續住持。僧問：「和尚祇對石霜，石霜恁麼道，意作麼生？」師曰：「只教我不著是非。」（玄覺云：且道，他會石霜意不會？平實云：再參三十年去！）

宗薩〇〇仁波切云：《那位吹笛子的人，老師告訴他：「沒有笛子、手指、口、聲音和耳朵，就沒有音樂。」就像這樣，一切事物都依靠因緣─吹笛子的人得到這個教法後，便了悟互相依存的真理。我們許多人都不容易從這麼簡單快捷的教授中領悟實相，對我們來說，其他的方法是必要的。》

平實云：佛法中之三乘入道初門差別，仁波切迄猶未知，云何可為人講授佛教的見地與修道？

凡欲明實相者，當依大乘入道初門——明心——而入。若未真明自心，永劫不了實相。今仁波切教人以緣起性空之二乘理而明實相，無異緣木求魚、刻舟求劍。自身尚未證入實相，云何以此邪見能令弟子證入實相？於此可知仁波切尚墮意識境界，如同雙峰禪師一般，以能知能思之心為真如，卻成錯悟；以此妄心體性而開示佛子者，便成誤導衆生、破壞正法之業。

福州雙峰古禪師本業講經。因上雙峰禮謁，雙峰示以能思之心即是真如，古禪師竟然信受不疑，渾然不知此心即是自己講經時所斥之常見法，以此為悟。便回本寺宣佈罷講，隨侍雙峰數年，亦未自省其謬，猶今仁波切之不省其謬。

這古禪師在雙峰任侍者數年，後到石霜隨衆起居而不參請。大衆以古侍者曾受雙峰印證，遂有數人將此事上稟石霜禪師；石霜雖欲勘驗其悟處真假，而未得其便。

一日，古侍者辭別石霜，石霜手持拂子送他出到門口，卻忽然召喚：「古侍者！」古侍者迴首，不別乳水；石霜便知他落處，乃為他打葛藤云：「心中起個作意，那就錯了；若認為不起作意時就是，那又錯了。不起作意，也不認為這個就是，也不可如此體會。除非真悟而知有真如，是無法知道這個道理的。好好的走吧！好好的走吧！」

石霜老婆，為他扯葛藤；哪知古侍者一句都不曾懂，只管認定能思之心是真，都不自省。石霜無奈，只好又吩咐道：「好好的走吧！好好的走吧！」這古侍者依舊輕忽石霜語鋒，應二聲喏，便輕快離去，辜負石霜老婆心腸。

後因雙峰禪師入滅，古侍者遂回雙峰繼任住持。有僧問：「和尚當年應對石霜禪師時，石霜那樣說話，他的意思如何？」古禪師答曰：「他只是教我不要執著是非對錯。」

後來玄覺禪師聞他恁道，便知他落處，乃舉向天下老宿：且道雙峰懂不懂石霜之意旨？

多有佛子誤會般若經，總認不著二邊即是中道，皆是自墮意識境界，不會般若中道。般若中道者謂真如不墮二邊，不於六塵起作意；本性如此，非因修得。意識若能證知此一實相，漸生般若智，則漸轉淨，一生乃至四生得離三界輪迴（極精進修者），了知涅槃即是中道故。非如仁波切以二乘緣起性空之理而能令人實證中道實相也。

只如雙峰能思之心及仁波切能知之心，既皆同屬意識，則汝真心何在？仁波切欲會麼？

覓平實去！

第二二五則　歷村解脫＊

襄州歷村和尚　師煎茶次，有僧問：「如何是祖師西來意？」師舉茶匙子。僧問曰：「莫只這便當（ㄉㄤˋ）否？」師擲茶匙子向火中。僧復問：「如何是觀其音聲而得解脫？」師將火箸打柴頭，問云：「汝還聞否？」僧曰聞，師曰：「誰不解脫？」

宗薩〇〇仁波切云：《佛教用「明相」來描述心的本性，也可能加深這種（光亮、光明）誤解。佛教說的「明相」，並不是二元對立中相對於黑暗的那個光明，而是指完全離於二元分別的境界，因此就連黑暗也是「明相」。「明相」表示「可見的」或「顯現出」的意思：黑暗是顯現，所以黑暗是「明相」。你看得到黑暗，所以你看不見光亮；就這個意思來說，最好以時間來定義「明相」。「明相」即是當下或現在，「當下」既是指在這裡，也是指這個剎那。「他在」的意思是他在這裡，而「現在我正在念書」則是指這一刻我正在念書。過去心已過，不再是實體，未來心又尚未生起，有的只有當下的心—此時此地的心。我們在瞭解明相的時候，應該加入這層意義。》

平實云：仁波切乃人中之寶，不應來到寶島傳播錯誤之知見；謂汝不解明相故。明相者，謂佛子見道前於四加行位之煖頂忍世第一法之初—煖位之相也。佛子見道前，尋思「名、義、自性、差別」之假有實無，初觀所取名等四法皆自心所變，假施設有，非實有法，處於慧日將升前之狀態，如日欲出之前，東方微有白相，故名明相。此亦道火將燃前之微有煖相，故名四加行位之煖相。

依明相之煖法四尋思，如實遍知名等四法離能取識（靈知心）非有，亦如實知能取識（靈知心）非實有，證四如實智，明相漸增，依次轉入頂位、忍位，至世第一法位，雙印能取所取皆空，了達能知能思之能取心空，亦了達所取空，能成聲聞有學無學，然猶未能入於大乘真見道位之七住不退位。而今仁波切竟不知此，亂解明相意義，矇混佛子，非所宜也。難怪汝以空、明、覺醒、認知、覺性、意識作為不生滅心，蓋因汝尚未具修四加行位之四尋思等，致有此過。今汝此說，顯見未有明相發起，煖法未具，云何起煙乃至發起道火？不見慧日，云何為衆說了義法？唯有以盲導盲爾；則開示越衆、破綻越多，不免識者檢點也。今仁波切猶如襄州歷村和尚一般，同墮意識，以靈知靈覺心性為真，此乃外道常見法，佛於聲聞法中已曾破斥，不應執以為實；尚不能入煖位而起明相故，不離自性差別故。

有僧問：「如何是祖師西來意？」歷村和尚舉起茶匙子；似則似，是則不是。僧復問曰：「莫只這個便是嗎？」只如這個是哪個？歷村和尚聞僧恁問，便將茶匙擲入火裡，錯將南京作北京。僧人不辨虛實，一心求道，只惜不具頂門眼，看不見歷村狐尾，只好換個話語再問：「如何是觀其音聲而得解脫？」歷村和尚遂取火筴子敲打柴頭作響；這老狐狸貪他餌香，不覺張口便咬，哪曉地下陷阱？復問：「汝還聞否？」此僧誤打誤撞，用上這個陷阱，猶不自知歷村野狐即將墮他陷阱之中，老實答個聞字。歷村便道：「有誰是不解脫者？」果然入阱，猶不自知。謂歷村同於仁波切一般，皆以見聞覺知心為不生滅之空性心；錯認此心能入涅槃、本來自在，此皆野狐見解也。

歸宗智常禪師若來，仁波切與歷村和尚皆宜三丈外立，以免歸宗打破汝頭（參見第八十七則：歸宗不聞）。不唯歸宗如是，長沙、玄沙、南泉、趙州、克勤、大慧、無門……等祖師莫非如是。

有僧問：「如何是無所聞者乃曰聽經？」神山禪師答曰：「何必要會？」僧曰：「我想要會！」神山曰：「你還是不懂得聽經。」

仁波切欲會麼？平實老婆送予您：

會取不會底！知取不知底！見取不見底！

第二二六則　陳操行益

睦州刺史陳操　公乃睦州陳尊宿（睦州道明禪師）法嗣，典刺史職。一日齋僧次，拈起胡餅問僧：「江西湖南還有這個麼？」僧曰：「尚書適來吃什麼？」公曰：「敲鐘謝響。」又一日齋僧次，公躬行餅，僧展手接，公乃縮手，僧無語；公曰：「果然！果然！」異日，公問僧曰：「有個事，與上座商量得麼？」僧曰：「合取狗口。」公自摑曰：「操罪過。」僧曰：「知過必改。」公曰：「恁麼即乞上座口吃飯。」

又齋僧，公自行食次，曰：「上座施食。」上座曰：「三德六味。」公曰：「錯！」上座無對。

又與僚屬登樓次，有數僧行來，一官人曰：「來者總是行腳僧。」公曰：「不是。」對曰：「焉知不是？」公曰：「待近與問。」相次，諸僧樓前行過，公驀喚：「上座！」僧皆迴顧，公謂諸官僚曰：「不信道？」

宗薩〇〇仁波切云：《隨著禪修的進步，遮蔽明相的外皮就變得薄而稀疏；此時大部份明顯的幻化經驗都消失掉，……同時心也變得愈來愈清晰、愈來愈敏銳。》

平實云：止觀禪修境界之深淺，悉與本心無直接關係，皆是意識境界，不可將靈知心意識心與真如本心混為一談。仁波切尚未具足本心體性之認知，應多讀《維摩詰經、如來藏經、楞嚴經、楞伽經、大集經……》之後，方可與人談心。此謂如來藏心離見聞覺知、不著六塵、本來自性清淨涅槃之體性等理，仁波切悉皆不解，而以意識體性說之為心性，欲令佛子入於「見地」者，無異緣木求魚，其可得乎！

仁波切又云：《如果你更深入地修下去，經由瞭解到沒有堅實存在的客體、只有不實的幻覺，你就能明白主體也沒有堅實性可言。……進一步修行之後，主體之心的幻相也會消失，那時你便能體會到實相、無二元對立之心，……到達這個階段，你就會處於一種非常舒適的狀況，你和實相之間幾乎沒有迷惑存在。……離於二元對立之見的現象生起—月亮愈來愈清晰，因爲遮蔽它的最後一層雲正在消散；……在這個階段，無明已經消失，但無明的習性—二元對立—依然還在；因此你必須強化修行，加強所有力量除去那種習性。當這個習性消失掉一小部份的時候，你就能見到一小部份毫無二元對立、完全離於主體、客體的自心本性—這就是「初地菩薩」。》

平實云：仁波切此諸「修道」之法，概屬菩薩外門修學止觀—禪定之修法。皆是別教五住之資糧修學，不得謂為修道。修道者謂已親證真如總相別相而入初地通達位，了知十地漸次差別而內門修，方謂修道也。今仁波切所說者不唯未證真如總相，乃至四加行位之煖相（明相）亦無，頂法忍法世第一法之加行亦無，尚不入於別教六住，云何可言即是初地修道位？

仁波切若欲證入初地，當先求證七住；欲證七住者當求明心破參，欲明心破參者當依禪宗之法參究，莫依密宗觀想之法；謂密宗觀想之法是愚夫所行禪故。今舉睦州刺史陳操菩薩之公案，共仁波切打打葛藤，盼仁波切能以此而入七住不退，則密教幸甚！密教行者幸甚！

睦州刺史陳操，得法於睦州道明禪師，而於三寶常伸供養。一日齋僧時，親自行益，忽拈胡餅問僧：「江西湖南還有這個麼？」這陳操菩薩不唯能行財施，復能行無上法施；可惜彼僧不會刺史之意，答曰：「尚書您方才吃什麼？」著他陳尚書閑機境上；陳操見他無緣，便鈍置云：「敲鐘謝響。」且道：陳操尚書拈起胡餅，問的是哪個？

又一日齋僧，陳公親自行餅，某僧伸手欲接時，公忽縮手，彼僧不會，陳公曰：「果然！果然！」且道：陳公縮手意在何處？仁波切若會，直下會取；若待思惟，去劍遠矣！

又一日，陳公問僧曰：「有件事與上座商量，可不可以？」此僧知他陳操擅於機鋒，便借禪師語云：「合起你的狗嘴。」陳公自摑一巴掌曰：「我陳操真是罪過。」

此僧懵懂，不解陳操反手一刀已取他命，猶自訓人：「知過必改。」渾然不覺小命已在人家手裡，陳操卻不與計較，依舊苦心孤詣為他：「既是如此，便借用你的嘴巴吃飯吧！」無奈此僧如黑似漆，依舊沒個下文。

又一日齋僧，陳公又復親自行食，向某上座曰：「上座施食！」施食者飲食為下，法食為上，上座不會法食布施，輕易答個「三德六味」，其實不解三德六味何在。平實則不然，當場便將缽置向陳操面前道：「有多少，儘管一時下。」教他陳操不得不先為平實滿缽，平實卻走向他座上撥卻一半與他，只管雄踞彼座受他供食。食訖卻將空缽扣向他案上云：「法食施訖！」無奈彼僧不解此中關節，著他陳操語脈上，答個三德六味，招來陳操一個錯字。

又一日與幕僚登樓時，有數僧行來，有一官人曰：「來者總是行腳僧吧！」陳公曰：「不是！」對曰：「怎知不是行腳僧？」陳公曰：「待他們走近時，我來問問便知。」稍候諸僧樓前行過，陳公突然召喚：「上座！」衆僧皆迴顧，陳公便向諸官云：「你們不信我說的話，如今看吧？」

行腳僧者參禪僧也，於一切事都無心情，抱著個疑情，如喪考妣一般，哪管他人呼喚？如今仁波切實宜效法行腳僧，以破參見道為要務，參訪真善知識去！

只如當今全球佛教界中，欲覓個見道之真善知識不可得，仁波切又復不肯見平實，欲何見道？平實且授汝個方便：每逢餐時，挾起第一筷子菜餚，自問云：「西藏密宗還有這個麼？」三十年會取！

第二二七則　南院拈棒

汝州風穴延沼禪師　師初發跡於越州鏡清順德大師，未臻堂奧，尋詣襄州華嚴院，遇南院慧顒禪師侍者守廊上座，乃密探南院宗旨。

後至南院謁慧顒禪師，初見不禮拜，便問曰：「入門須辨主，端的請師分。」南院以左手撫膝，師喝；南院以右手撫膝，師又喝；南院舉左手曰：「這個即從闍黎。」又舉右手曰：「這個又作麼生？」師曰：「瞎！」南院擬拈拄杖次，師曰：「作什麼？奪拄杖打著老和尚，莫言不道。」南院曰：「三十年住持，今日被黃面浙子上門羅織。」師曰：「和尚大似持缽不得，詐道不饑。」南院曰：「闍黎幾時曾到南院來？」師曰：「是何言歟！」南院曰：「老僧端的問汝。」師曰：「也不得放過。」南院曰：「且坐喫茶。」師方敘師資之禮。

次日南院問曰：「今夏在什麼處？」師曰：「鹿門與廊侍者同過夏。」南院云：「元來親見作家來！他向爾道什麼？」師曰：「始終只教某甲一向作主。」南院便打，推出方丈云：「這般納敗闕底漢，有什麼用處？」師自此服膺，遂止南院會下作園頭。

一日南院到園裡問云：「南方一棒作麼商量？」師曰：「作奇特商量。」卻問南院：「和尚此間一棒作麼商量？」南院拈棒起曰：「棒下無生忍，臨機不見師。」師於言下大徹玄旨，遂依止六年。後四眾請主風穴。

宗薩〇〇仁波切云：《簡單地說，金剛乘常被認爲是果乘，而大乘則被認爲是因乘或體性乘……大乘被稱爲因乘，因爲大乘主要是在教導成佛的因，正見正定和正行是成佛的根本。大乘認爲要成佛就必須具足種種正思惟，必須淨化某些污染等等。……相對地，金剛乘幾乎完全把重點放在果位上。……金剛乘是果位的直接教法，它須要能瞭解教法、具足上等根器的弟子。》

平實云：密宗歷代弘傳者都喜歡誇耀密宗果地修證的超勝，貶抑大乘居於其下；不特古來如是，現代亦復如是。近幾年以前的密宗，是仍未被廣傳、多以一對一口傳的年代，密法密續極為神秘，外人向無資訊加以瞭解。但近幾年來密宗弘傳者太過自信（迷信），以為其見地、教法、道次第、果位修證等，皆屬無懈可擊，遂滿懷自信地廣傳；並廣印口頭開示及諸密續，包括南亞協進會所蒐集之密法資料在內。如今平實蒐羅古今密宗大修證者密續及開示百八十冊，已知其詳；方知以前接受密宗誇大其辭之果位修證，概屬錯誤。而至尊宗喀巴、密勒日巴、岡波巴等人之果位修證，其實皆未入流（未入初果），亦未證悟大乘見道。只是後人以果地名位妄封高推而已，非有實際果地修證；空言即身成佛之佛地等覺修證，其實未階別教七住。

譬如岡波巴自稱夢見自己為未來之月光菩薩，然月光菩薩將率領辟支佛及阿羅漢，最後住持佛法五十二年，其修證至少須有第七地境界；睽諸岡波巴之一生修證，未入大乘見道七住位，七千年後尚輪不到他來當月光菩薩；解行俱佳的岡波巴尚且如此，其餘諸祖可見一斑。

近代白教大修證者卡盧仁波切亦復墮於常見外道法中，執取「空、明、無盡的覺知」等意識心性為真如；如今宗薩〇〇仁波切亦同墮彼中，僅二百餘頁之開示書中，邪知邪見隨處可檢，而狂言密教之果位修證特質；平實觀之，為其更名為「果位名相修證的密宗」——以果位名相自抬身價而無實質修證。謂彼密宗四大教派古今大師迄未曾見有真證得如來藏本心者，皆以意識為真，而妄攀果位名目以自莊嚴，真乃狂密之宗教也。密宗諸師若有不服，且觀禪宗——大乘見道——明心公案，可還知解？

汝州風穴延沼禪師，相傳為仰山慧寂轉世。初至南院覲謁慧顒禪師，不禮即問：「進得門來就須辨明有悟或未悟，如今我分明在此，請師父分辨看看！」南院禪師以左手撫膝，風穴禪師便喝；南院又以右手撫膝，風穴又喝。南院舉起左手說：「這個就算你對。」又舉右手說：「這個又怎麼說？」風穴說道：「瞎（看不見）！」南院準備要拿拄杖時，風穴便道：「師父想作什麼？稍待搶過拄杖打著師父時，可別說我沒事先聲明。」南院感嘆地說：「我當了三十年住持，今日被你這江浙來的黃面後生上門羅織亂統。」風穴卻道：「老和尚！您就像是怕人家知道沒力氣捧缽，故意騙人，說是肚子不餓。」南院問道：「你是什麼時候來過南院的？」風穴說：「這是什麼話？」南院說：「我真是問你這件事（不是說禪）。」風穴說：「也不可以放過。」南院說：「且坐下來喫茶聊聊吧！」風穴方才以拜師之禮重新見過南院。

次日南院問云：「你今年夏天住在哪裡？」風穴回云：「在鹿門與守廊侍者一同過夏。」南院說：「元來是見過行家才來這裡！守廊上座向你說什麼？」風穴回云：「『廊上座自始至終只教我：從頭到尾都必須永遠清楚分明地作自己的主人。』」南院聽他恁麼說，舉拄杖便打，將風穴推出方丈室，罵道：「像你這種以妄為真的漢子，有什麼用處？」風穴從此才算心服口服，便在南院住了下來，擔任菜園裡的工作。

有一天，南院思欲度他，便到菜園裡問他：「南方一棒是如何體會的呢？」風穴答曰：「作奇特體會。」卻又問南院：「和尚您這裡一棒又要如何體會才好？」南院這回卻不打人，輕輕拈棒起來，同時說道：「欲會我這棒下無生忍的話，在面臨機鋒之時，別將你的心思用來觀察師父我會對你作什麼。」風穴於這些話中，終於徹悟南院不傳之旨，遂依止南院六年，增益差別智。後因僧俗四衆之請求，於汝州風穴開法度衆，世稱風穴禪師。

若人真得大乘見道，不論是顯密八宗，亦不問是否為藉教悟宗？皆必於此公案極為親切熟悉，其中關節無有不知者；所悟相同故。今仁波切既有「見地」，能教人「修道」，必是證悟聖者；且道：廊上座吩咐風穴保任者，與仁波切止觀所修者既是同一心，因什麼卻被南院禪師痛打？又趕出方丈室？及至後來園裡數語，亦未見南院傳些什麼法，風穴因甚卻肯承嗣南院？畢生弘其宗風？仁波切欲會麼，且覓平實來！平實輕輕拈起竹如意為您注破：若喚作竹如意，舌頭墮地！

第二二八則　白雲縮頭

建州白雲約禪師　師於翠微無學禪師座下得法，後開法建州白雲山；此前住持江州東禪院。一日有僧問：「不坐偏空堂，不居無學位，此人合向什麼處安置？」師曰：「青天無電影。」

天台德韶禪師來訪，師問：「什麼處來？」韶曰：「江北來。」師問曰：「船來？陸來？」韶曰：「船來。」師曰：「還逢見魚鱉麼？」韶曰：「往往遇之。」師曰：「遇時作麼生？」韶曰：「咄！縮頭去！」師大笑。

宗薩〇〇仁波切云：《以上的討論，剖析了金剛乘（密宗）與大乘的差別。你可以這樣說：大乘的修行方式是利用因來趨向果，而金剛乘的方法則是把因果放在一起—果實際上就是因。金剛乘並不特別地與因有關，也就是說，它不把剝去果皮當成最重要的事情；在金剛乘的見地中，你以爲剝去果皮能使你得到果實，而事實上不管皮剝了沒有，果實一直在那裡—有些金剛乘行者反倒比較喜歡帶皮的水果。》

平實云：密宗行人向以果位名目之修證自炫，然自月稱、寂天、蓮花生、阿底峽以下迄今，四大派中未曾見有真悟道者。密宗修法確實是將果與因放在一起，其諸古今法王仁波切之修證果位一向不離因地，所證即身成佛之佛果皆是理即佛、觀行即佛

——在因地中說名成佛；謂之名字即佛也。

不將果皮剝除，如同南洋之人欲食榴槤而不剝殼，可得食乎？佛果非如木瓜香蕉其殼柔軟，非可帶皮而食。成佛之障總有二種：煩惱障與所知障。煩惱障殼極粗厚重，剝之匪易，若不剝除，不得解脫果食；今觀藏密四大派古今祖師修證，未見有人已斷想陰者，未見有人已斷我見者（執空明覺知心為不生滅心故），而云即身成佛，名為因中說果——未剝除煩惱殼而成佛——成因地佛。猶如尚未剝開榴槤之厚殼而云已得果實，此即密教果位修證之本質也。

所知障極深細，此無明殼之厚重，百千倍於煩惱障；今觀藏密四大派古今祖師之「證道」者，皆未覓得如來藏，未破所知障，而彼等所述如來藏之體性悉皆錯誤，猶未完成六住位之觀行，彼等所謂即身成佛之中觀及無上瑜伽等修證，悉是欲界六塵身覺境界，不解實相第一義諦。故彼等所謂即身成佛者名為因中說果——未剝除所知障殼而成佛——成凡夫佛。

有情之真如中，本具三界煩惱障種，要須修除煩惱障種，方出三界；譬如榴槤長已，要須剝殼方可得食，不應連皮囫圇吞食。真如佛性固然本具，要須修行令其所知障種清淨，方可成佛；譬如榴槤清澀未熟，要須方便暖熟轉變，方可食之。今觀古今密宗行者，未明心見道，不斷二障，而云能於無上瑜伽之男女淫欲之中即身成佛者，皆名因中說果—成凡夫佛；猶如帶皮之青澀榴槤，不值欣羨！乃藏密行者反而喜歡此種帶皮之果位修證，不亦怪哉！

大乘佛教則腳踏實地，按部就班，次第而進。每一階段皆可自行依經尋論而印證之，非如密宗之未修未證，而以鬼神所示及錯誤諸祖之自我吹噓而作不實之果位名目印證。值此末法，密宗邪師說法，幾已遍佈全球，乃竟無有智者洞悉其弊，反有在家出家大師競相攀緣狂密，以抬身價，非是智者。

奉勸佛子欲求速成佛道者，當求大乘見道—破參明心。莫隨藏密諸師於外門修學佛法。更莫修學無上瑜伽雙身修法，此是印度教之行門，與夜叉辟荔相應；破財失身事小，犯戒破法事大，萬勿輕忽。若欲速入大乘見道位，禪宗之禪最為迅速，一念相應便入相似即佛位；若有福德善根，一生可修入初地，非蓮花生、宗喀巴、密勒日巴等人夢想所知也。

有僧問：「不坐偏空堂，不居無學位；此人合向什麼處安置？」偏空者謂二乘證空不證不空，唯證蘊處界之無常空相，不證法界空性之妙有。若居無學位，則因煩惱障斷盡故必取涅槃。菩薩不墮偏空而證空性，雖成無學而不入涅槃，如此菩薩應當向什麼處安心？建州白雲約禪師答云：「青天白日裡沒有電光的影子。」此謂菩薩悟後修證無住處涅槃者，其靈知心所當安住之景況也。佛子欲知此境，當先了知涅槃；欲了涅槃者，當先了知涅槃之本際；欲了涅槃本際者，當先求大乘見道—破參明心。佛子欲破參者，且參此一公案：

天台德韶禪師悟後參訪建州白雲禪師：白雲問云：「什麼處來？」天台曰：「從江北來。」白雲又問：「坐船來？行路來？」天台曰：「坐船來。」一路寒喧，似是親切，天台不覺有異，白雲卻是不懷好意，便問：「還看見魚鱉麼？」正是荆軻獻圖也，天台未覺，猶自答云：「往往遇之。」便似秦始皇之按圖索城。白雲禪師便問：「遇見魚鱉時究竟如何呢？」圖窮匕現，天台德韶方才猛省自己著他語脈，便即回路捨草，斥云：「咄！縮頭去！」白雲禪師一聞此語，知他有主，乃呵呵大笑。

只如宗門之中一向不通人情，因什麼道理白雲絮絮叨叨問得如許多話？竟是何意？諸多問答無非旅途閑事，無關風月、不涉一句佛法，因何鄭重錄入禪宗典籍之中？諸大法王喇嘛仁波切格西等，既能因地即身成佛，可還委悉麼？

只如魚鱉之屬，大江小河隨處可見，為甚禪師教汝看牠？只為牠是一切佛子善知識故。密宗諸多大小法王仁波切等欲會無上大法麼？抱取鱉來，平實咄牠縮頭去！

第二二九則　石霜門草

潭州石霜山慶諸禪師　俗姓陳，廬陵新淦人氏，得法道吾圓智禪師。有僧舉洞山語：「兄弟！秋初夏末（解夏之時也）或東去西去，直須向萬里無寸草處去始得。」洞山又曰：「只如萬里無寸草處，且作麼生去？」師聞之，乃曰：「出門便是草。」僧舉似洞山，洞山曰：「大唐國內能有幾人？」

東禪齊聞，拈云：「且道石霜會洞山意否？若道會去，只如諸上座每日折旋俯仰迎來送去，為當落路下草？為當一一合轍？若言石霜不會洞山意，爭解恁麼下語？還有會處麼？上座擬什麼處去？於此若明得，可謂還鄉曲也。不見也會著個語云『恁麼即不去也』？」

道吾禪師一日謂眾曰：「我疾作，將欲去世，心中有物久而為患，誰可除之？」師適探疾在坐，乃曰：「心物俱非，除之益患。」道吾曰：「賢哉！賢哉！」

他日道吾將捨眾順世，以師為嫡嗣，躬至石霜就師；師日月全勤執侍，躬自攙扶，全弟子禮。暨道吾歸寂，師以此故，學侶雲集，盈五百眾。

宗薩〇〇仁波切云：《金剛乘和其他乘另一個不同的地方，在於小乘、大乘強調心的訓練，而金剛乘則強調認識心性。大小乘要你訓練自心，金剛乘則要你認識自心。……

「認識自心」這個詞，代表著以果位來修行。》

平實云：密宗上師們自古以來習慣於誇大證量，藉以凌駕於諸宗派之上，滿足其浮誇虛榮自大的心理。認識自心是三乘法之最基本課目，認識清楚後方能修心；未有不知自心而能修心者。

二乘說心為妄，謂三受之心及識別之心概屬虛妄，滅此心我而證涅槃，故名無我。大乘亦說此心虛妄，雖有七識作用而變易生滅，不離蘊處界，名之為二乘虛妄唯識；然於此蘊處界之虛妄七識外，另有法界空性如來藏識，此識亦名阿賴耶識，圓滿具足能生蘊處界七識諸法及成就涅槃之圓滿體性，名為圓成實性，亦名大乘真實唯識。二乘所說心，依遍計執及依他起性之七轉識而說心之無常無我、緣起性空，凡有說心，皆未及空性真心；金剛乘諸祖乃至今時之法王仁波切們，於二乘七轉識心之空幻，尚不能完全認識（執空明靈覺心爲不生滅眞如故），何況能識大乘所說空性自心？三乘見道所知之妄心及大乘見道所悟真心尚不能識，而奢言「認識自心即是果位之修行」，寧非狂妄？茲舉石霜門草公案，且共仁波切打葛藤：

洞山良价禪師於解夏時開示徒衆云：「兄弟！秋初夏末，或東去西去，直須向萬里無寸草處去始得。」又曰：「只如萬里無寸草處，且作麼生去？」有僧將此語舉似石霜，石霜聞之乃曰：「出門便是草。」有僧回舉洞山，洞山曰：「大唐國內能有幾人？」

仁波切且道：云何名之為草？云何名為出門？平實說與汝知：明點是草、拙火是草、氣功是草、本尊影像是草、空行母影像是草、咒輪種字是草、觀想明妃是草、實體明妃是草、上師與異性弟子共修無上瑜伽之目視、耳聞、鼻嗅、舌咂、身入細滑及意相纏綿俱是草；空明靈覺之心既出眼等六門，即不離色等六塵，莫非落路入草。云何藏密諸法王等悉以認識此心為果位修行？云何同諸常見外道知見，而謂為即身成佛之果位修行？如此即身成佛之境界，下不能符二乘虛妄唯識相空諸法，上不能契大乘見道真實唯識空性諸法，墮外道常見法中而自云即身成佛；不知誤墮常見之中，而復以此常見法冠於三乘之上，自謂為金剛無上乘，猶如乞丐自誇富逾國王，不亦愚哉！

東禪齊聞後拈云：「且道石霜會不會洞山意？若會，則諸上座每日折旋俯仰迎來送去，不可云未曾出門入草。若不會，石霜又爭解恁麼下語？諸方老宿還有會處麼？上座您打算往什麼處去？於此若明得，可謂還鄉曲也。」

只如密教古今諸上師們，於隱蔽處對異性弟子一對一傳授無上瑜伽密灌時雖不免落路入草，可知東禪齊所說同時還有一個永遠不出門不入草者麼？若不明此而言人中之寶者，而言即身成佛者，悉名未見道者、大妄語者。

諸法王仁波切喇嘛們！欲會東禪齊意旨麼，何妨攜取鈴杵來訪正覺講堂？平實教汝以金剛杵一舉貫通金剛鈴中脈去也！諸法王們若能會得，方解向萬里無寸草處去！

第二三〇則　洞山尊師

筠州洞山良价禪師　師問雲岩曇晟禪師：「和尚百年後，忽有人問：『還貌得師眞否？』如何祇對？」雲岩曰：「但向伊道：『即這個是』。」師良久，雲岩曰：「承當這個事，大須審細。」師猶涉疑；後因過水睹影，大悟前旨，因有一偈曰：「切忌從他覓，迢迢與我疏；我今獨自在，處處得逢渠。渠今正是我，我今不是渠；應須恁麼會，方得契如如。」

後雲岩圓寂，師因忌日供養雲岩眞次，有僧問：「先師道：只這是。莫便是否？」師曰：「是。」僧問：「意旨如何？」師曰：「當時幾錯會先師語。」僧問：「未審先師還知有也無？」師曰：「若不知有，爭解恁麼道？若知有，爭肯恁麼道？」

又因雲岩諱日營齋，有僧問：「和尚於先師處得何指示？」師曰：「雖在彼中，不蒙他指示。」僧曰：「既不蒙指示，又用設齋作什麼？」師曰：「雖然如此，焉敢違背於他。」僧問：「和尚初見南泉發跡，爲什麼卻與雲岩設齋？」師曰：「我不重先師道德，亦不爲佛法，只重不爲我說破，又因設忌齋。」僧問：「和尚爲先師設齋，還肯先師也無？」師曰：「半肯半不肯。」僧問：「爲什麼不全肯？」師曰：「若全肯，即孤負先師也。」

平實云：尊師重道乃是世出世間一切善法久遠流傳之要因，雲岩一脈後來發展成曹洞宗，實肇因洞山良价禪師之尊崇雲岩曇晟禪師；後來曹山本寂禪師亦稟此風，代代傳襲，乃使雲岩一脈歷久不衰。

洞山良价禪師悟前行腳參訪溈山，問曰：「頃聞忠國師有無情說法，良价未究其微。」溈山曰：「我這裡亦有，只是難得其人。」洞山曰：「便請師道。」溈山曰：「父母所生口，終不敢道。」洞山曰：「還有與師同時慕道者否？」溈山曰：「此去石室，有雲岩道人；若能撥草瞻風，必為子之所重。」洞山既到雲岩，問：「無情說法，什麼人得聞？」雲岩曰：「無情說法，無情得聞。」師曰：「和尚聞否？」雲岩曰：「我若聞，汝即不得聞吾說法也。」洞山曰：「若恁麼，即良价不聞和尚說法也。」雲岩曰：「吾說法，汝尚不聞，何況無情說法也。」洞山乃述偈呈雲岩曰：

也大奇！也大奇！無情說法不思議；

若將耳聽聲不現，眼處聞聲方可知。

遂辭雲岩；雲岩曰：「什麼處去？」洞山曰：「雖離和尚，未卜所止。」曰：「莫湖南去？」洞山曰：「無。」曰：「莫歸鄉去？」洞山曰無。雲岩曰：「早晚卻來？」洞山曰：「待和尚有住處即來。」雲岩曰：「自此一去難得相見。」洞山曰：

「難得不相見。」

洞山復問：「和尚百年後，忽有人問：『還貌得師眞否？』如何衹對？」雲岩曰：「但向伊道：『即這個是。』」洞山良久，雲岩曰：「承當這個事，大須審細。」後因過水睹影，大悟此旨，因有一偈曰：

切忌從他覓，迢迢與我疏；我今獨自在，處處得逢渠。
渠今正是我，我今不是渠；應須恁麼會，方得契如如。

學人欲知洞山過水睹影時究竟見個什麼？請閱第八十九則洞山睹影拈提即知，此不重拈。

一日，因雲岩忌日，洞山乃於雲岩寫眞像前設齋供養；有僧問曰：「先師道：『只這是』，莫便是否？」洞山曰是。僧問：「意旨如何？」洞山曰：「當時幾錯會先師語。」僧曰：「未審先師還知有也無？」洞山曰：「若不知有，爭解恁麼道？若知有，爭肯恁麼道？」

於雲岩圓寂紀念日，洞山乃於雲岩畫像前設齋供養，有僧問曰：「雲岩先師說『只這個就是』，莫非這個就是？」洞山說是。僧乃問：「這究竟是什麼意思呢？」洞山說：「我當時幾乎錯會雲岩先師的話了。」僧云：「不知道先師究竟悟了？還是未悟？」洞山云：「若說他沒有悟，他怎懂得恁麼說？若說他有悟，又怎麼肯恁麼說？」

至唐大中末年，於豫章高安洞山開法。一日復因雲岩諱日營齋，有僧問：「和尚於先師處得何指示？」洞山曰：「我在那裡，不曾蒙他指示。」僧問：「既不蒙他指示法道，今天又為什麼為他設齋祭祀？」洞山曰：「雖然是這樣，怎敢違背於他？」僧問：「和尚初見南泉發跡，為什麼卻與雲岩設忌齋？」洞山曰：「我不看重先師道德，亦不是因為佛法；只看重他不為我說破；今日又因他忌日，所以設忌齋。」僧復問：「和尚為先師設齋，究竟是肯定先師？或者不肯他？」洞山曰：「半肯半不肯。」僧曰：「為什麼不全肯？」洞山曰：「若全部肯定，我便孤負先師期望了。」

雲岩洞山師徒，著實令人欽羨。為師者不因徒弟之悟而排擠他，寄望大悟之徒弟發揚光大門楣；徒弟不因師父之淺悟而起輕心，肯承嗣其法脈、照顧其門下事務，不令中斷。師徒一段情誼，至今禪史流傳。

平實此世有師，而異雲岩；私心欲效洞山，迄不可得；唯一廂情願耳。今日拈此洞山尊師公案，竟不免一絲感傷。憶於往世同在克勤圜悟大師座下時未能助益，迄今成師徒，而猶未能助益；返思來世局面，亦復難言；以此一絲感傷，竟無心將此公案提示天下諸方，謹將洞山之語，呈似此世之師：

若將耳聽聲不現，眼處聞聲方可知。

第二三一則　洞山不來

筠州洞山良价禪師　因夜參，不點燈，有僧出問；僧話退已，師令侍者點燈，乃召適才問話僧出來；其僧近前，師向侍者曰：「將取三兩粉來，與這個上座。」其僧拂袖而退，自此省發玄旨，遂罄捨衣資設齋，得三年。後辭師，師曰：「善為。」時雪峰侍立次，問曰：「只如這僧辭去，幾時卻來？」師曰：「他只知一去，不解再來。」其僧歸堂，就衣鉢下坐化。雪峰上報師，師曰：「雖然如此，猶較老僧三生在。」

平實云：此一公案，令平實憶起大慧宗杲與天童宏智正覺禪師間之故事。大慧極力訶斥天童宏智正覺之默照禪，斥為「默照邪禪」，而天童未曾激烈反駁，反與大慧成為莫逆之交；實因天童之悟入亦非默照而入，大慧之嚴厲批評實屬正確。然天童鑑於時人之狂禪，主張默照禪之法，亦救時弊之策也；後來二人見解一致，轉成莫逆。若論悟境，大慧較勝一籌；若論禪定，天童較勝一籌；互有擅場。大慧以慈悲重故，肩挑護法重任，不計較個人在三昧修證上之得失；天童悟後以無餘涅槃之實證為重，於增上心學（禪定三昧）上多所用功。

宋高宗紹興二十八年，天童將捨壽，馳書大慧請主後事。慧至，問師（天童）安在，侍者曰：「無恙！」慧笑曰：「鈍鳥！」天童聞，乃書一偈以遺大慧，中有「鈍鳥離巢易，靈龜脱殼難」之語。後世未悟之人，每認木訥寡言深藏不露者為鈍鳥，皆錯解天童意也。

當知天童遺偈大慧，其意有二：一欲大慧度彼鈍鳥弟子，謂其弟子空有四禪功夫而不求悟，能證俱解脱果而不求證，誤認四禪功夫可以生死來去自如而謂為涅槃解脱生死，故承認其弟子為鈍鳥。二為藉此提示大慧：一生智慧風發而為法忘軀，致無閑暇為己潛修三昧，則不能避免捨壽時病苦折磨；若能並修三昧，猶如鈍鳥之易於離巢（捨棄肉身），則可免受捨報時病苦折磨也。

然佛子當以佛之正法永住為己任，若二者得全，則當兼具之。若情勢不能兩全，則寧當靈龜，不忍成其為鈍鳥也。以靈龜為法忘軀，而至遲七返人天，必成俱解脱聖者；鈍鳥則仍永沉生死，雖受人間不明究裡之佛子所崇拜恭敬，而出離無期。

又靈龜以荷負佛法重任，而非放逸故不修禪定，一生為法忘軀，捨壽時雖不免病痛之苦，而無礙其智慧正念，佛子何懼乎哉！又此靈龜於佛法之弘傳，功業勳著，釋迦豈有辜負之理？諸大菩薩又豈有辜負之理？若二者難兩全，余寧取靈龜之受苦，不羨鈍鳥之自如也。洞山良价禪師亦如是見：

一日因夜參，不點燈；有僧出問，話退已，師令侍者點燈，召方才問話僧出來，向侍者云：「你去庫房取三兩麵粉來，供養這個上座。」其僧不悅，拂袖而退；然卻因此悟得涅槃之理，非如此前唯以定境中之靈知心為涅槃心也。遂盡捨其衣物資財，得款設齋供僧，共得三年。後乃來向洞山禪師辭別，洞山云：「善自為之。」

當時雪峰侍立在側，不知僧意，便問云：「只如這僧辭去，幾時卻回來？」洞山云：「他只知道一去，不懂得再回來。」其僧回到僧堂，便在其衣單下坐化捨壽。雪峰將此事上報洞山，洞山卻云：「雖然是這樣，仍是勝過老僧三世也。」

鈍鳥在禪宗內容身，有幸有不幸；幸者如此僧之遇洞山，省發玄旨，一世便取無餘涅槃，具足解脫果；不幸者謂不能省發密意，不能自容，復不肯低心向禪師求悟，唯有藉四禪功夫提前自行捨報，自以為免受生死，已得自在，卻不知仍須受生再次輪迴，譬如初上座之遇洞山，即其例也：

初上座在泐潭示衆云：「也大奇！也大奇！佛界道界不思議。」洞山云：「佛界道界即不問，且如說佛界道界是什麼人？只請一言。」初上座良久無對，洞山云：「何不速道？」初上座曰：「這事情不能急忙著說的。」洞山云：「你從來就不曾說著，說什麼不能講得太急？」初上座竟不能答。洞山乃曰：「佛與道只是名相，你何不引據教理說說看？」初上座乃問：「教下如何說？」洞山曰：「教下說：得意忘言。」初上座便答曰：「你這麼說，仍然是將教意執著於心頭，這也是病。」洞山曰：「那你說佛界、又說道界，這病是大是小？」初上座遇著洞山禪師，於理上透不過，於教上亦透不過，不久之後，因此遷化，作個鈍鳥去也。

洞山於其徒之解一去、不解再來，雖有微辭；然終亦讚歎云：「猶較老僧三生在！」然若令其選擇鈍鳥與靈龜時，則又不羨鈍鳥也。

譬如玄奘之與窺基：窺基大師若不遇玄奘菩薩，終其一生，不能離於鈍鳥境界，雖能來去自如，終無出離三界之期，不入別教七住。以遇玄奘大師故，一生得入三地境界，何等慶幸？玄奘大師一生為法忘軀，雖臨終時不免「靈龜脫殼難」之受苦而歿，修證上亦因尚乏禪定而唯在二地滿足、甫入三地，不如窺基大師，然其道種智已至十地，說法如雲如雨，非窺基大師所能窺測也。若來世專修增上心學，豈可臆測哉！今者末法佛子但見鈍鳥之來去自如、及與生前之顯現境界，欣羨其證德證量而恭敬崇拜；對於慧解脫聖者等靈龜之智慧不生仰羨，反以靈龜之不能來去自如及生前未能顯諸靈異境界，而輕賤鄙視其智慧，謂無證量；俗人與學人，於此分野，佛子修學佛法空性智慧者，於此不可不知也。

只如彼僧禪定功高，因什麼道理洞山說他只值得三兩麵粉之供養？彼僧雖然不懌、拂袖而退，卻於此機鋒下省發玄旨，以鈍鳥之功而契靈龜之慧，證知涅槃本際，從此永離輪迴。且道：此僧究於何處省發玄旨？能迴鈍鳥之境界功德而取靈龜之智慧、從此永離輪迴？

諸方法王仁波切若有已得四禪、忝在鈍鳥之列者，何妨來覓平實？平實才見，不問青紅皂白，連打三棒；上座大怒，拂袖而去便得！莫問平實知與不知。

第二三二則　濠州屎蛆

濠州思明和尚　師在投子眾時，有僧問：「如何是上座之沙彌童行？」師答曰：「諾。」

有僧問：「如何是清淨法身？」師曰：「屎裡蛆兒頭出頭沒。」

宗薩○○仁波切云：《……金剛乘是唯一能讓你此生即身成就**圓滿佛果**的乘。其他乘主張身體是因緣的產物，是無常的，因此也是痛苦的；只要有痛苦，就不能成佛，因此以我們的身體是無法成佛的。相對地，金剛乘認爲：因爲一切是心，身體也是覺知的產物，而且只要我們能夠操縱對於現象的覺知，就能操縱一切現象；所以，如果能夠改變對於身體的覺知，就能夠操縱或改變我們的身體。如此一來，金剛乘就可能讓行者在此生成佛。》

平實云：仁波切主張金剛乘是唯一能使人一生成就**圓滿佛果**的乘，請問：古今金剛乘祖師法王等，曾有何人成就圓滿佛果？睽諸月稱、寂天、蓮花生、阿底峽、密勒日巴、岡波巴等人之口訣開示，莫道成佛，見道亦無！

平實往昔總信他人如己誠實，於金剛乘行者之語往往信之，本於佛子本份，極力推崇。今者廣知密乘諸祖之成佛口訣，亦知其無上瑜伽樂空雙運之雙身修法細節，了知密宗諸祖所證之真如者，皆是「空、明、無盡的覺知」，此乃《楞嚴經》中佛說外道五現涅槃之初心也，墮於外道常見中；月稱乃至蓮花生、岡波巴……等人莫非如是，尚非別教七住菩薩，云何高推已得圓滿佛果？

今者仁波切復主張身體是覺知心的產物，自生顛倒。《楞嚴經》中佛說「由塵發知，因根有相；相見無性，同於交蘆。……此覺知性離彼寤寐生滅二塵，畢竟無體。」故知覺知心乃是身體及真如合生之產物，身壞則覺知心亦壞，仁波切云何顛倒其說？而令佛子追逐此虛妄心所生之各種境界？此即佛於大乘諸經所說「一切外道悉墮身覺境界」，云何以此粗淺外道身覺境界而貶抑大乘法？云何以金剛乘所墮外道見而高置於大乘究竟法之上？自謂為無上乘？仁波切當捨金剛乘岐途，迴心大乘，速求明心見道，方知金剛乘之謬大矣！莫以常見外道之靈知心為真，而反貶抑大乘為非究竟。

今且拈提濠州屎蛆公案，共仁波切商量見道則個：

濠州思明和尚悟後，尚未住山開法度衆，時仍棲身於投子山大同禪師弟子衆中；彼時有僧問：「如何是您的沙彌侍者？」濠州思明禪師答曰：「諾！」這濠州禪師著實奇怪，彼僧問的是沙彌侍者，又不是點名喚他，濠州卻答個諾字。仁波切若會此意，便入大乘見道位，可以高聲為諸佛子唱起還鄉曲也。

後來住山開法於濠州，有僧問：「如何是清淨法身？」此問有情各皆具足之本性清淨如來藏心也；濠州思明答云：「屎裡蛆兒頭出頭沒。」佛子未知，每云濠州之意在於明示如來藏與衆生一起出生入死。亦有解為：「如來藏是無分別性，所以故意用糞坑中的屎蛆來表示不垢不淨，藉以破除學人之分別習性。」有什麼交涉？此皆喚作情解思惟也。

仁波切欲會麼？莫於台北覓，台北都用抽水馬桶，覓屎蛆不得也；且請撥空專程回藏，向偏僻處覓茅坑去。覓著茅坑時，穩穩蹲下來，細細看他屎蛆頭出頭沒好！

第二三三則　天童一局

明州天童山咸啓禪師　簡大德來問：「學人卓卓上來，請師的的。」師曰：「我這裡一局便了，有什麼卓卓的的？」簡曰：「和尚恁麼對話，更買草鞋行腳好。」師曰：「近前來。」簡近前，師問：「只如老僧恁麼祇對，過在什麼處？」簡無對，師便打。

宗薩〇〇仁波切云：《要成佛必須了悟空性—瞭解一切事物都是幻覺，沒有東西是以它所顯現或被想像的樣子而存在。雖然要直接瞭解這一點不知道有多困難，但是透過慈悲的修行，你就能發展出對於一切眾生的平等心。》

平實云：欲成佛者必須了悟空性，仁波切誠言無誤。然空性並非意謂「一切事物皆是幻覺、無常起滅」，此是二乘法所云陰處界空—無常暫有、緣起緣滅。此乃《般若心經》所說之諸法空相—蘊處界空；而非心經所說之空性心。空性謂真如心—因地名為如來藏；非以三界事物之無常及緣起緣滅可名空性也。仁波切對於空與空性之分際，應當了知，否則欲何入道？

欲了悟空性者，當須覓取如來藏；若未覓著如來藏，而云於第一義諦有證量者，悉名妄語。未覓得如來藏而云已悟空性者，悉名妄語。仁波切欲了悟空性如來藏麼？

且與平實同探「天童一屙」公案：

有箇大德來參明州天童山咸啟禪師，問云：「學人我、分明專程上來，請師父您特地接引。」天童咸啟禪師云：「我這裡只要簡單一屙就解決了，不須要卓卓的的。」

禪門開悟明心乃是三界中第一等大事，一切學人無不熏沐齋戒後才恭謹上山，求禪師開眼。然學人卓卓上來，乃是份內事，卻莫寄望禪師對爾的的。所以天童咸啟禪師答云：「欲求生死大事，在我這裡只要馬桶上一屙便解決了，何必卓卓的的、鄭重其事？」簡大德聞道此語，心中不服，便反駁道：「和尚您恁麼對話粗俗，不像是個開悟的人；您還得去買些草鞋，到諸方去參訪才好！」

天童咸啟禪師有心為他，便道：「你過來！」簡大德不知天童話裡藏鋒，依言近前，猶自懵懂；天童便問：「只如老僧恁麼答對你，過失在什麼處？」簡大德答不得，天童舉杖便打，簡大德依舊不曉。

仁波切若來覓平實，舉此公案問云：「空性乃是自性清淨心，天上天下唯我獨尊，何等尊貴，云何天童說此一席話，不離臭屎氣？」平實便喚：「仁波切！」仁波切或應諾，或舉頭看余，平實便云：「近前來！」若猶不會；平實便云：「且屙著！」若再不會，莫怪亂棒趕汝出門！

第二三四則　益州入嶺

益州北院通禪師　一日夾山（善會）上堂曰：「坐斷主人公，不落第二見。」師出曰：「須知有一人不合伴。」夾山曰：「猶是第二見。」師乃掀倒禪床，夾山曰：「老兄作麼生？」師曰：「待某甲舌頭爛，即向和尚道。」異日師又問夾山：「目前無法，意在目前，不是目前法，非耳目所到；豈不是和尚語？」夾山曰是，師乃掀倒禪床，叉手立地；夾山起來打一拄杖，師便下去。

師後在洞山隨眾參請，久未契旨，遂辭洞山，擬入嶺去；洞山云：「善爲！飛猿嶺峻，好看。」師沉吟良久，洞山喚曰：「通闍黎！」師應喏，洞山曰：「何不入嶺去！」師因此惺悟，更不入嶺；師事於洞山，時號钁頭通。

平實云：近來有某密教在家大德來電，對平實於《平實書箋》中提及密宗祖師不應自稱成佛及開悟，提出解釋：《密宗的祖師們及現代的上師們，他們都不曾自稱成佛，也不曾自稱開悟；他們都很謙虛地自稱為咕嚕—只是老師而已。你誤會他們了。》

然而這位大德所出版的書中，卻記述密勒日巴的開示云：《……我是一位大罪人；但是由於某種不可思議的大福報，我遇到了一位真正的具德上師。我得受了真確的法教，並以殊勝的不共修持方法，精進不懈地體證法教；經由實修及佛法的力量，我夙昔的惡業障礙及煩惱都完全被淨化了。由於這種淨化，我才能在一生之內就**達到全然開悟的境界**—金剛乘行者的圓融境界，而不須冀望來世再得成就。》

然密勒日巴之開悟自心者，乃是意識，未曾證悟如來藏也；譬如《密勒日巴歌集（上）》載其口訣：「……心性猶如大虛空，偶被妄念烏雲遮；如量上師之口訣，恰如狂飆捲陰雲，妄念自滅光明顯。此時心中之覺受，一似日月晴朗空，十方三世齊寂滅！無可執取離言詮，決定證悟如星現，於一切境樂融融；法身之體離戲論，六識境顯空幻中，自然離勤住勝義，超越自他一切境，無執智慧常相續，三身不離甚奇哉！……顯境豈非心性耶？自心豈非佛陀耶？佛陀豈非法身耶？法身豈非法性耶？開悟之時何感受？親見一切唯心現！故應晝夜觀此心，觀心轉深無所見，即於無見而安住。自己即是大手印，心中亦無有我相，不執識見坦然住。……」凡此皆是將靈知心修除妄想，住於空明覺知而離妄想境界中，以此無妄想之靈知心為真如心也；然佛早曾破斥，說此名為外道五現涅槃心之初也。而密勒日巴之口訣中，說此為真如法身法性，說悟此心者名為即身成佛，故其口訣云：「明心即是成佛道，廣聞多為有何益？」如此即身成佛，本質乃是常見外道法，而竟有諸狂密宗徒，狂言密教中已有多人成佛，寧不畏懼識者哂笑？

復次，明心只是大乘見道入道，猶須三賢十地修道進階；今諸狂密法王仁波切活佛等，見道尚無，竟敢以常見外道之密宗開悟，貶抑顯教證悟之人證量粗淺，何等可笑？乃竟有諸無智佛子迷信崇拜，信為真實，不免令人悲嘆再三。只如今時海內外諸密宗之法王仁波切活佛等，欲求速入大乘見道位麼？且觀益州入嶺公案，方知端的：一日夾山善會禪師上堂曰：「坐斷主人公，不落第二見。」開示衆人不可墮於主人公禪之邪見中；又復開示：「若有見起，皆墮第二頭。此謂真如自無量劫來不曾起見，若有一見生，即墮意識心中。」通禪師乃出衆云：「須知有一人不與人合伴同在。」夾山答云：「汝答此語，猶是第二見。」通禪師便掀倒禪床，夾山勘云：「老兄意旨如何？」通禪師云：「待我舌頭爛時，便向你說。」只此一句，便露出狐狸尾巴。平實即不然，但向夾山道：「待和尚踏斷禪床腳，便向和尚道。」

次日，通禪師又問夾山：「目前無法，意在目前，不是目前法，非耳目所到；這些話豈不是和尚您說的？」夾山曰是，通禪師便掀倒禪床，叉手站在地上不動；夾山禪師站起身來，打通禪師一拄杖，通禪師方才下去。

諸方法王活佛仁波切且道：通禪師會道不會道？若道不會道，爭奈他言語機鋒悉合符節；若道他會道，次日掀倒夾山禪床，因何不走？卻待夾山起來打他一拄杖才走？正是：晴乾不肯去，要待雨淋頭！可有會得者麼？何妨相見？

通禪師雖然學得許多言語機鋒，無奈只是噱頭，不明真實義理，遂入洞山僧衆常住，隨衆參請，久未契旨；乃辭洞山，擬入嶺中去。洞山臨別開示云：「路上要在意！飛猿嶺險峻，你可得好好地看。」通禪師聞得洞山此一開示，知道洞山禪師言外有意，便於洞山此一句下沉吟良久，然猶不會。洞山見他良久不會，有心為他，乃喚曰：「通闍黎！」通禪師應諾，依稀彷佛，似乎有些入頭，猶似東方黑暗漸退，稍有微白之象；洞山一見，機不可失，打蛇隨棍上，便催云：「何不入嶺去！」通禪師言下惺悟，方知不在語句上；便住了下來，更不入嶺，奉侍洞山為本師；當時人給他一個綽號——钁頭通。

只如洞山一句「善為！飛猿嶺峻，好看！」有什麼玄機？引得通禪師疑情大發？諸方法王仁波切們可委悉麼？洞山喚他應諾，為什麼便使他如東方之將白？洞山催他：「何不入嶺去！」通禪師因什麼便惺悟去？諸方活佛仁波切們欲會通禪師落處者，莫覓平實，但入嶺中去便得。

第二三五則　羅山報恩

福州羅山道閑禪師　俗姓陳，出家於溈山。年滿受具，遍歷諸方，從岩頭禪師得法。一日，定慧上座來參，師問：「什麼處來？」慧曰：「遠離西蜀，近發開元。」又進前問：「即今作麼生？」師曰：「喫茶去！」慧猶未退，師曰：「秋氣稍暖去。」慧出法堂外歎曰：「今日擬打羅山寨，弓折箭盡也！休！休！」乃下參眾。明日師上堂，慧出問：「豁開戶牖，當軒者誰？」師乃喝，慧無語；師又曰：「毛羽未備，且去！」

師臨遷化，上堂集眾，良久，展左手；主事罔測，乃令東邊師僧退後。師又展右手，主事又令西邊師僧退後。師無已，謂眾曰：「欲報佛恩，無過流通大教。歸去也！歸去也！珍重！」言訖，莞爾而寂。

創〇仁波切開示云：《我們不一定要經過無數生才達到開悟的境界，藉由甚深三摩地，在一生之內即身成就金剛乘行者的圓融境界—全然開悟—是可能的。而我們現在就能得受證知此甚深三摩地的法教。「三摩地王經」是構成大手印修持背景的法教。》又云：《我們確實可以說，和經典系統相較之下，金剛乘的深奧和特殊功德是比較優越的；但是在另一方面，研習經典系統極度重要。》

平實云：仁波切既於書中主張，可於一生中成就金剛乘行者的圓融境界──全然開悟。則密教諸祖應多已經全然開悟，云何在下迄未見有藏密四大派祖師真正證悟？云何皆以無妄想之空明覺知心為真如法身？同於常見外道？

仁波切又主張「而我們現在就能得受及證知此甚深三摩地的法教」，此則意謂仁波切已經全然證悟，並能助人證知此甚深三摩地。若然，則應仁波切已能委悉禪宗祖師證悟公案，所悟同皆是佛所說之真如法身故。於此便舉「羅山報恩」公案，請益仁波切；若能解得，可以上報佛恩；能流通大教故。若不能解得，上不能報佛恩，下無能益衆生，還請歸去尼泊爾印度參詳好！

福州羅山道閑禪師俗姓陳，從岩頭全豁禪師得法。一日，定慧上座來參，羅山問云：「你從何處來？」慧上座答曰：「遠從四川西部而來，近日才由開元出發到此。」又進一步問羅山：「如今禪師準備如何處置我？」羅山云：「吃茶去！」定慧上座猶不肯便退去吃茶，羅山乃曰：「等到秋天氣候稍微暖和時再離去吧！」慧上座出到法堂外，感歎地說：「今日本擬打劫羅山寨，沒想到一見之下，弓折箭盡，罷了！罷了！」乃留下來與參衆共住。

明日，羅山禪師上堂開示，慧上座出衆問曰：「打開了門户之後，在屋中安住的是誰？」羅山大喝，慧上座卻不知所措；羅山禪師便道：「你悟道參禪的條件還未具足，暫且下去吧！」

只如慧上座由四川遠來福州，初見羅山禪師，未曾談法說心，一切言語悉是日常問答，慧上座因什麼緣故便肯留下來，與諸參衆同住？二如慧上座出問真如法身，未有過失，羅山喝他，卻是什麼意？慧上座未能下得一語，羅山為什麼便道他因緣不具足？仁波切可還委悉？

羅山禪師即將圓寂，上堂集衆話別，卻是良久不發一語，方又伸展左手；主事僧不知羅山玄機，乃令東邊師僧退後。羅山卻又伸展右手，主事僧依然不曉，又令西邊師僧退後。羅山臨行，本想藉此機鋒度個一兒半女，無奈一群師僧，個個錯過，只好對衆人說道：「若想報佛深恩，沒有比弘傳宗門正法更殊勝的了。我要走了！我要走了！大家珍重！」話剛說完，臉上帶著微笑，便入滅了。

只如羅山禪師臨終之時默無一語，又展左手，又展右手；此事平常，云何羅山鄭重其事？竟留待臨終時與「上報佛恩、流通大教」相提並論？「金剛乘的深奧和特殊功德」既然比較優越，能使密教行者「於一生之內全然開悟」，則仁波切應已「全然開悟」；今者平實舉此羅山展手報恩圓寂之公案，請仁波切試道看：究竟是何道理？

仁波切若說不得，莫來問取平實，平實亦說不得；何以故？為平實只會展手微笑故。

第二三六則　香谿密露

福州香谿從範禪師　僧到參，師曰：「汝豈不是鼓山僧？」僧曰：「是。」師曰：「額上珠爲何不見？」僧無對。僧辭，師門送，召曰：「上座！」僧迴首，師曰：「滿肚是禪。」僧曰：「和尚是什麼心行？」師大笑而已。師因僧披衲衣，乃示偈曰：

迦葉上名衣　披來須捷機
才分招的箭　密露不藏龜

創〇仁波切云：《……另一點是經由他卓越的天眼通，岡波巴回顧自己生爲月光童子而直接從佛陀得受這個法教的前生。他在一首證道歌中提到這一點：「當我是月光童子時，佛陀授與我《三摩地王經》。」就此而論，經由前世的記憶，他具有這個法教的直接傳承。》

平實云：據《月燈三昧經》（即三摩地王經）卷一、三所載，月光童子早已自識宿命，佛並授記月光已證「諸法體性平等無戲論三昧」，即是《三摩地王經》所說「三摩地王三昧」：佛授記云：「…彼人（月光童子）末代可怖時，唯是彌勒所證知，一切時中住梵行，能廣分別是三昧。」故知月光菩薩於佛世時已具宿命智及此三昧。此三昧即是禪宗初破參時所得「如來藏總相智（根本無分別智）」及後來深入體驗所得之「如來藏別相智（後得無分別智）」；乃至其後進修一切種智而證道種智者，亦悉函蓋於此三昧中。此三昧函蓋一切佛法，故又名為三摩地王。

然此三摩地王之修證，須藉親證「如來藏空性之體性」方能進入，非未悟錯悟之人所能入。今者岡波巴既以月光童子自居，自云往世親從世尊受此《三摩地王經》，則應佛世之時已經證悟；復具宿命智通，則不應有隔陰之迷、忽然而忘，故彼開示佛法悉應完全符合佛說，無異佛說。

然觀彼之開示，及引證錯悟密宗祖師開示，顯見岡波巴猶墮常見外道法中，以此「證德證量」，云何自命為月光菩薩？余今通曉三乘佛法，融會為一乘，尚不敢妄想自身為月光童子；岡波巴尚居外道常見，未入大乘見道位—別教七住，云何自命為月光童子？佛子若不信者，請觀岡波巴大師之「見地」：

《……遵照口訣之觀尋次第，由頭至足等仔細去觀察；但無論怎樣去觀察也找不到、得不到心之實體；心之形狀色彩體相等等，一點也見不到。這並不是有其物而我不能見到或得到，這個能觀察、能尋覓的心，本身就是離一切境的，超乎言說知識以外的，因此無論怎樣去觀察尋覓也一無所見。》（詳《岡波巴大師全集選譯》岡波巴著，張澄基譯，法爾七十四年九月初版三○八頁）

此心其實乃是意識心，而非空性心；此心不離五塵及定境法塵，而非離於六塵之空性心。此心於悶絕、眠熟、正死位、無想定、滅盡定等五位中，斷而不現，非如空性如來藏之恒常不斷、永離六塵；乃至吾人於五塵境中貪著韻味之際，空性如來藏於吾人身中依然不執五塵而寂然常住，非岡波巴所謂「能觀察、能尋覓的心」也。

空性心恒常映現六塵諸法，而不觀察、不尋覓六塵諸法。能觀察尋覓的心乃是能知能思之心，此心乃是意識；此心若起，必墮六塵（含定境法塵），與六塵相應而轉；岡波巴既以此心為空性，則墮外道常見之中。

於今請問創○仁波切：「月光童子早具宿命智通，又親從世尊實證『三摩地王三昧』，云何轉生為岡波巴時竟墮外道常見中？」平實不敏，未離胎昧，然此世自參自悟後，復能重證如來藏空性，並據以證得道種智，非諸人天所能破壞吾法；云何岡波巴親從佛證三摩地王三昧，復已遠離胎昧之人，竟墮外道常見中？不能證得空性如來藏，今日不免在下檢點？仁波切可能提出合理之解釋？若不能者，則是狂密穿鑿附會、虛浮誇大，悉不可信。以此外道常見之知見，於禪宗破參見道之公案必不能會：

有僧到參，福州香谿從範禪師問曰：「你豈不是從鼓山來的僧人？」僧曰是，香谿禪師便問：「既是從鼓山來，怎麼沒看見鼓山禪師傳的空性（額上珠）？」此僧愣在當場，不能答對。香谿禪師放去過儉，收來亦儉，此僧無有入處。後來此僧辭歸鼓山，香谿送他出門，忽在僧後召喚：「上座！」此僧迴首，依舊錯過；香谿無奈，只好提示云：「滿肚子都是禪。」此僧依然不會，卻問道：「和尚是什麼心行？」香谿有心為他，乃呵呵大笑，此僧仍是惘然。

若是伶俐漢子，香谿在後召喚，於迴首時早該認他也；無奈此僧眼花，一眨眼間早錯過也，枉費香谿放去極奢；此個喚作知見不足，過在其師鼓山，不可怨他香谿吝法也。

香谿見他迴首不會，便指示道：「滿肚子都是禪呢！」此僧若知向自身檢點，卻好會去；無奈著他香谿語脈，問道：「和尚是什麼心行？」香谿乃呵呵大笑，此僧依舊不知香谿笑中有刀。香谿此番送別機鋒，放去收來俱奢，扮盡神頭鬼臉，無奈此僧因緣不具，辜負香谿。千年後平實更奢，處處提示，未審仁波切於此公案拈提中，能否證得三摩地王三昧？若得證入，漸漸便能貫通三乘為一乘；岡波巴若來，須禮仁波切為師也。

若猶不會，且觀香谿禪師因僧披穿衲衣所說寶偈云：

迦葉上名衣　披來須捷機

才分招的箭　密露不藏龜

且道：僧著衲衣，本是平常事，因什麼道理值得香谿說此寶偈？二道：靈龜既於披衣時露，不合言密；既露而不藏，不合言密露；香谿云何卻道「密露不藏龜」？仁波切若下問平實，平實便向天大喚：

本、來、如、此！呵！呵！呵！……

第二三七則　長慶迴信

福州長慶慧稜禪師　俗姓孫氏，十三歲出家。後歷參禪肆，得法於雪峰義存禪師。一日，閩帥夫人崔氏（奉佛道後自稱練師）遣使送衣物至，云：「練師令就大師請取迴信。」師曰：「傳語練師領取迴信。」使退，須臾卻來師前唱喏便迴。師翌日入府，練師曰：「昨日謝大師迴信。」師曰：「卻請昨日迴信看！」練師展兩手；閩帥問師曰：「練師適來呈信，還愜大師意否？」師曰：「猶較些子。」（法眼別云：這一轉語，大王自道取）閩帥曰：「未審大師意旨如何？」師良久，閩帥曰：「不可思議！大師佛法深遠。」

創○仁波切云：《當馬爾巴在印度時，他得到那洛巴的一項預言授記。那洛巴說：「如同獅子的幼獅，你的弟子的弟子將會比他們的上師更為卓越。」從理性的觀念來看，這項聲明沒什麼必要，因為如果弟子和他們的上師一樣，遵循同樣的法教，他們將會得到和上師完全相同的成就。……另一方面，「他們的弟子的弟子將會比他們的上師更為卓越」──表示當岡波巴融合兩個傳續之流─大手印傳承及噶當派傳承的經典系統時；從完整性的角度而言，由於所具的法教層面增多了，我們可以說：法教因而變得更為深奧。》

然而岡波巴大師的即身成佛是什麼境界呢？依舊不離外道常見境界；仁波切介紹

云：《大師說：「一個人如果想即身成佛，修習大手印法是最重要的！所謂大手印者，就是三世一切諸佛的心，那無二的智慧！這要到哪裡去找呢？要到自己的心中去尋找。》

仁波切又介紹云：《大師說：「外所顯境皆是自心之體性，所謂心之體性者，就是那明明朗朗清清楚楚的自心之明體。有些人把這個明體想成『真我』或自己，但此心之體性是空明無可認持的，也斷滅不了的；此明體亦是沒有依處的，見到這赤裸裸的明體就算是有了道上的契悟了。然則此心之體性究竟是怎樣的呢？它非有亦非無，非常亦非斷；離二邊，但亦不是什麼中道；截之不能斷，摧之不能滅，於一切時不來亦不去，三時中相續不斷。截之不斷故，非有爲法，從本以來自性成就。摧之不能壞滅故，無形亦無色，非實體故，無相狀故。若能親自體驗到這些，就叫做『心之體性』，或叫做『大樂』，或叫做『俱生智』及『無二』…》

然而岡波巴大師所說此心，在密教經典《楞嚴經》中、及顯教如來藏系諸經律中，佛皆說此名為意識，常於五位斷滅，非是八不中道之空性心也（請閱拙著《眞實如來藏》即可詳知）；岡波巴竟以八不中道之體性，牽強套用於此日日間斷之意識心上，謂證知此心之體性即是「大樂、俱生智、無二、心之體性」。如此即身成佛，與諸外道常見無二無別，且未能入大乘見道七住位，乃竟貶抑三乘諸宗，謂金剛乘直接進入果位修行，超勝於三乘，能使人即身成佛，反而非議大乘顯教行者證量粗淺。如此顛倒黑白，強辭奪理；謂之狂密宗徒，不亦宜乎？睽諸岡波巴所說所引者，無有絲毫深奧佛理可言，皆是錯悟常見之意識思惟所得，唯能誑惑無智之密教信徒，有智之人遲早皆必遠離密教此種常見外道法之錯謬知見，仁波切何不速取拙著《真實如來藏》詳細驗證？方知余語無虛也。

於此仍勸仁波切速求大乘見道，當依禪宗參究公案之法，最為迅速；一念相應便入大乘七住，此世即有可能修得道種智而入初地。今者且舉「長慶迴信」公案，共爾打葛藤，或有會處亦未可知：

一日，閩帥夫人練師，遣使送衣物與長慶慧稜禪師，云：「練師命我要向大師請取迴信。」長慶云：「請帶一句話給練師：來領取迴信。」使者便退下，過了一會兒卻來長慶面前出聲作揖便迴。

次日，長慶親入閩帥王府道謝，練師曰：「昨日謝大師迴信。」長慶卻道：「卻請你將昨日迴信借看一下！」練師便展開兩手。閩帥問長慶曰：「練師方才呈上迴信，還符合大師意旨否？」長慶答曰：「還算是答得不錯！」（法眼後來聞道此一公案，卻於此代長慶答云：「這一轉語，大王自己答答看吧！」）閩帥問曰：「不知大師您的佛法大意如何？」長慶卻默然良久，閩帥莫測師意，乃曰：「不可思議！大師的佛法真是深遠難測。」

只如長慶禪師分明未曾寫得回信，使者云何退下須臾，卻來長慶跟前唱喏便回？仁波切還知這使者落處麼？仁波切乃人中之寶，莫屈己推人──甘居使者之下，道個不知。

次日長慶入閩帥王府回謝，練師展開兩手，空空如也，分明未將回信呈他長慶暫覽，云何長慶放過不問，將為已呈？仁波切於此還透得過麼？若透得過，道汝有來由，可以收密勒日巴及岡波巴為徒。仁波切何妨於此端詳看？

至於法眼別云、長慶良久，仁波切且莫管這兩著子，機鋒太峻太儉，難可悟入故。

仁波切若奉岡波巴之命，專程送其著作全集來，討取回信，平實便當胸予汝一掌。仁波切回至西藏，岡波巴討取回信時，但一腳踏倒他，還有什麼事？

第二三八則　太原擺尾

太原孚上座　遍歷諸方，名聞宇內。嘗遊浙中，登徑山法會。一日於大佛殿前，有僧問：「上座曾到五台否？」師曰：「曾到。」僧曰：「還見文殊麼？」師曰：「見。」僧曰：「什麼處見？」師曰：「徑山佛殿前見。」其僧後適閩川舉似，雪峰曰：「何不教伊入嶺來？」師聞乃趣裝而邁。初上雪峰廨院憩錫，因分甘子與僧，長慶稜和尚問：「什麼處將來？」師曰：「嶺外將來。」長慶曰：「遠涉不易，擔負得來。」師曰：「甘子！甘子！」方上參雪峰，禮拜訖，立于座右。雪峰下顧視，師便下看主事。異日，雪峰見師，乃指日示之，師搖手而出；雪峰曰：「汝不肯我？」師曰：「和尚搖頭，某甲擺尾；什麼處不肯和尚？」雪峰曰：「到處也須諱卻。」一日衆僧晚參，雪峰在中庭臥，師曰：「五州管內，只有這和尚較些子。」雪峰便起去。

創〇仁波切云：《在法教的一般系統中，心被描述爲多少具有真實的存在性，因爲它是有意識的、能認知的及覺醒的。可是當我們自經驗中搜尋此種意識的實質時，我們找不到任何可界定的東西；然後我們會問道：「當它不具有形狀或形相時，某件被稱爲心的東西是否仍然存在？」如果這樣的心真正存在，我們應該能指認它的具體實質而確證它的存在。然而我們發現，我們無法確認任何可稱之爲心的具體實質；這是因爲心的本質原本就是空性的。這就是爲什麼全然覺醒的佛陀教導說：一切現象都是空性的。」

平實云：仁波切不解空相與空性之分際也，亦錯會佛說自心之體性也。在一切法教中，佛說靈知能思之心為意識，即是仁波切所說「…因為它是有意識的，能被認知的及覺醒的。」佛不曾說過真心如來藏具有汝所說之認知覺醒體性，故知仁波切不曾「證得全然開悟的境界」，未證知如來藏空性故，錯認諸法緣起性空之空相為真心空性故。

當仁波切開示學子們：「…我們無法確認任何可稱之為心的具體實質；這是因為心的本質原本就是空性的！」仁波切是以諸法及覺知心之無常空及緣起空而解空性，此則墮於應成中觀之斷滅空；仁波切所說者悉是佛於二乘法中所說空相──依蘊處界而說覺知心之緣起緣滅空相也。然而佛於大乘諸經所說空性如來藏，不曾說過祂是有意識的、被認知的、覺醒的；佛說祂離見聞覺知，何嘗有意識之用？何嘗是覺醒的？莫因佛說祂不曾睡覺，便說祂是覺醒的。

佛亦不曾說祂是可被認知的，唯說祂是證悟聖者之所證知，非二乘五果及凡夫外道之所知也。故仁波切莫因未證空性如來藏心，便認此心無「具體實質」、不能確認祂的存在而否定祂的存在；亦不可因意識覺知之不具色法，便錯認祂是空性。仁波切作此諸多開示，唯令識者哂笑：「密宗之大修行者，亦不過是常見外道爾。」仁波切欲令台灣有智佛子不再哂笑密宗者，當速返印度西藏，敦請已經「全然開悟」之法王活佛來台弘法。若後續來台之密宗大修行者，仍如仁波切一般知見，恐仍不免台灣有智佛子之哂笑也。

既然密宗能於一生之中讓人全然開悟，則不應自隔於禪宗證道公案，所悟必同，皆唯是如來藏空性故。平實且舉「太原擺尾」公案請益密宗大修行者，可有會者否？：

太原孚上座，出家後遍歷諸方，名聞宇內。有一次遊行至浙中，參與徑山之法會；一日於大佛殿前，有僧問：「上座曾到五台否？」太原云：「曾到。」僧復問：「還見文殊菩薩麼？」文殊者謂人人本具之智慧德相──如來藏也。太原答云：「曾見！」僧問曰：「什麼處見？」太原曰：「就在你們徑山的大佛殿前見。」此僧不會。

後來此僧到了閩川雪峰禪師處，便將此問答說與雪峰，雪峰禪師說：「何不教他入嶺來相見？」後來有人將雪峰語傳到，太原孚上座便整理行裝邁向雪峰。

初上雪峰，在知客處歇下行囊錫杖；因分甘子與衆僧嚐時，長慶慧稜和尚問道：「從何處攜來？」太原答曰：「從嶺外帶來。」長慶答曰：「你大老遠跋涉，真不容易，這樣擔負了來。」太原聞言便答：「甘子！甘子！」然後才晉謁雪峰。禮拜了雪峰之後，便站立於雪峰座右；雪峰往下看他，太原便往下看主事僧。

又有一天，雪峰禪師遇見太原，乃指日示之；太原卻搖手走開；雪峰說：「汝不同意我？」太原說：「和尚您搖頭，我這邊擺尾，什麼處不同意和尚？」雪峰乃開示曰：「就算是悟得真實，也須將所悟之見地放下。」

復有一天，衆僧晚上參究禪法時，雪峰禪師在中庭臥，太原見了便說：「五州所管轄範圍之內，只有這和尚比較了得。」雪峰聽了便起身離去。

只如這公案中，彼僧明明問道是見文殊；見文殊，合在五台山見，云何太原卻答是眼前就在徑山大殿上見？太原在徑山大殿上究竟見個什麼？便道是見文殊？雪峰禪師於此公案上，因何道理一聞便教太原入嶺南來？諸方密宗大師之已證空性者，可還有會者麼？若會不得，悉名未證空性凡夫，云何名為法王及人中寶？

二如太原初上雪峰，於知客處放下行囊錫杖後，為廣結善緣，分甘子與衆僧時，長慶問他：「什麼處帶來？」太原答是嶺外帶來，長慶說道：「遠涉不易，擔負得來。」這些語話皆是尋常，因什麼太原卻不回他，但道甘子？這甘子有啥玄妙？平實緣何特地提它？

三如太原禮謁雪峰已，於雪峰座右侍立；雪峰往下顧視，意在何處？太原因什麼不問雪峰和尚？卻反下看主事僧？

四如雪峰別日遇見太原時，指日示之；太陽乃常常可見之物，有什麼奇特？值得雪峰特地指與他看？仁波切若隨雪峰手指看他太陽，平實便取杖打汝頭腦七花八裂。如此師僧救得有什麼用處？何故如此道？平實說與汝知：若道是太陽，舌頭墮地也。太原特也奇怪，見雪峰指日，他卻搖手而出去；雪峰問曰：「汝不肯我？」太原道：「和尚搖頭，弟子便擺動尾巴；什麼地方不肯和尚？」且道：太原見雪峰指日，他便搖手邁向門外，究竟是什麼心行？諸方法王仁波切欲會教上所示空性麼？何不於此下手參究？不妨快捷。

雪峰和尚勘得他意，便吩咐道：「到處也須諱卻。」這便是指示太原涅槃之理——教他證知涅槃真實之理。諸仁波切法王欲知涅槃之理麼？且聽平實道來：吾人以覺知靈明之心參究空性如來藏，一旦悟入——覓得空性如來藏——便知空明覺知之心乃是我、是自己，便知自己虛妄不實；因已親見如來藏於有情昏迷眠熟入定時，依然分明存在，便認知自己是假：空、明、覺知之心乃是自我——而如來藏無形無色，復離見聞覺知，又不作主、不著六塵，故名無我空性。

然證悟如來藏者，初時多方體會觀察，往往忽略其涅槃體性，而專從空性之能生世間法上用心，故禪師觀其弟子之緣熟者，便教其諱卻一切見地，轉向涅槃性之方向體會；此即證知無餘涅槃之實際。悟者轉向此路，便知取涅槃之理——捨棄空、明、覺知之我，令我於一切六塵境上不著六塵，不執自己；捨壽時便不復生中陰，空明覺知之心不復現起，唯餘空性如來藏無形無色，不復受生，即是無餘涅槃也。諸法王仁波切等，若欲實證無餘涅槃者，必須先證空性如來藏，而後方知涅槃界之實際也。諸法王仁波切等人欲親證空性如來藏麼？來覓平實，平實將手置於臀後擺動，汝等何妨見取？若猶不會，下問平實，平實說與汝知：

太！原！擺！尾！

第二三九則　太原著賊

太原孚上座　雪峰嘗問師曰：「見說臨濟有三句是否？」師曰是。雪峰曰：「怎麼生是第一句？」師舉目視之。雪峰曰：「此猶是第二句，如何是第一句？」師叉手而退。自此，雪峰深器之，室中印解，師資道成。師更不他遊，而掌浴室焉。一日玄沙上問訊，雪峰曰：「此間有個老鼠仔，今在浴室裏。」玄沙曰：「待與和尚勘破。」言訖到浴室，遇師打水，玄沙曰：「相看上座。」師曰：「已相見了。」玄沙曰：「什麼劫中曾相見？」師曰：「瞌睡作麼？」玄沙卻入方丈白雪峰曰：「已勘破了。」雪峰問：「作麼生勘伊？」玄沙舉前語，雪峰曰：「汝著賊也。」

創〇仁波切開示云：《人們往往相信空性是某種極為深奧及遙遠的事物，是某種無法理解、完全超乎我們所能瞭解的範圍之事物。事實上，空性並不是那麼難瞭解。然而當你著手去考察自心—覺知者—並問「什麼是心」時，你卻找不到它，這是因為心的本性是空性。因此，佛陀說：三摩地是確實地了悟心。所以心是空性的。》

平實云：尊貴的創〇仁波切墮於常見也。何故呢？此謂仁波切錯將意識心認作空性也。

當知一切有情之「覺知者」乃是意識心，即是有情所執之「分別我」，此心幻化不實，易起易滅，故於眠熟昏迷入無心定時斷滅不現，何況正死位而能現行運作？又一切種智中說此覺知者有二俱有依：阿賴耶識及意根（末那識）。既須依他而起，云何可名為真實不滅之空性？

又《成唯識論》說此覺知者名為「五境明了意識」，謂此覺知者往往與五識俱起，與五識共同了別五塵境，亦為五識之俱有依，名為意識；故云：「又緣五境明了意識，應以五識為俱有依，以彼必與五識俱故。若彼不依眼等識者，彼應不與五識為依；彼此相依，勢力等故。」今者仁波切以此覺知者—五塵境或定境之明了意識—為空性心，以此覺知者無形無色而說之為空性心，即墮依他起性之意識境界，同諸外道常見；尚不能證知末那（意根），云何能知空性如來藏識？

又此覺知者，以「明」—能了別境界—為性相，即是依他起性之意識也，故種智中說云：「次第三能變，了境為性相」，第三能變識者前六識也；今觀密宗四大派諸祖及現今全球諸法王仁波切等，率以覺知者—空、明、覺知心—為空性，皆墮常見外道法中，云何自稱能知空性？今為仁波切計，當速棄捨此外道見，當以此空明覺知之心為我，去覓取一切覺觀中同時存在之遠離覺觀無我心—如來藏空性；莫再以覺知者無形無色而妄稱為空性心，方離大妄語業。然欲覓取空性如來藏，非是易事；平實今舉「太原著賊」公案共仁波切打葛藤，若通此一公案，便見密教四大派諸祖之敗闕，斯有力能籌謀密教教義改革千年大計；否則必隨錯悟諸祖，處處誤導衆生以常見法也。

太原孚上座參雪峰；雪峰曾問太原孚上座云：「我聽說臨濟宗有三句，是不是？」太原答是。雪峰便問：「如何是第一句？」太原抬眼視雪峰；雪峰云：「這仍然是第二句，如何是第一句？」太原便叉手而退。雪峰自此以後極為器重他，往往召入方丈室中，為他印證解析，成就其禪師資材。太原遂成雪峰常住，更不他遊，於雪峰做浴頭。一日，玄沙師備禪師（雪峰之徒）上來問訊，雪峰云：「我們這裡有個精通禪意之人，如今就在浴室裡當浴頭。」玄沙聞已便道：「待會兒我為老和尚勘破他。」說完便到浴室，遇到太原正在打水；玄沙云：「我特地來看望你。」太原云：「已經見過了。」玄沙問道：「我們以前曾在哪一劫中相見過？」太原云：「睡迷糊覺作什麼？」玄沙卻回到方丈室向雪峰稟白：「我已經勘破他了。」雪峰云：「你如何勘破他？」玄沙便將對話覆述一遍，雪峰卻說：「你著了大賊了（反被人家勘破了）。」

只如雪峰問太原，欲勘他臨濟第一句，太原為什麼不答他？卻抬眼看他？雪峰已知他意，卻要驗個真確，便嫌他仍是第二句，要他道個第一句，太原卻叉手而退。且道：太原云何不答雪峰？卻叉手而退；雪峰云何不以為忤？反倒深為器重他？又訓練他成為禪師？

二如玄沙初悟時心輕他人，便去浴室欲勘破太原；正值太原打水，玄沙見了，說完「相看上座」，便該退回方丈室，他卻未走，太原便云：「早已相見了！」玄沙機遲，不會太原意，便問：「什麼劫中曾相見？」太原便訶云：「瞌睡作什麼？」老鼠仔、畢竟是老鼠仔，殺活自在。玄沙不知究裡，卻回方丈室誇口，道已勘破太原。雪峰便問勘破過程，玄沙覆述一遍，卻被雪峰訶云著賊。雪峰悟前多次著德山賊，深知個中三昧；玄沙悟前不曾著賊，初悟時又未通達禪門差別智，著他太原道兒，猶自懵懂。

且道：太原打水時，玄沙來相看，分明初次相見，云何太原道已見了？若道已曾見，分明是初次見；若道不曾見，雪峰卻肯他，道是玄沙著賊；且道他二人曾見未曾見？若曾見，什麼處是他二人曾見處？仁波切若會得，須知有不會者；會得不會者，方是真會人。且道：會與不會，見與未見，這兩碼子事兒，究竟有什麼相干？值得平實相提並論？仁波切欲會麼？浴室裡打水去！

第二四〇則　太原菩提

太原孚上座　鼓山晏和尚問師：「父母未生時，鼻孔在什麼處？」師曰：「老兄先道。」晏曰：「如今生也。汝道在什麼處？」師不肯。晏卻問：「怎麼生？」師曰：「將手中扇子來！」晏與扇子，再徵之；師默置，晏罔測，乃毆之一拳。

師在庫前立，有僧問：「如何是觸目菩提？」師踢狗子作聲走，僧無對。師曰：「小狗子不消一踢。」

師一生不出世度人，諸方目為太原孚上座。終於維揚。

創○仁波切云：《⋯接著升起的問題是：「心是否全然不存在，如同虛空一樣空無一物？」不！它也不是像那樣。雖然心不具有任何實質，也不具有具體的存在性，心同時也具有認知的特質，這往往亦稱爲光明的智慧。這種光明的智慧表示：心具有覺知及瞭解所發生任何事物的能力。心的本性並非僅是一種空虛、漠然、空洞的狀態。》

平實云：月燈所問《三摩地王經》中，佛說空性三摩地之心，非是有情能認知之心，仁波切不應誤導衆生。仁波切主張「心具有覺知及瞭解所發生任何事物的能力」，然佛不曾如此說空性心；《三摩地王經》所說空性心，非是此心。仁波切所說之此心，於道種智中說之為了境識；了境識即是第三能變識，故知此心乃是意識；云何仁波切說之為空性心？此不應理。

又仁波切主張「心的本性並非僅是一種空虛、漠然、空洞的狀態」此語卻正。然仁波切此語中，似有指斥「空性離見聞覺知」之意，此意則非。何以故？謂佛曾說空性心離見聞覺知，自性清淨，離諸攀緣六塵，不覺知三界六塵諸法—不墮三界六塵法中而起分別；然此空性心各各能生有情之蘊處界諸法而不分別蘊處界相應之六塵法，卻能了知各各有情心行，隨緣而應，《菩薩瓔珞本業經》（律部）中，佛說此空性心「於無分別中能廣分別」，即是此意；故空性心「非僅是一種空虛、漠然、空洞的狀態」。然此「無分別中能廣分別」之體性，非仁波切所知也；離見聞覺知故，處處皆不作主故，不墮六塵、不了六塵故，有真實體性可由證悟之人體驗運作故。

仁波切莫因在下處處指陳空性心離見聞覺知、離六塵及定境法塵，便誤會空性心「僅是一種空虛、漠然、空洞的狀態」；饒汝以覺知心常住「空虛、漠然、空洞」的定中，空性心依舊是與定中之覺知心同在，祂一直了知汝定中覺知心之心行。仁波切若以覺知心處於定外而為眾生說法，汝空性心依然與汝覺知心並存，時時了知汝之心行；仁波切未證悟空性心，自不能知，不可誣祂為「空虛、漠然、空洞」的體性。仁波切欲了平實上開言語麼？且觀「太原觸目菩提」公案：

鼓山晏和尚問太原孚上座：「父母未生時，鼻孔在什麼處？」太原答曰：「老兄！您先說吧！」鼓山云：「如今已經生了，你說在什麼處？」太原對他所說，不予首肯；何故呢？為鼓山不曾道著故。鼓山卻反問：「那你又怎麼說？」太原曰：「把你手中扇子給我！」鼓山遞過手中扇子，又再重問一遍：「你究竟怎麼說？」太原卻默置不答，鼓山不解太原之意，太原又不肯明說，鼓山乃毆太原一拳。

只如鼓山問有情之空性心，太原云何不答？卻向他要手中扇子？鼓山遞過扇子，若是伶俐漢，早該認他；無奈他知見不具足，在葛藤窩裡轉，欲冀太原將話回他，卻錯過太原送他之整座金山，去道遠矣！太原以無意為人師故，便不再入泥入水為他，乃默置不答；平實老婆則不如此，當時便好將手中扇遞還他，卻問是什麼？若仍不會，便取拄杖打趁出門。且道：扇子乃是無常之物，太原與平實俱拿它作文章，竟是何意？仁波切欲會麼？在下說與汝知：若道是扇，舌頭裂半！

復有一日在庫前立，有僧問：「如何是觸目菩提？」適有一狗在旁，太原乃踢狗子，令牠負痛嗥嗥而走。那狗子不懂禪法、不能會得，倒也罷了；此僧看著狗子負痛作聲而逃，卻仍不知不覺；若是伶俐衲僧，卻好直下會去！太原見他不會，只好放過云：「小狗子受不了這一踢哩！」且道：太原踢狗，意在何處？仁波切欲知麼？且受平實勸：向台北街頭野狗多處，見環保局人員捉野狗去！若能直下悟入，卻須以「人中寶」之尊貴身份，向彼野狗三頂禮；隨後當須將牠領養，終生奉之為師。

第二四一則　佛日撐船

杭州佛日和尚　嘗參夾山，云：「暫來禮謁和尚，不宿此間。」夾山方許見。方晤劇談（詳一五三則），夾山卻曰：「冷灰裡有一粒豆子爆。」喚維那來囑曰：「安排向明窗下著。」師卻問：「燈籠還解語也無？」夾山曰：「待燈籠解語，即向汝道。」至明日，夾山入堂問：「昨日新到上座在什麼處？」師出應喏，夾山曰：「子未到雲居前，在什麼處？」對曰：「天台國清。」夾山曰：「天台有潺潺之瀑、淥淥之波；謝子遠來，子意如何？」師曰：「久居巖谷，不掛松蘿。」夾山曰：「此猶是春意，秋意如何？」師良久，夾山曰：「看君只是撐船漢，終歸不是弄潮人。」（平實云：佛日到此地步，猶不得弄潮；諸方老宿且道：撐船與弄潮相去幾何？）一日大普請，維那請師送茶；師曰：「某甲為佛法來，不為送茶來。」維那曰：「和尚教上座送茶。」師曰：「和尚尊命即得。」乃將茶去作務處，搖茶碗作聲；夾山迴顧，師曰：「釃茶三五碗，意在钁頭邊。」夾山曰：「瓶有傾茶意，籃中幾個甌？」師曰：「瓶有傾茶意，籃中無一甌。」便傾茶行之，時大眾皆舉目；師又問曰：「大眾鶴望，請師一言。」夾山曰：「路逢死蛇莫打殺，無底籃子盛將歸。」師曰：「手執夜明符，幾個知天曉？」夾山曰：「大眾有人，歸去！歸去！」從此住普請歸院，眾皆仰歎。師後回淛西，住佛日而終。

創〇仁波切云：《這表示在尚未了悟心的真如本性的凡夫狀態下，如來本覺依然存在，且具有一切開悟功德。……即使我們是平凡的衆生，我們的自心本性仍然具有全然開悟的潛能。當我們全然覺醒而真正及全然開悟之後，這個自心本性仍然完全一樣，一點改變也沒有；已了悟或尚未了悟自心本性，完全不會改變心的自性。這就是爲什麼佛陀說我們的本性是如來的本覺，具有一切開悟特質的無上功德。》

平實云：未悟凡夫不曉真心之體性，悟者已曉真心之體性。真心之體性名為本覺，真心依此本覺，能了其所生之五蘊心行；此本覺之性非因修成，本來已有。衆生若修佛法而悟此本覺者，即名始覺，發起開悟之功德智慧，非未悟凡夫之所知也，仁波切不應言未悟之人亦具一切開悟之功德。

全然覺醒乃是佛地，然經論中說大圓鏡智現前時，真如本覺得與二十一心所法相應，逕與衆生有緣者感應，非與悟前相同；等覺以下之證悟，方與悟前同一本覺，仁波切不可混為一譚也。

然此真心之本覺，鎮日於仁波切蘊處界中運作，而仁波切不覺不知，不名始覺位菩薩，何況能入初地？何故如是說？此謂仁波切錯認覺知者──意識──為真心故，未親證空性如來藏故。一切錯悟未悟之人，悉不能曉本覺之真義故。本覺者乃「應無所住而生其心」也，乃「無分別中能廣分別」也，乃「離見聞覺知、不會六入而能了衆生心行」也，仁波切會否？若不會者，請觀「佛日撐船」公案：

杭州佛日和尚參訪夾山云：「暫來禮謁和尚，不於此間住宿。」夾山方許接見。初見面時便有一番針鋒相對（詳見一五三則），夾山便云：「冷灰裡有一粒豆子爆。」贊許佛日真悟得本也。原本不許人住宿，此時卻喚維那來，安排佛日宿於明窗下。佛日卻問：「燈籠還懂人說話麼？」夾山答曰：「等到燈籠解語時，我就告訴你。」

次日夾山入法堂問：「昨日新到的上座在何處？」佛日便出衆應諾，夾山問曰：「你未到雲居之前，在什麼地方？」佛日答云：「在天台山國清寺。」夾山問云：「天台山有潺潺不斷之瀑布，也有清澈的水波；感謝你恁遠從天台、雲居來此參訪，卻不知你見處如何？」佛日答云：「長久以來都住於山岩谷中，都無女蘿草垂掛於松樹。」此謂心性空寂、不墮六塵也。夾山卻云：「這還是春意啊！秋意又如何呢？」佛日良久未能答，夾山乃云：「我看你只是個撐船的漢子，終究不是能下水游泳的人。」

諸位看官佛子、法王仁波切們，佛日到此地步，夾山仍嫌他不能弄潮；只為佛日此時有體無用，傾向於無餘涅槃，將來恐不能與衆生利行同事，被他夾山所嫌。如今且問諸方老宿：撐船與弄潮，相去幾何？若人欲會，何妨學浮已復學撐船？方知撐船與弄潮，是二是一，是一是二。

一日夾山闔寺普請作務，維那來請佛日送茶去作務處；佛日云：「我是為了佛法來的，不是為了送茶才來此間。」維那云：「是和尚吩咐教你送茶。」佛日便道：「若是和尚尊命，我便去送茶。」乃送茶去作務處，搖動茶碗出聲。夾山回頭看他，佛日說：「這兒有濃茶三五碗，可是佛法大意卻在钁頭那兒。」夾山問云：「茶瓶想要倒茶了，籃中有幾個杯子呢？」佛日卻答云：「茶瓶雖有倒茶之意，籃子裡卻一個杯子也沒有。」便提茶瓶，一邊兒走，一邊兒倒向地上，大衆都舉目看他。佛日又問曰：「大衆都站起來看著哩，請師父開示一句吧！」夾山答曰：「在路上若遇見死蛇，可別再打牠殺牠了；就用無底籃子把牠裝著帶回來吧。」佛日卻云：「手中拿著夜明符，照得到處光明，卻不知這時還是黑夜哩；能有幾人知道天亮是什麼境界呢？」夾山見他這一番作略及問答，便向大衆說道：「大衆之中已經有人可當禪師了，回去吧！回去吧！」佛日禪師從此以後改住「普請歸院」，大衆都仰慕讚歎他。後來回到淛西，住於佛日山弘法直至捨壽。

只如夾山命佛日送茶至工作場地，佛日送到時，搖動茶碗作聲是什麼意？夾山看他時，他卻反道佛法大意在大衆手持钁頭那邊，且道：佛日意在何處？

二如夾山問他有多少茶杯，欲討茶水喝，佛日卻將茶水邊走邊倒於地上，惹得大衆佇望於他，又是什麼意？諸方法王活佛仁波切們！欲會此意麼？為平實倒一杯茶來！

第二四二則　瑞龍歇心＊

杭州瑞龍院幼璋禪師　唐相國夏侯孜之猶子也。大中初，伯父司空出鎮廣陵。師方七歲，遊慧照寺，聞誦法華，志求出家，伯父初不允，因絕不飲食，不得已而許之。禮慧遠爲師，十七具戒。二十五遊諸禪會，蓍山白水咸受心訣，二宗匠深器之。咸通十三年至江陵，會騰騰和尚囑曰：「汝往天台尋靜而棲，遇安即止。」又值憨憨和尚撫而記曰：「汝卻後四十年，有巾子下菩薩，王於江南，當此時，吾道昌矣。」二逸士各有密言授之。尋抵天台山，於靜安鄉創福唐院，乃契騰騰之言。又眾請住隱龍院。中和四年，浙東飢疫，師於溫台明三郡，收葬遺骸數千，時謂悲增大士。乾寧中，雪峰和尚經遊，遺師棕櫚拂子而去。天祐三年，開法於府城瑞龍院，時禪門興盛，斯則憨憨懸記應矣。師上堂謂眾曰：「老僧頃年遊歷江外嶺南荊湖，但有知識叢林，無不參問來，蓋爲今日與諸人聚會，各要知個去處。**然諸方終無異說，只教當人『歇卻狂心，休從他覓；但隨方任真，亦無真可任；隨時受用，亦無時可用。』**設垂苦口，且不可呼晝作夜；更饒善巧，終不能指東爲西。脫或能爾，自是神通作怪，非干我事。若是學語之輩，不自省己、知非直，欲向空裡採華，波中取月，還著得心力麼？汝今各且退思，忽然肯去，始知瑞龍老漢事不獲已，迂迴太甚。還肯麼？」時有僧問：「如何是瑞龍境？」師曰：「**汝道不見得麼？**」僧曰：「如何是境中人？」師曰：「後生可畏。」復有僧問：「廓然無雲，如何是中秋月？」師曰：「最好是無雲。」僧曰：「恁麼即一輪高掛、萬國同觀去也。」師曰：「揑目之子，難與言至。」

創○仁波切云：《…在大手印及「三摩地王經」的法教中，我們所要開展的三摩地，並不是一種我們用意造作出來、並將之銘記於心的概念，而是去考察心的本性，如實地看著心的本性，然後只是任其自然展現。我們自然地安住於其中，而不是經由思考而建立某種造作的狀態、並將之銘記於心。就此而言，任何理智思惟及概念都是開展全知智慧的障礙。》

平實云：《三摩地王經》所說之三昧，完全是般若慧—由七住至佛地之般若慧，而非禪定。仁波切勿以靈知心安住一念不生之境界中、欲求靈知心起諸境界；此覺知心設或能以汝所說之法而起五神通，亦悉屬於意識境界，與般若慧無關。此種修法正是證悟「三摩地王三昧」之障礙，仁波切萬勿以此修法而求空性智慧般若，亦莫以此修法誤導衆生。

有學員問：《如果心的基本自性是空性，俱生的智慧在哪裡？它的來源是什麼？》

仁波切答：《這個問題起於「空性」這個字沒有被解說清楚，所以我要加以解說。在正常的用法中，空這個字只是表示沒有任何東西存在，如同一個空杯子裏面，除了空虛的空間以外，什麼東西都沒有。這種空在心要教法傳統中稱為物質的空性，意指空無一物；但是，這並不是佛教理論中所指的空性。心的空性，是心不是由任何具體的物質組成的；但是，**這個空性的心同時也能覺知及認知**，它與生俱有意識，並能覺知任何存在的事物。你能精確地指出這個覺知者嗎？不！你不能！因為它的本質是空性的。認知和空性並不是分開的事物，所以，你可以說這個空性的認知或空性自身，就是智慧的來源。》

平實云：空性非因空無而名空性，祂有真實體性，不可名空。但因衆生多病在有，執著蘊處界有為實，欲破有執，故以空性名之，非無真實體性也。然此真實體性唯有真悟之人能知，非仁波切所知也。何以故？謂仁波切將意識一分為二，執取其一為空性，本質仍是意識也，無異常見外道。

仁波切將意識心分為二心：有語言思惟之意識及離語言思惟而能覺知認知之意識，並將後者執為空性心，主張此心「與生俱有意識，並能覺知任何存在事物」，違背佛說「空性心離見聞覺知」之真義。

此一離語言思惟之覺知者——與定相應之意識——我同修會中已會無相念佛者，悉能精確指認它；雖然它無形狀色彩物質。然我諸同修悉知此心虛妄——眠熟、昏迷、入無心定及正死位中，悉皆斷滅。翌日眠熟復起時，藉意識之等無間緣而與昨日之無妄想覺知心連接，故能復憶昨日事。然此覺知者不能去至來世，此心依真如為因及意根與此世之五勝義根為緣方能生故；未來世之覺知心，乃依未來世之五根而現起；此世之覺知心不能去至來世，不能連接來世之覺知心，是故仁波切忘失宿命，其故在此。故知覺知者乃是虛妄之意識也，世尊為破常見外道，於小乘法中處處說之為五蘊有，謂覺知心乃是識蘊，一世即滅，無常故空，名為常見外道有。今仁波切教人認取此心為真實空性心，便墮外道常見法中，云何可名為「仁波切」？此事非獨密教四大派諸祖俱犯，古時禪宗祖師亦多有犯者，非獨現今：

唐朝杭州瑞龍院幼璋禪師出家後遊方時，每遇炫異惑衆之師，亂予授記；瑞龍禪師信以為真，依之而行，以符「憨憨騰騰」和尚之言，後來果然憨憨騰騰，錯認妄心為真，誤導衆生去也。

乾寧年中，雪峰義存禪師聞說瑞龍幼璋開法度衆，饒有聲名，乃往訪之，驗其虛實；知其錯悟，遂於瑞龍眼前丟下棕櫚拂子，轉身離去；瑞龍依舊未會，錯認雪峰遺拂是為結緣。門下弟子更為記錄，遺臭千古，猶自歡喜示人。

瑞龍禪師一日悲心大發，為衆敞明而說：「老僧往年遊歷江北及嶺南四川湖北湖南，只要是有善知識所住的叢林，我沒有不曾參問過的；這都是為了今日與大家聚會，要使大家都能悟入。但是諸方善知識終究沒有別的說法，只教學禪當事者『**歇息丟卻妄想狂心便是真心，不要向他人覓取真心；只需以此無妄想的覺知心為真，隨此真心自然運作，而又不執著這個真心；隨時受用祂，也無時之可用。**』假使有時苦口婆心為你開示，你且不可錯將白天說為黑夜。就算是再給你許多的方便，你始終無法指東為西。假使有人能指東為西，那也是神通作怪，與我無干。如果是學人言語的那一類人，不反省自己、不知對與錯，欲向虛空裡摘花、水波中撈月，還能使得上心力麼？你們如今各人暫時退下去思惟，有一天忽然肯認祂，才會知道我瑞龍老漢實在是想到沒辦法了，所以有許多的迂迴曲折，不得不如此。你們之中是否有人肯認定祂麼？」

有僧問曰：「如何是瑞龍禪師您的境界？」瑞龍答曰：「你說看不見，這話可以說得通嗎？」有僧問曰：「如何是在境界中的人？」瑞龍答曰：「後生可畏。」又有另一僧問：「萬里肅清，都無雲遮時，哪個是中秋月？」瑞龍答云：「最好是無雲。」彼僧復問：「這樣就一輪明月高掛、萬國同時都可以看見了。」瑞龍曰：「像你這種捏目生花之人，很難與你說明到家的境界。」

仁波切且觀，這瑞龍卻是您的同參道友，墮處一般。不但瑞龍是您的同參道友，彼時諸方禪師亦多是您同參道友，唯除雪峰禪師等少數人例外；何故呢？瑞龍自言曾遍參諸方，道「諸方終無異說」故，仁波切可謂同參道友滿天下也；不但古時如是，今時亦如是，率以歇卻語言妄想之覺知者、能認知者，錯認為空性心，同於常見外道。

仁波切欲實證離見聞覺知之空性心麼？莫盤腿打坐觀想，莫坐入無覺無知之未到定中，且請不離見聞覺知，於見聞覺知境中覓取離見聞覺知底空性心。仁波切欲會麼？平實示您一條明路：

請您上杭州瑞龍院去！

第二四三則　疏山指劍

疏山證禪師（第二世）　初參撫州疏山匡仁禪師，座下得旨。後遊歷諸方，謁投子山大同禪師；投子問曰：「近離什麼處？」師曰：「延平來。」投子曰：「還將得劍來麼？」師曰：「將得來。」投子曰：「呈似老僧看。」師乃指面前地上，投子便休，師遂去。三日後，投子問主事：「新到僧在什麼處？」主事僧曰：「當時去也。」投子曰：「三十年學馬伎，昨日被驢撲。」師住山後，有僧問：「如何是就事學？」師曰：「著衣掃地。」復問：「如何是就理學？」師曰：「騎牛去穢。」

創〇仁波切云：《早先我們提到愚鈍或無明可以是混合的或未混合的。未混合的無明是不瞭解、誤解，或覺得有所懷疑；但是，當我們去考察所「不瞭解的、誤解的或懷疑的」是什麼時，我們無法找到任何實體。在發現這種缺乏自我實體的當時，昏鈍、無明就不復存在了，顯現的是一種鮮明的明性。這種鮮明的覺醒狀態，是無明及愚痴的克服者。》

平實云：無明即是愚痴，佛法中所說無明愚痴，乃說有情不明空性實相，故大乘諸經說：輪迴三界之有情為凡夫，二乘無學聖人為愚癡。以不明空性實相故，說二乘聖人為愚；合諸三界凡夫，名為凡愚。不瞭解、誤解、及懷疑空性實相，皆名為愚；故二乘無學雖出三界，仍名為愚。今仁波切認為：《考察所「不瞭解的、誤解的或懷疑的」是什麼時，我們無法找到實體。》而認為這樣就是打破愚痴無明，實則不然。以諸二乘無學考察凡夫所「不瞭解的、誤解的及懷疑的」是什麼時，發覺這三者悉皆緣起緣滅之無常性──找不到實體。然此諸二乘聖人雖不名凡，猶名為愚；未能親證空性心之實相故。是故仁波切不宜以能觀察諸法空相即認定為已經打破愚痴無明、證得明性。何以故？謂有二種愚：大乘所說不共二乘之無始無明──所知障愚痴，及共二乘之一念無明──煩惱障愚痴。

二乘無學雖斷一念無明愚，然未觸及無始無明愚；唯現觀諸法空相（當然也現觀「不瞭解的、誤解的及懷疑的」三法空相），而未能觸及空性，不起無始無明之疑，云何可言彼等已無無明？今仁波切以二乘空相之理而解大乘空性之打破無明，非為正說也。何以故？謂二乘以現觀諸法空相而除諸穢──貪瞋痴等；大乘菩薩則依空性心而現觀諸法空相，依空性心而除諸穢貪瞋痴等。以仁波切不解法界空性與諸法空相之異同關係，故有此誤。仁波切欲實證大乘所弘法界空性麼？且觀「疏山指劍」公案：

疏山證禪師悟後遊歷諸方，曾謁投子山大同禪師；投子問曰：「近離什麼處？」疏山答：「從延平來。」投子問：「有沒有帶著吹毛劍來？」疏山答：「帶來了。」投子問：「呈上來給老僧看看。」疏山卻指面前地上，投子便認可他，不再勘驗，疏山便離開投子山而去。

三日後，投子禪師問主事僧：「新到來的僧人在哪裡？」主事答曰：「當時便下山走了。」投子云：「三十年來學馬術，昨天卻被驢撲。」

只如投子問吹毛劍—真如，要疏山呈上來看，疏山云何卻指面前地上？云何不呈與投子鑒看？且道是何道理？投子卻怪，便認他已悟，不再勘他；且道：投子依據什麼認他已悟？仁波切且莫草草匆匆，當細參究。這疏山禪師更俊，見他投子休卻，踢腳便走，下山去也，更不待他投子第二勺惡水。仁波切於此，若能仔細思量，一旦悟去便成真佛子、真正人中之寶也；已入別教七住不退轉位故。若不能參破，即不能真解般若中觀，則仁波切依然是六住位之觀行菩薩，莫以證悟聖者自居—莫言悟後事；恐來日有殃在。

疏山禪師離開投子山後，來到疏山住山弘法，為疏山第二代祖。有僧問：「如何是在事相上學禪？」疏山答曰：「穿衣掃地。」此僧已具知見，知此一問；仁波切可曉此僧之意否？莫再思惟教相葛藤，且歇卻這攀緣心，莫認這空明覺知心；但用這空明覺知心為工具，每日裡但只吃飯喝水、與學員磕閒牙去便好；只是須得輕輕提起疑情：「阿哪個是我創〇仁波切之真如？」

疏山答他穿衣掃地，此僧不會，又問：「如何是從理上學？」想直接由理上悟入，疏山卻答他：「騎著牛去掃除地上的汙穢吧！」仁波切欲會否？平實說與汝知：騎牛！騎牛！

仁波切勿向我道無牛可騎，牛在汝身中！

第二四四則　睡龍東拄

泉州睡龍山和尚　僧問：「如何是觸目菩提？」師以杖趁之，僧乃走；師喚曰：「住！住！向後遇作家舉看。」

師上堂，舉拄杖云：「三十年住山，得此拄杖氣力。」時有僧問：「和尚得他什麼氣力？」師曰：「過谿過嶺，東拄西拄。」（昭慶聞云：「我不恁麼道。」僧問：「和尚作麼生道？」昭慶以杖下地拄行。）

有學員問：《有時我們會瞥見心的本性，但那只是一線瞭解的微光。那一剎那和開悟的本質之間有什麼關係？》

創○仁波切答云：《根據「寶性論」，覺醒的狀態或開悟的本質是全然了悟萬法的具生本質—法性。在此所用的例子是以躺在房間裡的新生嬰兒為比喻：室外陽光普照，幾束陽光從窗戶射入房間內。嬰兒看見陽光，然而他才剛出生，無法走到室外並看見真正的太陽自身。但是他確實感受到射入房間的幾束陽光。……當他長大後，能走到室外時，終會看見真正的太陽。同樣的，一閃的瞭解—你所談到的突然閃現的內證，就像是穿過窗戶而射入的陽光，這和開悟的狀態之間有強烈的關聯；但是，這並不是開悟狀態自身。我們必須精進地做禪定的修持，才能完全證得這種狀態；所以請大家一定要這麼做。》

平實云：心的本性不可能瞥見——不論是開悟明心或眼見佛性。開悟明心是一悟永悟的，不可能瞥見之後又復不見；明心之退失者，唯因知見慧力之不足而不敢自我承當，復因無有真善知識之方便攝受，以此自我懷疑，一劫乃至十劫退菩提心。其二則因福報不足，逢遇假名善知識之否定而不自信，遂致退失菩提——棄本真心，而向心外求法。

眼見佛性則必因定力退失而致肉眼不能見性，自身雖不欲退失眼見佛性境界，而不由自己，隨於定力之退失而日漸不見；雖然不失見性之見地，而不復能眼見佛性；唯有重新鍛鍊定力，恢復定力之後，方能重新眼見分明。見性不同於明心之慧力具足者不欲退失即可不退，而隨其定力之退失，終必失去眼見佛性境界，雖然見性之見地始終不失——不失其慧。然定力之退失，非於一剎那間退失，而必經歷十天半月乃至半年一年間之不修定力而日漸退失。故見性者於瞥見佛性後，必定從此剎那之後悉能眼見佛性，而隨其定力強弱，分別於十天半月或半年一年後逐漸不見，非於瞥見後立即不見。而仁波切作此錯誤開示，顯見仁波切不唯未曾明心，亦未眼見佛性，更教人修證「全然開悟狀態」，皆名盲人摸象也，何以故？自未明心、自未見性者，不能令人明心見性故，明心見性非以打坐禪定止觀所能得故；須於六根六塵中歷緣對境方易得故。

仁波切且暫放捨弘法雜務，每日且作個道中人——胸駝背負，為諸同修服諸勞役。何故如此建議？謂仁波切弘法諸務皆是葛藤，於中欲會真如者，真似緣木求魚。若暫罷講，為諸學員服諸勞役，則觸目皆是菩提，較易悟入。茲舉「睡龍東拄」公案，與仁波切共話觸目菩提：

有僧請問泉州睡龍山和尚云：「如何是觸目菩提？」睡龍不答，卻以拄杖趕打彼僧，彼僧乃走；睡龍和尚卻於僧後喚云：「等一下！等一下！以後遇見行家（已悟者）時，將這公案說與他聽吧。」

只如彼僧問觸目菩提，云何是觸目菩提？仁波切既來到台北，還請您走向台北街頭去；台北街頭熙熙攘攘，觸目無非菩提也！仁波切好看！

彼僧既問觸目菩提，睡龍云何不答？卻將拄杖又打又趕？且道：睡龍答抑未答？若已答他，何處是答他？若道未答，因什麼道理卻喚彼僧？令他往後遇著作家時舉看？仁波切貴為人中之寶，不可不知此理也！仁波切若於台北街頭覓得觸目菩提，方是真正之仁波切也！卻好來正覺講堂從余求索道種智；如或不然，且請仍向台北街頭覓觸目菩提去！

睡龍和尚一日上法堂，舉拄杖云：「老僧三十住山弘法，都是靠著這拄杖的氣力。」當時有僧人問：「和尚您得到拄杖什麼氣力？」睡龍答云：「過山谷、過嶺頭，東邊兒拄一拄，西邊兒拄一拄。」且道：過谿過嶺，東拄西拄，究竟是何意？值得睡龍上法堂舉杖開示？

昭慶禪師聞此一段公案，便說道：「我就不這麼說。」時有僧問云：「和尚您怎麼說呢？」昭慶禪師卻取拄杖下座，於地拄著手杖而行。

仁波切且道：他二人落處是同？不同？若道是同，昭慶又不肯睡龍恁麼道（東拄西拄）；若道不同，昭慶亦只是下座以拄杖東拄西拄；仁波切還打得這葛藤麼？若打得，可以道是仁波切（人中寶）也；若道不得，且請台北街頭覓觸目菩提去！

第二四五則　招慶匣劍

泉州招慶院道匡禪師　潮州人氏。自稜和尚始居招慶，師乃入室參侍。暨稜和尚入長樂府，盛化於西院，師乃繼踵住於招慶，學眾如故。師上堂曰：「聲前薦得，孤負平生；句後投機，殊乖道體。爲什麼如此？大眾且道：從來合作麼生？」又謂眾曰：「今夜招慶與諸人一時道卻，還委落處麼？」時有僧出曰：「大眾一時散去，還稱師意也無？」師曰：「好與拄杖。」僧禮拜，師曰：「雖有盲龜之意，且無曉月之程。」僧問：「如何是曉月之意？」師曰：「此是盲龜之意。」有僧問：「如何是在匣劍？」師良久，僧罔措，師曰：「也須感荷招慶始得。」

師問僧：「什麼處去來？」僧曰：「劈柴來。」師曰：「還有劈不破底也無？」僧無語，師曰：「汝若道不得，問我！我與汝道。」僧曰：「作麼生是劈不破底？」師曰：「賺殺人！因地動。」僧問：「還有不動者無？」師曰：「有！」僧曰：「如何是不動者？」師曰：「動從東來，卻歸西去！」

創〇仁波切云：《根據此部經典（三摩地王經），三摩地王的意義和經由大手印教法而開展的禪定狀態完全一樣—雖然兩者的語言不同。經典的術語用於一般教法，但是實際修持的甚深意義，多少有所隱蔽；大手印系統則將此經典的隱蔽之意全然顯露出來。》

平實云：月燈三昧（三摩地王三昧）之密意，莫道仁波切不曉，乃至蓮花生、月稱、寂天、阿底峽、宗喀巴、密勒日巴、岡波巴……等人悉皆不知也。謂彼四大派諸祖所傳大手印之法，乃悉以欲界定中之空明覺知心為真如也，尚非初禪，不可言其禪定證量；更非真實三摩地王三昧也。何故平實如是說？謂大手印之諸師口訣所說者，悉是禪定之修法，而未見有能描述初二三四禪境界修證之證量言語。假饒未來覓著有能敘述其親證禪定證量之密宗祖師記錄，而彼諸師所說大手印之口訣仍是禪定證量，非月燈三昧也；而奢言已證月燈三昧，皆是言過其實。

此謂月燈三昧非是禪定之法，純是般若慧也；其中所說止觀，非禪定之止觀，乃是真見道及相見道之止觀也——因悟般若真如而生之法智忍是名為止，依法智忍而生之法智為觀；依法智忍及法智而生之類智忍為止，依類智忍而生之類智為觀，非謂禪定之止觀也。故月燈三昧中之止觀純是般若慧，因慧而起止觀；大手印法誤認不起妄想語言之空明覺知心為真如，以離語言妄想影像為證根本智，以其境中所知所證境界為證後得智，皆悉錯會根本後得智意，云何誣攀已修得月燈三昧而自炫耀？而反非議經典所說為「一般法教」？睽諸大手印口訣，不唯錯會《三摩地王三昧》之旨，又復墮於常見外道法中，云何奢言「大手印系統則將此經典的隱蔽之意全然顯露出來」？乃竟誇口即身成佛、全然開悟？而竟授人全然開悟之法？若仁波切真已全然開悟者，定能委悉禪宗祖師真證悟者所遺公案，且舉「招慶匣劍」公案共爾商量：

泉州招慶院道匡禪師，一日上法堂云：「若是於我出聲開示之前悟入，已經是辜負這一生的過程了；若是於我開示語句之後，方才與機鋒相投者，可真是與道之本體乖異了。為什麼如此？大衆倒說說看：你們從生以來都是怎麼樣呢？」又對大衆開示道：「今天晚上，我招慶禪師已經向你們一時都說了，還知道落處麼？」

只如招慶這一席話，明明未道個什麼密意？云何卻自道已經一時都說了？仁波切會麼？若不會，莫道能教人全然開悟。二如招慶云：「聲前薦得，已是辜負平生」一句，且作麼生會？仁波切若猶不會，平實說與您知：打從您一出娘胎時就該會了；不然，則少小住入僧院服諸勞役時也該會了；再不然，稍長學習辯經時手舞足蹈必定會了；豈況今時早過不惑之年而猶不會？豈非辜負平生？

當時有僧出衆問曰：「如今大衆如果一時散去，還符合師父之意否？」招慶云：「正好吃我拄杖。」彼僧聞招慶恁道，便禮拜；似則似，是則不是。招慶便評道：「你有盲龜之意（一心欲覓出苦之道，而不知如何出離也），卻仍然不知暗夜將明之路途啊！」僧問：「如何是暗夜將明之意？」招慶卻云：「你這樣正是盲龜之意啊！」一時有僧問：「如何是在匣劍？」此問真如在身中不動不轉時之狀態也，招慶聞此一問，良久不動不語，彼僧不知所措，招慶乃云：「也須與我招慶心心相感，肯荷擔我招慶家業，才有可能悟入啊！」

一日招慶問僧：「你方才去哪裡來？」僧答：「劈柴了來。」招慶便問：「還有劈不破的沒有？」彼僧知是禪宗機鋒，但不知如何答對，招慶老婆心切，便向他說：「你如果說不出來，那就問我吧！我告訴你。」彼僧便問：「什麼才是劈不破的？」招慶答云：「騙死人了！因為大地才能動轉嘛。」彼僧又問：「有沒有不動的呢？」招慶答有，彼僧便問：「如何才是不動者？」招慶卻答：「動的時候是從東邊兒走過來，卻回到西邊兒去！」

只如彼僧問取如如不動底真如——那劈不破底如來藏空性——招慶不答他，卻道「動從東來，卻歸西去！」云何如此顛倒？有謂：「問不動者即以動答，問動者即以不動答，是名空性中道。」且得沒交涉！

仁波切欲會匣中劍麼？欲會不動者麼？平實指一條明路與您：動時從忠孝東路走過來，卻歸向忠孝西路去！

第二四六則　龍華賣句

杭州龍華寺彥球實相得一大師　師上堂曰：「從前佛法付囑國王大臣及有力檀越，今日郡尊及諸官僚特垂相請，不勝愧荷。山僧更有末後一句子，賤賣與諸人。」師乃起身立云：「還有人買麼？若有人買，即出來；若無人買，即賤貨自收。」良久云：「久立，珍重！」便下堂。

創〇仁波切云：《……爲什麼離棄煩惱的肇因及其苦果都是可能的？這因爲煩惱及痛苦的感覺，二者都不具有任何真實的存在性，這兩者都是空性的。藉由了悟其本性爲空性、不具任何實質，我們可以離棄這兩者。如果他們是真實的、具體的，我們就無法使自己掙脫苦因（煩惱）及苦果（輪迴的痛苦）；但是我們能得到解脫，這全然是因爲它們的本性是空性，不具有任何實質的本體。》

平實云：仁波切若將上段開示之三個空性名詞改為空相，便符合佛說蘊處界空，便合聲聞法之「五蘊空故煩惱亦空」，然猶未能證解空性也。此謂二乘法偏限於諸法空相而說，不及空性如來藏故。大乘空性之法亦說諸法空相，然說諸法空相之依他而起，能起諸法者是空性如來藏心；若無空性如來藏，諸法尚不能自起，何況能自滅？是故大乘依於空性心而說諸法空相，此則二乘聖者及仁波切之所不知也。謂仁波切不知不解空性與諸法空相之差別也。若欲了知其差別者，當先觸證法界空性，其後方能知之。茲援例舉一公案，共仁波切探討之：

杭州龍華彥球大師一日上堂開示云：「從前佛法付囑國王大臣及有勢力的在家施主，今日本郡太守及各位長官僚佐，特地垂青，請我來開示，實在不勝慚愧、不勝感荷。山僧我、更有末後一句，賤價賣與大家。」語畢，便起身站立問云：「還有人要買麼？若有人要買，即請出來說話；若無人要買，我就把這賤貨自己收存起來。」許久無人出來說話，龍華禪師便云：「勞煩大衆站了這麼久！珍重！」便下座出堂。

只如龍華禪師上法堂，大衆佇立；龍華道有末後句欲賤賣，站起身來且未說得一句，云何便問諸人買抑不買？仁波切且觀此一公案淆訛，究竟龍華意在何處？

當時無人會得，盡墮龍華言句上，無人出來叫價。若是平實即不然，便將蒲團置於龍華面前，卻向他道：「賤價售與和尚，和尚買不得也。」龍華若伸手取過，丟與座下僧，平實便好回寮睡大頭覺去！

只如龍華欲賣末後一句，且道句在哪裡？若道無句，因何龍華卻索人要價？若道有句，龍華且未說得一句末後句，且道：是有句？是無句？仁波切還辨得此中淆訛麼？若辨不得，悉名別教六住以下菩薩，云何可名「仁波切」？

次如龍華欲賣末後一句，平實緣何不買，反將蒲團賣他？云何又道龍華買不得？仁波切欲會麼？平實說與您知：「若道是蒲團，舌頭墮地。」仁波切莫學應成中觀師之東施效顰──莫學《金剛經》語云：「所謂蒲團即非蒲團，是名蒲團。以性空故。」若如是道，莫怪平實取拄杖打汝頭裂。

三如平實賣他蒲團，與他起身索價，是一？是異？若道是異，仁波切不是悟者；若道是一，則索價與賣蒲團分明是二，仁波切可知此中蹊蹺麼？若真知者，便離一異來去生滅斷常二邊；若以空明覺知心為真，則不知此中蹊蹺也。

如今龍華入滅久矣，仁波切若欲買他末後一句，何妨就地拾取黃葉一片，遞向龍華遺像前，向他道：「末後句買訖！」便迴，更莫待他龍華兒孫，何以故？仁波切方是龍華真兒孫也。

第二四七則　鷲嶺兩步

襄州鷲嶺明遠禪師　師初參長慶，長慶問曰：「汝名什麼？」師曰：「明遠。」長慶曰：「那邊事作麼生？」師曰：「明遠退兩步。」長慶曰：「汝無端退兩步做什麼？」師無語，長慶代云：「若不退步，爭知明遠？」師乃喻旨。

師住山後，有僧問：「無一法當前，應用無虧時如何？」師以手卓火，其僧因而省悟。

創○仁波切云：《這番話的意思是：如果我們希望很快就開悟，我們應該確實地瞭解一切現象如何不具有獨立的本質或自性；我們也應該真正去體證現象的空性，並實際做此修持訓練。……雖然我們稱自己為金剛乘的修持者，並在修習三摩地，然而利用智力推理而確定「萬法之本性皆是空性」並感到深信，是非常重要的。》

平實云：仁波切不解開悟也。謂求悟之人非依現象之空相──不具自性──無實體本質而悟；何以故？謂汝所說「體證現象的空性並實際做此修持訓練」之方法，唯能證入二乘空，永遠不能證得空性。當知一切物質現象之空相及無自性中，並無空性如來藏心，唯有從有情衆生之蘊處界中，方能覓得空性如來藏心。惟尋覓之方向，非於蘊處界之無實體、無自性──無常虛幻性──中尋覓空性，而應於蘊處界中、依大乘如來藏系經律所說空性如來藏之體性而參禪尋覓祂。

所謂空性，乃說如來藏阿賴耶、異熟識—佛地名為真如，非謂蘊處界及世間物質（如茶杯、房屋）之無常虛幻而可說為空性；此名無常空之空相，非是空性也；仁波切身為人中之寶，對於空性與空相之分際，對於大乘法與二乘法之共與不共分際，當有所知，不可朦朧模糊、未解共道與不共道，便出而弘法，非所宜也。仁波切若欲求悟，當依禪宗教外別傳之法求覓，方可速入；莫依密宗四大派常見外道法知見而作觀行，如入沙漠欲釣海魚，其可得乎！茲舉「鷲嶺兩步」公案，共仁波切商量：

襄州鷲嶺明遠禪師初參長慶和尚，長慶問曰：「你是什麼名字啊？」鷲嶺明遠禪師答曰：「我名明遠。」明遠二字隱含證悟之意—明得長遠事、明得遠方事。長慶和尚便問：「那邊事如何？」問他悟了什麼？鷲嶺答道：「我明遠退兩步。」長慶更進一步勘驗道：「你沒事退兩步作什麼？」鷲嶺於此一句下便答不得，被他長慶勘破也；蓋因鷲嶺知其然而不知其所以然，是故死於長慶句下。然長慶看他因緣已熟，只欠一啄，便代他答云：「若不退兩步，怎知道阿哪個是明遠？」鷲嶺明遠禪師於此一句代答之下，便得證悟。後奉師命出世弘法，於襄州鷲嶺住山開法，有僧問：「不觸六塵諸法，而能應用無虧時，究竟是怎麼回事呢？」鷲嶺禪師便以手於火上揉搓取暖，其僧因而有省悟。

只如鷲嶺初參長慶，長慶問他悟個什麼？鷲嶺便答：「我明遠退兩步。」長慶打蛇隨棍上，便逼問他：「你沒事退兩步作什麼？」天下野狐遍地，悉皆死於長慶句下，作不得手腳。若是真悟之人，隨處拈來無不合轍，無奈鷲嶺不知其所以然，當下死卻。且道：長慶代答「若不退步，爭知明遠？」一句云何鷲嶺便得喻旨？

次如鷲嶺住山之後，有僧問云：「無一法當前，應用無虧時如何？」鷲嶺以手於火上取暖，其僧云何便得省悟？仁波切欲知麼？來覓平實。見著平實若猶不會，平實說與汝知：

退兩步著！

第二四八則　鼓山披襟

建州白雲智作真寂禪師　師俗姓朱，永貞人也，容若梵僧，禮鼓山國師披剃，二十四具戒。

一日鼓山禪師上堂，忽召大眾；眾皆回眸，鼓山披襟示之，眾罔措；唯師朗悟厥旨，入室印證。

又參次，鼓山召令近前，問：「南泉喚院主，意作麼生？」師斂手端容，退立而已，鼓山莞然奇之。自爾遊吳楚，卻復閩川。

初住南峰，次住建州白雲院。師上堂曰：「還有人向宗乘中致得一問麼？待山僧向宗乘中答。」時有僧禮拜才起，師便歸方丈。

創○仁波切云：《這稱為「以演繹推論為道」。經由演繹與推論現象之分析，我們可以確立「萬法性空」；經由此過程，我們對空性（平實註：應為萬法空相）會產生明確堅固的信念。但是就實修禪定或三摩地而言，理智性推論一點用處也沒有，不被視為殊勝或迅速的方法。就此角度而言，經典之道被視為一種極漫長緩慢的修持道─它須要經過許多許多劫的累積功德、分析及觀修空性，才能達到初地境界；而且唯有再經過不可思議之多劫後，才能達到真正及全然開悟的境界。》

平實云：仁波切於書中不斷地開示「全然開悟」的知見，應是自居於全然開悟之境界，然觀大德對於「萬法空相」及能生萬法之「空性」，仍然未知未曉，顯然尚未見道；云何未悟凡夫能教人全然開悟？尤其仁波切認為全然開悟乃是佛地境界。據此以觀，大德是否已以究竟佛自居？以符合密宗「即身成佛」之主張？云何未見道者可向佛子暗示自身已經成佛？

再者經典之道方是最迅速、最確實、最殊勝之修持道，此非仁波切臆想之所能知也，謂仁波切未見道而不解經典故。若依大德此種知見，莫道三大無量數劫，假饒再修三百大無量數劫之後，依然是外道凡夫，不唯不入初地，尚且未入七住位，以修學方向錯誤故；以誤導衆生、不知言知、未證言證故，未來無量世中輪轉三塗，人身尚且不保，何況能修佛道？

然諸佛子若能正依經典之道而修，能依經典佛示金言而如實證解者，不唯能入七住見道位，尚能依經典所說「將長劫入短劫」，在悟後能於一念中超一大劫，念念中超無量劫，故能於一世之中由七住位修入初地，超越第一阿僧祇劫，此非仁波切所知也。不才已於《平實書箋》書中略示七住修入初地之道，此是有慧有德有福佛子，於一生中可親證者，仁波切不知其中道理，云何謗誣「經典之道為極漫長緩慢之修持道」？作此說者名為謗法；謗法之罪極重，仁波切承當不起，宜速於佛前每日懺悔，直至好相現起方可中止。

菩薩入初地後，深知因緣果報如影隨形，亦能了知十地差別，若福德具足，能修禪定、轉生諸種三昧者，復能依經典之道，念念超越無量數劫而至七地滿足，超越第二阿僧祇劫而依佛加持進入八地。八地於相於土皆能自在故，自能念念超越第三阿僧祇劫而至十地，復依佛力加持而成等覺。凡此正理，仁波切悉皆懵然不知，復未見道，云何誣謗「經典之道是極漫長緩慢的修持道」？然依不才所見，密宗的修持道，實非「極漫長緩慢的修持道」，而是「永遠不能成佛的修持道」，何故作是說？謂古時密宗內之真密修證者篤補巴等人所傳正法以不能見容於四大派故，以四大派諸祖所「悟」見地不符經典故有異覺朗派見地，乃誣以破法之罪，而予消滅，密宗內之宗門正法遂告失傳，仍回歸錯悟諸祖以常見外道主張之「空、明、覺知」為真如；依此常見外道所說之生滅心，欲求果地圓覺而奢言即身成佛者無有是處，以此諸祖邪謬知見，永不能入三乘見道位故，遑論成佛？

然大乘見道位之修證雖然不高，卻極難入；若缺福德慧力，又具我慢，往往輕毀當代真善知識，不肯受教，欲入大乘見道位，極難可得，遑論修入初地？此謂見道之人苟非乘無相大悲願再來人間示現者，絕無可能於一世中、不離隔陰之迷而自行見道、又復自修而入初地，轉復度他修入初地。依善知識緣而入見道者，若不依善知識力，尚不能於一世中自行修入初地通達位，何況仁波切未見道人而能一生中達到「全然開悟」佛地境界？而能示人「全然開悟」之理？

三者開悟非僅佛地，亦有十地入等覺者，亦有九地悟見佛性而入十地者，亦有七地悟入八地者，亦有七住漸悟入初地者，亦有初悟入七住者，非可謂一悟即至佛地也，謂菩薩多有未離胎昧者故。仁波切應知此理，莫如寂天、蓮花生等人以「空、明、覺知」心為真如而自謂成佛。後學於此仍依舊例，援引公案共仁波切打葛藤：

建州白雲智作真寂禪師於鼓山座下披剃具戒。一日鼓山和尚上堂開示時，忽大聲召喚大眾；大眾皆回眸觀看鼓山，鼓山卻披胸前衣襟而示眾人，大眾罔然不知所措，唯有白雲禪師當下清楚分明地悟入鼓山密旨，隨後入鼓山和尚方丈室獲得印證。

又有一次聚眾參詳時，鼓山召喚白雲近前，問：「南泉召喚院主來，他是什麼用意？」白雲不答，只是把手收進袖子裡，端正儀容，退後站立而已，鼓山微笑地驚異他的機鋒敏捷。自此以後遍遊會稽、荊州、九江等地，復回福建閩川。初住南峰，後住建州白雲院，時名白雲禪師。

一日，白雲禪師上堂開示云：「有沒有人能向宗門正法中出來問一句話？待我向宗門正法中回答你們。」當時有一僧聞語而出，禮拜完，方才起身，白雲禪師便回方丈室去。

只如白雲在鼓山座下時，鼓山喚衆人回眸，卻披胸前衣襟以示，白雲當下悟入，究竟悟個什麼？自爾機鋒不凡、妙慧橫生？仁波切若能離諸葛藤、邪見，直下覷入，便入七住不退，正好來平實座下熏習種智，念念超劫，一世便超一大阿僧祇劫，得道種智。且道：白雲悟在什麼處？

次如鼓山召令白雲近前，是什麼意？又問：「南泉喚院主，意在何處？」白雲不答，唯斂手端容退立而已；鼓山和尚云何不打一拄杖？而反莞爾驚異其鋒捷？仁波切且自端詳，看是個什麼道理？

末如白雲住南峰時上堂開示，教令大衆出來向宗門正法中致上一問，並允諸向宗乘中答衆；時有僧出禮拜才起，未曾致個問頭，云何白雲不答，卻歸方丈室？若道未答，白雲明明承諾欲向宗乘大法中答衆；若道曾答，白雲卻未言語答他，彼僧亦未致得一問，白雲卻歸方丈室去；此中淆訛，仁波切還答得麼？若答不得，即不能入七住見道位，遑論初地佛地？而能示人以「全然開悟」之佛地境界修法？仁波切若駕臨正覺講堂，來覓平實問取此一公案，平實便整衣服，卻回喧囂居去。

第二四九則　龍山識得

福州龍山智嵩妙空禪師　師上堂曰：「幸自分明，須作這個節目作麼？到這裡便成節目，便成增語，便成塵玷。未有如許多時，作麼生？」僧問：「古佛化導，今祖重興，人天輻湊，至於禪庭。至理若為於開示？」師曰：「亦不敢辜負大眾。」僧曰：「恁麼即：人天不謬殷勤請，頓使凡心作佛心。」師曰：「仁者作麼生？」僧曰：「退身，禮拜，隨眾上下。」師曰：「我識得汝也。」

創〇仁波切云：《……金剛乘之修持法是**將重點放在覺知者的心或意識本身**。感覺到快樂或悲傷、瞋怒或貪執的，經驗樂趣或痛苦的，是我們的心；心並不須要要求他人指給我們看，因為祂隨時與我們同在（平實註：此是意識心也）。當我們尚未接受關於心及心性之法教時，所謂的「我」似乎是一件具體真實的事物，我們相信它是由某種物質性的實體構成的，並具有某種具生的實性。但是若要發掘心到底是什麼，我們並不須要以智力去推論或努力地想像它「可能是如何」，我們可以直接觀照現在的心：我們的心在何處？只要往內看就行了。它具有任何形狀或顏色嗎？它看起來像什麼？如果它有顏色的話，它會是什麼顏色呢？如果它有形狀，它會是什麼形狀呢？如果我們的心既沒有顏色也沒有形狀，那麼他的本體到底是什麼？……當我們以這種方式來觀察心時，我們找不到它在任何特定的位置（平實

註：眼識心在眼根的位置，乃至意識心在五勝義根與意根之位置現行，不可謂無特定位置）具有這樣或那樣的本體、顏色或形狀……是因爲心的本性是空性的，它不具有任何顏色或形狀；你找不到、看不到一樣可稱之爲「心」的「東西」，它不具有本體，這種方式稱爲「以直接覺受爲道」……不依靠對空性的推想，它涉及直接見到空性—觀照自心並親身覺受它的如是狀態—缺乏自信（平實註：眼識乃至意識—空明覺知心—悉無實體、顏色、形狀，然仁波切不可說此等心之無常變易無實體等，便道是空性。若如是，則空性是無實體法，即是依他起性，是變易法。亦不可因空明覺知心等無形狀顏色，便道是空性，此等心皆是諸法空相—現象界之無常變易—所攝有爲生滅法，不可說爲空性也。三者「缺乏自信」之心乃是意識，非是空性，仁波切觀照此心並親身覺受它的「缺乏自信」狀態，悉墮外道身覺境界，尚不能斷聲聞初果所斷我見，云何能證空性心？）有些人在探究心的空性本質時會產生恐懼感，但這是不必要的。如果心真的是一種實質的東西，那才是我們真正須要感到恐懼的。但是，由於它不具有任何具體的本體，見到這個事實不應該會引發任何恐懼感；相反的，一種妙樂平靜的感覺會因而升起；這種感覺有時被稱爲「空樂合一」或「認知與空性合一」。》

平實云：仁波切所述之空樂合一及「認知與空性合一」，其實皆是意識心—空明覺知—之作用與感覺，無關空性，墮於常見中；金剛乘行者依此而修，百劫亦難開悟，云何仁波切可以意識之空明覺知體性示人為空性？處處違教悖理，云何能令人

「全然開悟」？

仁波切又云：《……為了親身體驗空性的狀態，我們必須利用直接覺受之道，藉此直接見到心的本性如何是空性的、如何不具有任何本體。簡而言之，經典系統是推論之道，金剛乘系統是直接覺受之道，這是兩者之間的主要差別。》

平實云：誠然！金剛乘系統確實是直接覺受之道——直接覺受空明覺知之意識心之道——直接覺受妄心妄覺之道；此謂金剛乘行者自月稱、寂天、蓮花生、密勒日巴、岡波巴、宗喀巴……等祖師以來，迄至今日全球諸金剛上師、法王、活佛等，皆悉以直接覺受空明覺知意識心之無形色顯色而錯認為空性，故云金剛乘乃是以直接覺受妄心妄覺境界為修持法之系統。所以者何？若是空性心必定離見聞覺知而能隨緣應物，應用無虧。既離見聞覺知，云何仁波切開示此心會「缺乏自信」？只有意識——空明覺知——才會缺乏自信，此理明載大乘諸經，云何仁波切身為「大班智達」而竟不知此理？金剛乘行者依此而修，至無妄想時便自以為是「空樂合一」，便言已經開悟成佛，大妄語成，云何能免三塗果報？仁波切以此錯解謬見貽誤天下佛子，其業更重，不可不思也。

仁波切復言「經典系統是推論之道」，此名大謗法也。此謂仁波切全然未悟，故爾不知不解經典佛意，便道是推論之道。當知經典乃是世尊證悟後，說其所悟之境界，弟子將之結集成經，所說皆是世尊證悟之事——真正的證悟——直接覺受空性之修持法；云何仁波切誣謗其為推論之道？云何大班智達而無知若此？不可思議也！

密宗四大派行者有大過失——依人而不依法。依人者謂依上師語及密續語，而不探究上師所示是否違背佛示金言，亦不探究祖師所著密續是否違背大乘經典及阿含四部所載聲聞法。密宗諸師不肯實事求是，而排斥經典；寧依祖師所著密續，而不肯依佛說經律，反而排斥大乘經典；其故無他，皆因已經宣揚或暗示自己已悟；亦因密宗四大派諸祖自從初祖即已錯悟，依口訣傳承直至如今，仍墮斷常二見之中，不能以大乘諸經律印證，恐人以經律質疑，故以多種理由不斷強調：密續及上師開示比經典重要；反而謗誣經典所說為推論，然則世尊所說諸經豈真推論之道而未親證？若未親證所說，後代初地菩薩云何能於悟後證實佛說諸經無訛？仁波切欲實證大乘諸經空性之理麼？且觀「龍山識得」公案：

福州龍山智嵩妙空禪師上堂曰：「希望大家都能自己明白祖師西來意，如今還要我上堂弄這個節目作什麼呢！說到這裡便已經有節有目了，都成了多餘的話了，便是被塵污所玷了。在尚未有這許多節節目目時，到底是什麼呢？」有僧問：「古佛示現人間，化度引導有情；今時祖師又復重新復興，以致諸天與人都從四方湊和到此，來到這個禪門祖庭。只是真實究竟之理，當如何開示？」龍山禪師答云：「也不敢辜負大衆。」僧云：「如此就是：人天沒有錯殷勤邀請，頓時使得凡心變成佛心了。」龍山云：「你又怎麼開示呢？」彼僧答云：「退後，禮拜，與大衆一起上下執事。」龍山云：「我可認得你呀。」

只如龍山禪師上堂開示時，並未說明空性，云何彼僧問他欲如何開示時，龍山竟道「亦不敢辜負大衆。」且道：龍山什麼處是開示空性？

次如龍山反問彼僧應如何開示時，彼僧只道「退身，禮拜，隨衆上下。」亦未曾開示空性，云何龍山卻道已經認得他了？且道彼僧悟在何處？還能以空明覺知之空無物質、形狀、顏色之知見而會得麼？

仁波切欲會麼？揀個平實上課的日子來，見了平實，便請退身、禮拜、隨衆上下。一旦會去，方知經典之道正是直接覺受空性之道，不同於金剛乘之淺化經典，曲解宗門密意，而墮於直接覺受妄知妄覺之道中。且道：如何是直接覺受空性之道？

抱取經典來！我早識得汝也！

第二五〇則　瑞峰一指

福州林陽山瑞峰院志端禪師　福州人氏，依本部南澗寺受業；年二十四，謁明眞大師；一日，有僧問：「如何是萬象之中獨露身？」明眞舉一指，其僧不薦；師於是冥契玄旨，乃入室白曰：「適來那僧問話，志端今有省處。」明眞曰：「汝見什麼道理？」師亦舉一指曰：「這個是什麼？」明眞甚然之。

師上堂舉拂子云：「曹溪用不盡底，時人喚作頭角生；山僧拈來拂蚊子，薦得乾坤陷落。」有僧問：「如何是學人自己？」師便與一踏，僧作接勢，師便與一摑，僧無對，師曰：「賺殺人！」

創〇仁波切云：《「三摩地王經」第九章的名稱是「信受甚深佛法」，此章的主題也是空性。此章對空性——一切現象皆無具體實性——有相當詳細的解釋。空性超越了世俗所稱的空無或虛無狀態。一切事物、一切現象及經驗，如夢、如幻化、如回聲、如彩虹般地……顯現、發生。換句話說，雖然一切事物都缺乏自性，就相對而言，一切現象皆藉由相互依附之緣起而顯現。……雖然一切事物都是空性的，都不具有真實的存在性，經驗、覺受仍然依據緣起而產生。》

平實云：月燈三昧所說者乃般若慧——空性。然仁波切誤會空性為無常空及緣起性空，墮於空相，錯會諸法空相為空性也。二乘法唯依蘊處界及世間法而說其無常空及緣起緣滅，以無常故空；以緣起緣滅，故蘊處界及世間體非真實不滅之性，故其性空；此即大乘法所說諸法空相也。然大乘非如二乘及金剛乘之唯以無常空及緣起性空而說空相本質，亦說空性——如來藏。此謂諸法空相——蘊處界及世間無常、緣起性空——之背後尚有空性如來藏為此諸法所依；諸法空相之緣起緣滅無常空法，悉依空性如來藏而生而滅；若離空性如來藏，諸法尚不能生，何況有滅？故仁波切不可將緣起性空之理解釋空性。今仁波切將緣起性空之理解釋空性，則空性即成緣起緣滅之無常空，即非真實不滅之性，即墮應成派中觀師之斷滅空；復恐他人譏彼為斷滅空，遂取無妄想之空明覺知心為諸法所依，卻墮四阿含佛說識蘊之緣起性空——無常空中。仁波切身為大班智達，應於此諸正理多所思惟；思惟已，當於諸法空相之依他起性中，尋覓「密露不曾藏」之空性如來藏，方能修正密教教義之敗闕，改革舊有謬說而回歸大乘，以此建立密宗法義於不敗之地。然晚學恐仁波切悟後亦無此胸襟，不敢評論密宗四大派諸祖之邪謬也。此謂密宗行者已將四大派墮於常見諸祖吹捧為究竟佛，禮拜供養之不遑，何有敢依佛說經典聖教量而予檢驗者？

密宗行者既為錯悟諸祖所籠罩而完全信受，覺朗派證悟空性之法復已被宗喀巴、達賴五世等人假薩迦達布之手消滅，則密宗之內已無宗門正法，唯餘似是而非之佛法及印度教滲入之三界有為法，諸密宗行者欲求證入宗門正法空性般若，其可得乎？此乃四百年來密宗行者之悲哀也，平實心中為諸密宗信徒起此不平之鳴：此殆藏人之因緣果報乎！乃竟消滅真密覺朗教法，回歸狂密常見外道法！

仁波切若欲利益藏人及世人者，當捨原有邪見，速依禪宗之法以覓空性如來藏，若得觸證空性，方解上來晚學所述空相與空性之差別，方知藏密四大派諸祖密續之邪謬，方能漸漸通達大乘經典，方曉經典之道才是「直接覺受空性之道」，方有能力獨排密宗諸師諸祖密續邪說而戮力改革密宗法義、迴常見外道法而歸於中道正法。仁波切若能真發此願，寧捨身命不違此願，誓願圓成此願，何患諸佛菩薩不加持令悟？後學亦願鼎力相助；不審仁波切能發此願否？

於今且向密宗諸多行者傍開一線，且舉「瑞峰一指」公案扯扯葛藤，或者有人會去亦未可知：

福州林陽山瑞峰院志端禪師依明真大師參禪；一日，有僧問：「如何是在萬法之中獨獨顯露法身？」明真豎起一指；彼僧體會不得，瑞峰禪師卻於此一機鋒中，私心會得不可明說之密意。乃隨明真入方丈室而稟白：「方才那僧問話，我如今已省悟到了。」明真大師勘云：「你看見了什麼道理？」瑞峰也是豎起一指說：「這個是什麼？」明真大師完全肯定認可他。

真如法身一向未離吾人五蘊，偷偷地顯露出來，一向不曾遮藏；自是衆生不見，莫怪祂現不分明。只如明真舉一指，亦是平常事，瑞峰見個什麼？便道是悟？且如大江南北無量學童入校學數，諸師豎起五指道五，拗下四指道一；又恐學生不會，忽豎忽拗忙個不停，云何諸多學童無一悟者？且道佛法利害在什麼處？

二如瑞峰入他明真方丈中，明真大師勘驗時，瑞峰亦只是豎起一指，明真卻肯他，又是什麼道理？仁波切欲會麼，當速否定「空明覺知心」，以此心為工具，另覓離見聞覺知之空性心；空性心既不自信，亦不缺乏自信，自性清淨，無始以來不著六塵萬法故。

三如瑞峰一日上堂開示，舉拂子云：「曹溪六祖大師一生用不完底，今時人叫祂作畜生，山僧我卻拿他來拂蚊子；若明白這個道理，天地悉皆陷落不見。」有僧出問：「如何是學人（未悟者自稱爲學人）我自己的心？」瑞峰便對他一踏，彼僧作接取之模樣，瑞峰便與他一摑，彼僧不知瑞峰之意，無有應對；瑞峰乃云：「這麼容易就騙得了人？」

且道：六祖一生用不完底，時人為什麼卻說他是畜生？次道：畜生與六祖是異是同？二者相去多少？三道：瑞峰拿他來拂蚊子，竟是阿哪個他？四道：瑞峰悟後明明見得天地乾坤、見得衆人，云何卻道「若有人薦得者，天地乾坤陷落」？五道：彼僧欲覓自心，瑞峰不答，卻抬腳與他一踏，又是何意？六道：彼僧作接腳狀，亦合符節，瑞峰云何卻不肯他？七道：瑞峰與他一摑，竟是何意？八道：彼僧前一著子符節相合，這一著子云何卻無對？末道：瑞峰訶責彼僧「賺殺人！」又是何意？仁波切於此諸問，若會其一，其餘便皆冰銷瓦解；若會錯意，諸問便仍千差萬別，無有交集。仁波切若能會得，且舉足邁向正覺講堂覓余；汝才一進門，余早識得汝也！

第二五一則　招慶隨衆

泉州招慶院省僜淨修大師　師乃保福從展禪師法嗣；初參保福，問答冥符。後住泉州招慶院，初開堂升座，少頃曰：「大眾！向後到處遇道伴，作麼生舉似他？若有人舉得，試對眾舉看！若舉得，免辜負上祖，亦免埋沒後來。古人道：『通心君子，文外相見』，還有遮個人麼？況是曹谿門下子孫，合作麼生理論？合作麼生提唱？」僧問：「昔日覺城東際，象王迴旋；今日閩嶺南方，如何提接？」師曰：「會麼？」僧曰：「恁麼即一機啓處，四句難追；未委從上宗門，成得什麼邊事？」師曰：「退後禮拜，隨眾上下。」僧問：「全提不到，請師商量。」師曰：「拊掌得麼？」僧曰：「恁麼即領會去也。」師曰：「莫錯！」

創〇仁波切云：《心的本性並不是「死沉的空」—如同虛空般完全沒有認知的特質。佛性不具有任何實性，但並非如同屍體般地死沉；它能知道或覺受發生的任何事物。你可以自行發現這一點，這並不是很複雜的事。試著去觀照**你的心—覺知的作用者**。你發現了任何具體的東西嗎？沒有。這表示你的身體在那一剎那立刻變成屍體嗎？不！並沒有如此。爲什麼？因爲**認知的特質—知道或覺受的能力—仍然存在，這有時候稱為「明性」或「智慧」**。這就是虛空與佛性的差別。佛性既是空性的，也是認知的；**由於空性的這種認知**

性，佛性是不變的。》

平實云：仁波切不解真如與佛性之關係也，佛性由空性心（眞如）而起用，故佛性與真如非一非異，此須證得真如並眼見佛性之後方能具知，若缺其一，即不具知，故仁波切懵無所知，事屬必然，故有此諸錯誤開示。仁波切欲知真如佛性非一非異之理者，請索閱拙作《平實書箋》即知，此處勿煩贅舉。

仁波切所云「試著去觀照你的心—覺知的作用者」乃是意識，並非真如；此心不能持身不壞，日日斷滅故，依他而起故。後學已於《真實如來藏》書中詳述，仁波切讀已即知正理，此不重敘。

汝言「認知的特質—知道或覺受的能力—仍然存在，這有時候（在密宗而言）稱為『明性』或『智慧』」，仁波切此說乃是誤導有情錯認意識靈知心為真如佛性，此名未觸證真如佛性，依知解思惟而知也。佛子若未觸證空性—尚未證得本已存在的真如，便依經文而解其義；便道「真如猶如虛空、離見聞覺知故如虛空無用無知」，認為此即是無明；依大手印大圓滿見而修學者，則避開經說「離見聞覺知」體性，改依金剛上師所傳之「能認知的心」為真如；並依其能知六塵覺受之明了性而稱之為明性及智慧，復依此能認知之心無有形狀色彩物質而說之為空性、佛性，錯認妄知妄覺為空性佛性。此則墮於常見中，佛於四阿含中已處處破斥；於大乘般若經中已隨處破析其謬，復於如來藏系諸經以依他起性之「審而不恒」而細解之；彌勒菩薩之五論中亦隨處可見可解此心之幻而不實、依他而起；《瑜伽師地論、成唯識論》中四加行位復說依此空明覺知心思惟所取空，所取空者即是知道或覺受之境界緣起性空。印定所取空而不實後，復思能取空—覺知的作用者及認知的特質—知道或覺受的能力亦空，非有真實不滅體性故，依他而起故，審而不恒故；依此思惟印定能取空—知道或覺受的自己空。末思所取能取悉相待而起，雙印二取空。從如實思惟「名、義、自性、差別」乃至雙印二取空，建立四加行位：煖、頂、忍、世第一法；至此而四加行滿，圓滿六住菩薩之觀行，而猶不得名為大乘見道，以未觸證空性—未親證如來藏故。今觀仁波切上載開示，顯見汝之知見猶未滿足六住位四加行之觀行，亦未了知聲聞初果向之修證，云何得名「仁波切」？仁波切義為人中之寶故，名實不符故。

若汝所說「認知的特質—明性或智慧」之立論無訛，則應佛說三乘諸經皆謬，亦應諸菩薩諸論悉誤，所述違汝旨意故。更應一切常見外道皆是證悟聖者，墮處與汝一般故。仁波切當速簡擇，對照三乘經論，求真實理，莫再依密續所載常見外道法而開示印書，貽誤學人；以外道常見之法冠以佛法名相而移置佛法中者，其罪極重故，佛所不許故。然依仁波切六住未滿、四加行未滿、未起頂忍世第一法之知見，欲求大乘見道尚難，云何能知能解大乘經論而作簡擇？未具擇法覺支故。於今之計，唯有勸君私研大乘四加行法（非密宗四加行也），如實雙印二取空後，便不致執取空明覺知之心為真如，便能遠離外道常見法；而後復應詳解空性之體性，此則應請詳閱拙著諸書，深解思惟已，正可閱此「招慶隨衆」公案，或有悟證機緣，亦是教界一大美事也。

泉州招慶院省僜淨修禪師，初開堂升座而不語，過一會兒才開口說：「大衆！以後到各處去，若遇著道伴時，要如何將空性舉說與他？若有人舉得，試對著衆人舉說看看！如果真能舉說，就免得辜負歷代祖師，也免得埋沒後來的學者。古人曾說：『心靈相通的君子們，以文外之意相見』。如今這兒還有這麼個人麼？何況是六祖門下子孫，應該如何理論？又應當怎麼提示唱說？」有僧問：「昔日在靈鷲山下王舍大城東邊，世尊猶如象王迴旋；今天在福建嶺南，如何提示和接引學人？」招慶禪師問曰：「會麼？」彼僧答曰：「若是這般，就成了『一著機鋒啟發之處，四句都難追得』了，不曉得佛法宗門向上一著、究竟能成就什麼事？」招慶答曰：「退後幾步禮拜，隨著衆人上下執事。」彼僧復問：「師父向上全提而弟子體會不到，還請師父商量（幫忙）。」招慶答曰：「撫掌會不會？」彼僧曰：「像這般，就領會到了。」招慶曰：「你可別會錯意了。」

只如招慶與弟子舉唱之間，可曾似仁波切墮於覺知心之明與空及覺知麼？仁波切若來道招慶舉揚者即是空明覺知之心，莫怪平實杖打汝頭七花八裂。仁波切若來垂問，平實更無二話，但教汝：「回去禮佛後，隨衆上下便得。」若猶不會，二度來問，且撿個隆冬乾燥日子來，平實撫掌，仁波切好看！

第二五二則　白雲鞋袋

韶州白雲祥和尚實性大師　師參雲門文偃禪師乃得嗣法。一日上堂謂眾曰：「諸人會麼？但街頭市尾屠兒魁膾地獄鑊湯處會取。若恁麼會，堪與人為師為匠；若向衲僧門下，天地懸殊。更有一般底，只向長連床上作好人去；汝道此兩般人，哪個有長處？無事珍重。」

師問僧：「什麼處來？」僧曰：「雲門來。」師曰：「裏許有多少水牛？」僧曰：「一個兩個。」師曰：「好水牛。」師復問僧：「不壞假名而譚實相，作麼生？」僧曰：「遮個是椅子。」師以手撥云：「將鞋袋來！」僧無對。（雲門禪師聞云：須是他始得。）

創〇仁波切云：《……所以我們很容易瞭解：意識並非在我們於母親子宮內的胚胎期突然出現的，它只可能由某種意識成因—前一剎那的意識—而產生。**很顯然的，意識必定是在子宮受孕之前就已經存在了**，因此，在此之前必定有生世。就以今天我們能覺知並具有意識的事實來說吧！這是否表示也許明天心將不復存在，你將沒有心？不，事情並不是這樣。**不論身與心之間的連繫是否中斷了，意識的連續性仍然存在。**基於這種邏輯，我們可以確定未來世的存在，**沒有任何現象可以阻斷這種意識的連續性。**這是佛陀所教示的，

並爲佛教所有不同學派所接受。》

平實云：仁波切此段開示，正與佛陀教示相反，並為大多數學派所反對，只有應成派中觀師認同。此謂覺知者（意識）日日斷滅，依賴等無間緣方能與昨日之意識連接而憶昨日事。醒後之意識亦是念念變易生滅，猶如影片之每一格引導後一格現前，即是前一剎那意識種子落謝前、開避其位，引導後一剎那意識種子繼於其位現行，連續不斷生滅替代，方能成就意識之明與覺知體性，故明與覺知是念念生滅不住之體性；意識若斷，明與覺知隨滅。然意識有三種俱有依—末那及阿賴耶識與五勝義根。此方是佛陀所說，方是所有佛教宗派所接受者。意識既須有此三俱有依，則末那（意根）不欲其現行時，意識即不能現行；如入二無心定中及眠熟時，意識不能現行運作，無覺無知。若無阿賴耶識執藏意識種子，末那雖欲意識現行覺知，亦不能令意識覺知現起；如人（意根）欲令水龍頭之水流出（使覺知的現象現行），而水塔中無水（譬阿賴耶中無存意識種子），則人（意根）不能令水流出；已流出之水不能憑空令水塔自行生水故，意識亦然，已出現之意識不能自生下一念意識。前一念意識不能產生下一念意識，須由阿賴耶識所儲藏之意識種子源源不斷踵接其位而現，方能成就意識之覺知及明了作用；密宗一向服膺《慈氏五論》，而彌勒菩薩已於《瑜伽師地論》詳論此義，仁波切未聞未讀之耶？抑或讀而不解耶？竟謂「前一剎那意識能生後一剎那意識」。

意識復依五勝義根方能現起，若五勝義根壞死（如大腦壞死），意識便不現行而永斷滅，明覺永不復現。若全身麻醉，五勝義根（大腦）不能運作，則意識覺知亦中斷。此諸正理，人盡皆知，云何仁波切為人中寶，而竟不知？

二者仁波切認為意識是在子宮受孕之前就已存在，並認為此世之意識覺知是由前世延續而來，實違佛說及菩薩說；若真如此，則應人人皆具報得宿命通，不須加修宿命通而後能知前世事。亦應人人皆能正知入胎、正知住胎、正知出胎，前世之意識不滅而入胎住胎出胎故；則仁波切應能記憶前世如何入胎，此世如何住胎，於胎中亦應有睡眠時及覺知明了時，亦應正知出胎；而現見仁波切及一切未具宿命通之有情悉皆不能如此。故知意識須依當世之五根和意根（末那）及阿賴耶識方能現行，若缺其一，即告中斷，故知此世意識須依此世色身大腦（五勝義根）之漸漸具足而由無至有、由微至顯，非初入胎時即有意識覺知也。五根壞已，當世之意識永斷，不去至來生，唯有阿賴耶識執藏此世意識種子及業種，依業依願隨末那受於來生。此諸正理明載經論之中，方是佛所教示，方是大乘各學派所共認者；唯有應成中觀師認同宗喀巴之邪見，否定末那及阿賴耶，錯執「意識不生滅，可以去至來世，為一切法所依」（詳見宗喀巴著

《入中論善顯密意疏、辨了不了義善說藏論》），違逆佛及慈氏教示，否定正法根本，云何名為佛教？

若意識恒不生滅，則意識不能成就其明了覺知之作用，此理已於《真實如來藏》中詳述；若意識永不斷滅，則應明了覺知之性恒時現行不斷，則應一切人眠熟、悶絕、入無想定及滅盡定、正死位中，皆悉明了覺知自己正在眠熟悶絕等狀況中，則應無此五法，謂佛說意識於此五位皆滅而不現故。仁波切之開示者，不唯違教，亦且悖理，云何以此邪謬知見以度衆生？此名誤導衆生也！

仁波切欲離此邪見者，唯有親自實證空性阿賴耶識，方能了知密宗四大派諸祖及應成中觀師之邪謬；且舉白雲鞋袋公案，共仁波切商量：

韶州白雲實性大師一日上堂對衆人開示：「你們大家會不會空性？只須向街頭市尾那些殺豬切肉等地獄熱湯處去體會。如果是這樣體會來的人，才可以當人家的師父，為人彫琢；如果是在寺院中向衲僧們修學來的，可就天地懸殊了。更有一類人，只向禪堂長連床上打坐、不幹惡事；你們說說看：這兩種人，哪一個有長處？沒事的話，大家便下去休息吧！」

白雲禪師問一僧云：「你從何處來？」僧答：「從雲門來。」白雲又問：「雲門之內有多少頭水牛（問有多少人開悟也）？」僧答：「有一個兩個。」白雲禪師讚云：

「好水牛。」讚已復問：「不捨棄世間假相及名言，而譚真如實相，你怎麼說祂？」僧答：「這個是椅子。」白雲禪師以手撥推彼僧云：「取我的鞋袋來！」彼僧不知所措。後來雲門禪師聞說此一公案便云：「須是白雲禪師才能如此啊！」

只如古今諸大道場開法度衆，教令座下衆僧打坐參禪者甚衆，白雲禪師因什麼道理不許？反教座下衆僧向街頭殺豬宰羊處會取？此處乃是傍生有情之現地獄，斧鉞鑊湯，殘忍已極，有何可取？而教遠離葷腥之衆僧向彼臊臭處會取？然而平實仍勸仁波切向此處會取空性真如，莫閉目觀想空行母及本尊等，此是凡夫所行禪，妄想之自境，無關第一義諦；若如是觀者，窮劫亦不見道。

仁波切若肯向西藏殺羊宰牛處會取，一眼瞥見空性如來藏後，即可永見此空性心常駐有情蘊處界中，永不退失見地，唯除信慧不足而自我否定者。仁波切這一覷得，便能檢點藏密四大派諸祖之邪謬，正好邁向全球諸大道場，令弟子們回西藏印度鄉下街頭看殺牛宰羊去！個個盡成獅子兒，向天下哮吼——摧邪顯正；則密教從此脫胎換骨，佛法大興也。

白雲禪師一日問僧：「什麼處來？」彼僧答云：「雲門來。」若是伶俐漢，未答訖，便合省悟，就地禮他白雲禪師。白雲仁慈，卻不打他，更待機緣，乃問：「雲門有多少悟者？」僧答：「一個兩個。」白雲曰：「好水牛。」此便難會。白雲見他機遲，索性入水和泥，敞明了問：「不壞假名而譚實相，你作麼生說？」彼僧從各處學得皮毛，便拿來試試手氣：「這個是椅子。」平實若在，當時取椅丟出門外云：「這個不是椅子！」喚作啐啄同時。白雲卻突出奇鋒，以手撥推彼僧云：「把鞋袋子取過來！」彼僧若是個具福慧底，聞言取過鞋袋呈上時，恰好直下會去！無奈他不知所措。平實若在，便大聲斥云：「取鞋袋子也不會！」無奈彼僧毛羽未具，白雲遂鈍置他。雲門禪師後來聞道此個公案，便歎云：「須是白雲禪師方能如此啊！」可見當時諸大禪師中野狐甚衆，雲門方有此語，謂諸師不解白雲弄蛇手段也。

只如仁波切千里迢迢，遠從印北來到台灣寶島；既是寶島，當有無上正法大寶在此，仁波切回時切莫空手而歸；入寶山而空手回，令人恥笑。仁波切莫令人笑，當速向寶島中到處會取。若會不得，來覓平實；且邀正覺講堂相見，見時平實便喚：「仁波切！」上座答諾；若仍機遲，平實便教：「脱下皮鞋，入講堂去！」入得講堂若猶不會，堪作什麼？

第二五三則　香林衆味

益州青城香林院澄遠禪師　師於雲門任侍者，雲門逐日接他，只叫：「遠侍者！」遠應諾，雲門云：「是什麼？」如此十八年，師方得悟，雲門云：「我今後更不叫汝。」

師得法後，初住西川導江縣迎祥寺天王院，後住益州青城香林院。有僧問：「如何是祖師西來意？」師曰：「踢步者誰？」復有僧問：「如何是和尚妙藥？」師曰：「不離衆味。」僧問：「喫者如何？」師曰：「咂啗看！」

創○仁波切云：《根據經典系統，行者必須經過極長一段時間──有時長達三阿僧祇劫──的累積大量功德後，才能了知事物的本性。金剛乘系統則相信經由真誠的虔敬心、專一的禮拜及領受灌頂與加持，根本上師及傳承上師心中之了悟，能以某種方式傳入我們的存有之流中。這使我們能了悟超越語言、文字、名相及聲音的心性。》

平實云：仁波切不懂經典密意也，若能真了，一生便超第一無量數劫，得道種智，位階初地，皆拜經典佛示金言之賜，後學於《平實書箋》書中已有略述，非仁波切所知也。第二三阿僧祇劫之超越，亦悉載於經典之中，仁波切更不能知也。莫道仁波切不能知之，乃至蓮花生、阿底峽諸人亦不能知，而仁波切奢言「根本上師及傳承上師心中之了悟能以某種方式傳入我們的存有之流中」，妄言能藉此了悟心性。然觀藏密四大派諸祖，乃至上溯至第一代蓮花生、阿底峽等人之「證悟」，悉皆墮於外道常見中；今者仁波切於蓮花生等人之常見外道見傳承，代代流傳至汝，復欲令諸弟子求於蓮花生所傳外道常見法，何能真了心性？見道且無，何得狂言金剛乘能令人即身成佛？此理不通也。

何以故？謂蓮花生之開悟自心者乃是意識，非真如也：《爾時面達（公主）至大師（蓮花生）前恭敬禮拜，讚美大師三十二大人相，八十種隨形好。一一稱歎畢，大師告曰：「所云佛者卽是自心，不加對治則散亂，不明自性則馳求；外境苦惱現前卽功德成就而不自知。不取不捨，如草生芽；勿助勿忘，自漸成長。」》（蓮花生大師應化史略，頁28，諾那活佛譯，新文豐72年元月再版）

又如同書頁47載：《……復次嗣王之皇太妃三人特築一室，松石嵌成，閉關於此；禮請大師（蓮花生）求一簡要之法，以期卽身取證者。大師示以：「生死事大，無常迅速，當勤精進。先誦四皈依，次發菩提心；次尋求喇嘛以爲依止；次習定，初不久坐，逐漸加增；如屋漏雨滴，但間其時，不忘其功。心不拘執，身隨所安，且藉禪定以爲基礎。任何念起，知而勿隨，心不貪慾；善惡念起，不加修整，惟常覺照。若見光影美惡好醜，不加驚喜，唯澄

心諦觀。此基不立，則所修難成。佛心自心本自如如，我見解脫；一心不亂，即謂成佛。」》

凡此皆是誤認明覺心（意識）為真如；如此而謂成佛者，尚不及聲聞初果，亦未入大乘別教七住位，墮於外道常見中。依圓教六即佛而言，唯是第三觀行即佛爾，尚不能入禪宗明心祖師所證第四相似即佛及第五分證即佛位，云何而言能成第六究竟佛果？荒唐至極！是故密宗行者欲求觸證空性心者，莫求上師祖師之加持，彼等多屬常見外道法故；當速依禪宗之法，攝取正知正見，自行參究，並覓真善知識指導，方是正途。若緣成熟，一念相應之剎那間便入七住位不退，復覓真善知識隨學一切種智，一生便入初地。一念能超一大劫，念念得超無量劫，一世便超第一阿僧祇劫，此乃依經典修學之速成道，具載於《楞伽經、華嚴經》中，仁波切及歷代諸祖自未能知能證，莫怪經典所述時劫久長。反觀密宗四大派諸祖及當代諸師，迄未見有真見道者，悉墮常見外道法中，而非議經典之道，奢言即身修成佛果？豈非顛倒？既舉事實，當勸仁波切及諸真密行者速捨密宗諸祖所著密續常見法及有為法，依禪宗教外別傳之法求悟，悟已方知教外別傳之旨不異教中所說，而仍為教中所攝也。茲舉禪宗「香林衆味」公案，共諸真密行者參詳：

益州青城香林院澄遠禪師悟前，於雲門文偃禪師座下任侍者，雲門禪師每日接引他時都只是叫：「遠侍者！」香林澄遠便應諾，雲門便問：「是什麼？」如此每日同樣問答，前後十八年，香林方得悟入，雲門便道：「我從今以後，再也不叫你了。」

你看他古人悟得，也只是一剎那間，何曾教人觀想修定一心不亂？何曾令人以明覺心為真？此界真密行者欲會麼？何妨每日立於大鏡前，自喚自答一小時；如是十八年不間斷者，必得悟去；若有依此如實修行用功者，十八年不悟，截取平實頭去！

香林澄遠禪師悟後開法，有僧問：「如何是祖師西來意？」香林答云：「踻步者是誰？」比見有師解此公案，每謂香林故意答非所問；若作此解，與佛法有什麼交涉？

復有僧問：「如何是和尚妙藥？」香林答曰：「不離衆味。」僧復問：「吃的時候如何？」香林答曰：「放入口中咬嚼看看！」

仁波切若來垂問：「如何是香林禪師妙藥？」平實亦答：「不離衆味。」雖然不離衆味，卻不得於衆味中覓，要須離味、離覺、離明、離知；不是教你捨棄覺知明了之心，而是教你不離此心、覓取離見聞覺知底心；教你用此分別心之分別功能，去尋那從來離分別底。仁波切若不得解，續問云：「吃這些藥時如何？」平實便抓一把六味丸，置汝手中，請仁波切送入口中咬嚼看。

第二五四則 奉先鈍置

金陵奉先深禪師 江南國主請開堂日，才升座，維那便白槌曰：「法筵龍象眾，當觀第一義。」師便云：「果然不識，鈍置殺人。」時有僧出禮拜，問：「如何是第一義？」師曰：「賴遇道了也。」僧曰：「如何領會？」師曰：「速禮三拜！」僧無對。師又拈曰：「大眾！汝道鈍置落阿誰分上？」

創〇仁波切云：《……因此覺知至爲重要—不論是在禪修的前行或預備部份，或禪修的主要部份，或禪修的結行部份。保持心的專注或覺知，永遠都極爲重要，因爲善德會自然從中生起。寂天菩薩說：「任何能保持覺知的人，都將自然具有警覺、智慧及明辨的功德。因此，努力不懈地保持覺知！」》

平實云：覺知之所以重要，乃因祂是意識，具有明辨覺察了知諸法之功能，祂是學佛修道之工具，也是輪迴生死之根本；此心於悟前與諸邪見、邊見、我見、見取見、戒禁取見相應故，以不如理作意故輪轉生死。

然而覺知亦是出離輪迴之工具，若也無祂，吾人即不能學佛修道，不能出三界生死，故覺知極重要。但學佛修道不是教人保持覺知，而是教人以此覺知為工具，修除對於覺知之執著。若菩薩見道後能修除覺知心對祂自己之貪著，了知自己畢竟空相，無有不生滅之體性，是念念變易之無常空法，並歷緣對境修除對覺知自身之貪著習氣，則斷盡思惑，能於一世中取證無餘涅槃；捨報時覺知習氣已斷故，不生中陰身，則無覺知現前，唯餘無見聞覺知之如來藏空性無形無色，不再受生於三界中，不復於三界中現身意，不復現起覺知，是名無餘涅槃。

然欲實證此涅槃，則須入滅前藉此覺知心聞法熏習及見道修道，而後方能斷除覺知心之貪著祂自己，方能證涅槃。覺知之重要性在此，而非如寂天所云以覺知為不生滅之主體，欲令人「努力不懈地保持覺知」。寂天茫於此理，顯然不證不知涅槃，而言實證涅槃者，乃大妄語也，未證謂證故。

觀彼寂天「菩薩」所著《入菩薩行》中所述，彼亦於破斥唯識時廣破意識；然唯識系一切如來藏經論中，已先自行廣破意識等六，名為依他起性，不待彼寂天之誤會指斥唯識為不了義也。而唯識諸經復依前六識之依他起性而證有如來藏之體不生滅，非彼寂天之所知也。蓋虛妄唯識之外復有真實唯識，函蓋虛妄唯識及二乘法，名為一切種智，乃證得空性阿賴耶識者悟後所應進修之妙法也；寂天尚且未能見道，何能知此？

今者寂天於《入菩薩行》中廣破意識，然意識即是彼所欲極力保持之覺知也。云何一面廣破其非，而另一面又令人極力保任祂？何其矛盾？而此覺知（意識）心之虛幻假有，愚已多所陳述，茲不重敘。寂天之所以有此大過者，乃因彼認為覺知心離語言妄想思惟，一心不亂時，即成常住真如；如此誤會，其過極多，愚已略述於拙作《真實如來藏》中，非寂天之所能知也。

而彼《入菩薩行》所述法無我者，皆屬五蘊之人無我，仍未能知法無我。而彼復執覺知為不生滅心，「努力不懈地保持覺知」，則顯示彼仍未見道——不論大乘小乘之見道；我見未斷故，覺知心即是佛說之識蘊我故。據此以觀，寂天猶未滿足大乘四加行，未得忍位，何況世第一法位？謂忍位已印能取空，能取即是覺知也。覺知之空相，寂天猶未能知，錯執為空性不滅，尚未是別教六住菩薩，不知不解覺知心乃是取境心，乃是緣起緣滅之妄心，亦不知空性如來藏之體性，何況能觸證空性如來藏？

不證空性如來藏，墮於覺知心之我見中，而自以為已斷我見，自認已證中觀。然愚睽其中觀所述，皆墮緣生緣滅之緣起空及聲聞無常空，而未如聲聞人之信有涅槃本際如來藏，故其所謂空性類於斷滅空，而以文辭飾言非為斷滅空。凡此諸謬，皆因未證唯識一切種智所說之如來藏識，故成此過。仁波切不知寂天底蘊，而崇拜援引其開示，殊為不當。寂天若真是大菩薩者，應當化身來覓平實，平實便舉「奉先鈍置」公案共伊商量：

江南國主禮請金陵奉先深禪師開堂；奉先禪師方才升座，維那便擊槌白曰：「法筵上的各位龍象大衆們，應當觀照第一義。」奉先禪師便說道：「果然都不認識空性，鈍置煞人。」鈍置者謂：不另施展機鋒助彼悟入，而擱置之；以毛羽未具故，施之無用故。

當時有僧出衆禮拜，問云：「如何是第一義？」奉先答曰：「全賴遇著你已經先代我說過了。」如擊石火，似閃電光，倏忽之間，已然閃過；彼僧早自說了，卻自不識，反向奉先求覓，更道：「如何領會？」奉先見他機遲，有心為他，乃撒沙：「趕快頂禮三拜！」彼僧不知所措；平實若在，便向彼僧道：「闍黎何不禮拜？」彼僧若會，禮拜奉先了，卻好向平實胸前印上一掌，平實便呵呵歸寮睡覺去，不效他寂天保持覺知也。奉先見他緣猶未具，便只好鈍置—不理會他；卻向衆僧云：「大衆！你們說說看：這鈍置合該落在誰的分上？」

只如彼僧出衆頂禮問道，明明未說得個什麼，奉先云何卻道多虧他已幫忙著說過了？若真彼僧已說，何用出衆禮拜問法？若未曾說，奉先卻又謝他已說，仁波切可委悉麼？

二如奉先令他頂禮三拜，竟是何意？云何平實亦勸他禮拜？何故又云彼僧禮拜奉先了，起來應向平實印上一掌？仁波切可曉此中蹊蹺？寂天若來，亦不能知，只得如彼僧一般遭他奉先禪師鈍置。仁波切若來問取此中密意，平實卻按捺仁波切下坐蒲團，自顧自地呵呵笑回寮房睡迷糊覺去；仁波切自會取。

第二五五則　青城八百

西川青城大面山乘和尚　僧問：「如何是相輪峰？」師曰：「直聳煙嵐際。」僧曰：「向上事如何？」師曰：「入地三尺五。」復有僧問：「如何是佛法大意？」師曰：「興義門前鼕鼕鼓。」僧曰：「學人不會。」師曰：「朝打三千，暮打八百。」

創〇仁波切云：《佛陀授記道：「在未來，尤其是在五亂充斥之末法時期，他將成為一位持戒清淨的圓滿大比丘，並將於此生全然證悟此三摩地之本質。證悟三摩地後，他將為無以計數的眾生演說此經之法教，聞法者將悉數契入開悟之道，且此法教將無間斷地傳續至未來。」事實正是如此，月光童子後來轉世為法王岡波巴，是至為清淨的僧眾，持戒圓滿無暇（瑕）。在那一生中，他圓滿無誤地證悟大手印之無上境界，然後將大手印法教傳授給極其多數的追隨者。他的法教仍然經由未曾間斷過的傳承繼續廣傳著，延續佛法的法脈，並利益無量的眾生。這全是佛陀所授記的，且全然成為事實。》

平實云：仁波切說岡波巴法王乃是月光童子轉世，並獲佛之授記一事，全然非是事實，佛所授記未來之月光菩薩也絕非是岡波巴。謂經中說月光童子自識宿命，佛世已然，豈轉生後多世修行反而退失而不知宿命？岡波巴則生來不具宿命，前三生尚不能知，云何僅以一夢而自稱為月光童子轉世？

二者月光童子於佛世時已得月燈三昧──諸法體性平等無戲論三昧。此三昧乃是法無我般若慧，屬道種智，非未入地菩薩之所知也。月燈三昧經卷三，佛亦云：「彼人末代可怖時，唯是彌勒所證知：一切時中住梵行，能廣分別是三昧。」月光聞此授記，乃踴身虛空高七多羅樹而歎佛德。今觀岡波巴不唯未得道種智──以錯認明心即是成佛故；抑且未得大乘見道之法智與類智──誤認意識覺知心為真如故，以靈知心修入無妄想之空明境界為證悟大手印故。七住明心粗淺之法智類智亦無，云何攀比月光地上菩薩威名？故知岡波巴「法王」絕非月光菩薩。

三者末法最後五十二年示現於人間之月光菩薩，其修證必須滿足七地境界，其所率領之佛子有俱脫慧脫阿羅漢及辟支佛故；此則須具二空智慧──我空與法空──方能服衆。故月光於解脫果上須超勝俱脫無學及辟支佛，此則必須七地念念入滅盡定之修證；並於四地具足聲聞一切慧，五地具足緣覺一切慧，復於六地以般若道種智圓成三乘智慧，非二乘無學所能測知，方能領衆共興佛道最後五十二年。豈岡波巴未見道者能荷此重擔？

密教中人有大弊病，謂彼四大派諸祖諸師動輒以地上菩薩或佛地所證三昧名相套於自身之粗淺修證上，復敢妄攀修證果位，全然不懼大妄語果報。往昔祕密弘傳，實際內情不為外人所知，人多不敢隨意評論，誠恐誤評地上菩薩，其罪非輕；多以「寧可信其有」之心態而噤口不言，未曾有人敢作批評。以此緣故，密教中諸法王活佛仁波切等便敢自信滿滿，得得來到寶島，廣泛開示印書發行及與翻譯，敗闕悉皆漸漸公諸於世，何有真修實證者？乃至四大派歷代諸祖之「修證」悉墮外道常見法中，而冠以佛地十地修證境界，反竟非議顯教諸宗老實修行而不敢妄語者之修證淺薄，以外道凡夫未入流境界而貶抑禪宗等諸宗之三賢位乃至地上菩薩修證為粗淺，而奢言自宗之證聖及即身成佛，豈非可笑？

今請藏密四大派諸「法王、活佛、仁波切」等，速棄密宗蓮花生等人錯誤之口訣知見，方能遠離外道常見法，速入別教六住位，速修四加行而起煖、頂、忍、世第一法，方能印定能取之空明覺知心為幻，方能印定所取之定中境界為虛，則斷外道常見邪謬，見道有望。若不肯揚棄四大派諸祖謬見者，去道遠矣！

只如仁波切於書中授人全然開悟之法，應已證悟；今以禪宗初關證悟之法智請教，若能會得，方可謂悟，而僅位階七住爾；若會不得，悉是凡夫外道，不名三賢菩薩：

有僧問西川青城和尚云：「如何是相輪峰？」此僧藉此以喻妙高峰也；青城和尚

答云：「直聳煙嵐際。」青城此語機鋒太儉，除非道這語時添加作料，否則此僧欲會也難。復問云：「宗門向上一路之事究竟如何？」青城答曰：「入地三尺五。」亦復是儉，此僧難會，就此錯過。此類機鋒唯有啐啄同時底根器方能會得，苟非天台德韶精奇一類，難有悟緣。只如青城和尚此番問答，是有為人處？是無為人處？仁波切既已全然證悟，試道看！平實洗耳恭聽。

復有僧問：「如何是佛法大意？」此問空性心之總相也，青城和尚答云：「興義府前大門旁之鼕鼕鼓即是。」僧人不會，老實答道：「學人不會。」青城和尚這回卻恁老婆：「早上打三千，晚上打八百。」放去極奢。仁波切且道：佛子為法出家，無非為了生死大事，乃問佛法大意，求個修道之入處—見道。云何青城答非所問？竟道是「興義門前鼕鼕鼓」？仁波切若道個不會，便是未見道人。

平實憫汝，且開個縫，共汝商量，便道：「上鼓樓去！朝打三千，暮打八百。」仁波切且用力打，不須數他三千八百；但教汝於鼓聲中覓取不聞底！一旦覓著，方知經典之道實是最速正真之道，非是推論。此後全球度人，但只打鼓隨身，一生受用不盡也。仁波切自會取！

第二五六則　明招撲瓶

婺州明招山德謙禪師　師受羅山印記已，靡滯於一隅激揚玄旨；諸耆宿皆畏其敏捷，後學鮮敢當其鋒者。

一日，清八路舉仰山插鍬話，問師：「古人意在叉手處？意在插鍬處？」師喚：「清上座！」清應諾，師曰：「還曾夢見仰山麼？」清曰：「不要下語，只要上座商量。」師曰：「若要商量，堂頭自有一千五百人老師在。」

師在婺州智者寺居第一座時，尋常不受淨水。主事僧問曰：「因什麼不識觸？淨水不肯受？」師下床，拈起淨瓶曰：「遮個是淨。」主事無語，師乃撲破淨瓶。師自邇道聲遐播，眾請居明招山開法，四來禪者盈于堂室。師謂眾曰：「希逢一個下坡不走，快便難逢；若有同生同死，何妨一展？」師別有頌示眾：

明招一拍和人稀　　此是眞宗上妙機

石火瞥然何處去　　朝生鳳子合應知

創〇仁波切云：《目前我們的心中存有各種不善行的肇因—包括煩惱障及知識障—這些都能且應該被清淨。……我們應該進一步的展現心性的其他具生特質。藉由鏟除一切障礙，我們能夠全然展現具生的開悟特質—例如見到如是本質的智慧及見到諸法的智慧，並使

其趣入完美或圓滿。》

平實云：開悟不是具生的，人人非生來即悟故。蘊涵開悟之功能，方是具生的；以原本蘊涵此一功能，故一切有情於後後際終將開悟，必定成佛，乃至不信佛的一神教教主及蟑螂螞蟻悉皆如是。

然不可因之執定「鏟除一切障礙便能開悟」，此謂障礙有二：煩惱障及所知障。鏟除煩惱障之一切障礙後，仍然不能開悟，譬如二乘無學斷盡一切三界煩惱，而猶不能開悟，以有所知障故。

所知障不應名為知識障，知識障乃是對三界有漏有為法之不解而成障，如人習文學算而不成功；亦如練拙火瓶氣而不成就故不知拙火瓶氣，因而成為知識障。所知障者乃對法界實相──八識心王一切法──不知不證，因此障礙成佛，此皆佛地境界之無漏無為法及無漏有為法，不同於三界中之一切有漏有為法，仁波切應知。

然而佛子欲破所知障者，難逾登天，其故有七：一者不遇真悟之師，而反被錯悟之師導向錯誤方向。二者不具慧力，故悟前無力分辨真假知識，悟後無力分析思惟整理，不與後得無分別智相應而又退失。三者福德不足，無緣親近真善知識，此有多端，茲不列舉。四者慢心所障，心高氣傲，自謂勝他，不肯受學。五者世利貪著，恐人知我向某師學而輕我賤我，將損名聞利養及與眷屬。六者氣量狹小，見取見所縛，不肯轉彼原有邪見，不肯嘗試瞭解真善知識所說法。七者崇拜假名善知識之權威名聲，雖遇真悟之師，然不肯比較真假知識所說異同而予檢校，執彼大名聲之假知識所說理論為真，以邪知邪見欲求開悟。

仁波切若能捨棄原有四大派諸祖邪知謬見，改習覺囊派篤補巴等師正知正見，此生有望開悟，方名真密行者。若仍不捨四大派諸祖謬見，則畢生難脫狂密範疇，開悟無望，永墮外道常見法中，不離凡夫境界。然覺囊派法已被宗喀巴及達賴五世假薩迦達布之手消滅，至覺囊達瑪後已經消失；僅憑篤補巴等著作，恐仁波切難以悟入，便舉「明招撲瓶」公案以示，或能益汝。然仁波切欲參詳此諸公案前，應當先行細讀拙著《真實如來藏》，方起煖頂忍及世第一法，圓滿六住般若觀行；復須詳閱拙作《悟前與悟後、生命實相之辨正》二書，然後能與此書公案拈提相應，否則誠恐汝將畢生無功，於第一義懷疑而歿：

婺州明招山德謙禪師悟前親從大善知識羅山禪師受學，悟後遊歷四方，激揚禪風，諸方老宿皆畏其機鋒敏捷，後學者更是少有敢與明招禪師論禪者。

一日，清八路舉「仰山插鍬」話（五燈會元卷九：仰山在溈山，為直歲，作務歸，溈山問：

「什麼處去來？」仰山曰：「田中來。」潙山曰：「田中有多少人？」仰山插鍬叉手。潙山曰：「今日南山，大有人刈茅。」仰山拔鍬便行）問明招禪師：「古人意在叉手處？意在插鍬處？」明招喚曰：「清上座！」清應諾，明招曰：「你還曾夢見過仰山禪師麼？」意謂清上座根本不曾悟得也。清八路云：「我不要你從宗門中說話，只是要和上座您探討。」明招答曰：「若要探討，堂上本就有一位能度一千五百人的老師在，你找他探討去。」

仰山插鍬公案且俟別輯另文拈提，暫且放過；只如清八路舉此公案問明招：「古人意在叉手處？意在插鍬處？」明招不答，卻喚他；此是何意？平實舉此呈仁波切，仁波切莫輕忽明招這一喚，須知這一喚猶如閃電光明照耀，仁波切會麼？清八路聞喚，口中應諾，聲如雷公響徹九霄；只是他兀自不聞，無上大法就此掠過。明招乃責問云：「還曾夢見仰山麼？」清八路欲冀明招為他析破，明招不肯，教他向法堂上覓大座主解析去。所有禪師悉皆如此，故云：「經有經師，律有律師，論有論師，禪有禪師。」如今四師不得，後學只得權充三師：有時說經，有時說論，有時拈禪。

明招禪師未住山開法前，曾在婺州智者寺為首座，平常不受人服侍淨水。主事僧問他：「因什麼道理不認識淨觸？不肯受人服侍淨水？」明招乃下禪床，拈起淨瓶說：「這個才是淨！」主事僧無能答對，明招乃撲破淨瓶。從此以後，明招禪師道聲遠播。

只如明招拈起淨瓶云：「這個是淨！」且道：淨瓶本是無常物，云何道個淨字？仁波切若會，從此五湖四海任爾行，只是不得至平實處。若不會，平實為尊貴的仁波切開個方便門：「明招拈起淨瓶者，且不得喚作淨瓶，喚作什麼？」仁波切於此一句下若猶不會，覓取平實來，平實為汝摔破茶杯去，終不撲破明招淨瓶；仁波切且道：「淨瓶是淨？茶杯是淨？」仁波切若答不得，平實向汝咬耳朵云：「莫著了平實道兒。」

明招後來住山開法，謂衆曰：「難得遇著個下坡，你不肯走；馬上就沒下坡路讓你走了；如果有同生同死的人，何妨展現一下？」同生同死者牢關末後句境界也，看官欲知者，請閱拙著《禪—悟前與悟後》一書，此不詳述。

明招禪師另有一頌開示大衆云「我明招這一拍手，希望有人相唱和，無奈能和的人太稀少了；我這拍手乃是真正宗門上妙機鋒啊！只是這機鋒裡的密意、猶如兩顆石頭相擊迸出火花一般，瞥然消失，不知哪裡去了！但是等到明朝生了貴子（找到眞如法身）時，你應該就會知道我明招意在何處了。」仁波切欲會麼？且俟得閑時，研究幾招拍手花招，來我正覺講堂拍手，平實指與汝看。

第二五七則　興教逢賊

晉州興教寺師普禪師　僧問：「盈龍宮，溢海藏，眞詮即不問；如何是教外別傳底法？」師曰：「眼裡、耳裡、鼻裡。」僧曰：「只此便是否？」師曰：「是什麼？」僧咄，師亦咄。

有僧來參，師問：「近離什麼處？」僧曰：「下寨。」師曰：「還逢著賊麼？」僧曰：「今日捉下。」師曰：「放汝三十棒！」

創〇仁波切云：《……金剛乘系統則相信經由真誠的虔敬心、專一的禮拜及領受灌頂與加持，根本上師及傳承上師心中之了悟能以某種方式傳入我們的存有之流中。……佛陀的正覺也無法傳遞或轉移給任何人。正覺者無法將他的證悟功德放射給一切眾生，使他們都充滿證悟的善質。》

平實云：若密宗上師能將其了悟「以某種方式傳入我們的存有之流中」，請問仁波切：您曾否從您的上師處傳得他的了悟？您又悟在何處？能否下顧後學平實？把臂暢談？二者佛陀無上正等正覺，云何反不如密宗上師？竟不能如密宗上師「以某種方式傳入」弟子心中？請問：密宗上師因什麼道理而得超勝諸佛？仁波切頗能道得耶？後學願聞其詳。

仁波切又云：《首先，讓我們來討論上師──加持的根本：就口傳教法或實修傳統而言，根本上師如同佛陀本人，有時甚至被視爲更勝於佛陀。……我們的上師是從何處得到這些法教的？他是從他的根本上師暨傳承持有者處得到的。就此而論，依我們個人情形來說，我們的根本上師比兩千多年前住世的佛陀更加仁慈、更加殊勝，他甚至比佛陀更爲優越。這就是上師──加持的根本──的寫照。》

然而平實觀諸密宗四大派祖師之著作及口訣等，悉皆墮於常見外道法中，除覺囊派外，四大派中尚未曾見有證悟之人；月稱、寂天如是，蓮花生、阿底峽、宗喀巴、密勒日巴、岡波巴……悉皆同墮常見法中，一脈口耳相傳故，迄今仍是常見外道法，云何而言「他（根本上師）甚至比佛陀更為優越」？

又佛於禪定之淺者，如四禪八定之觀禪、練禪、熏禪、修禪等皆極嫻熟；而密宗諸師無一證者，何況佛地甚深三昧而能修證？仁波切云何言上師優越於佛？今者仁波切亦人之上師，是否汝優於佛？

三者佛之真如法智類智、道種智、一切種智等，密宗四大派古今上師何有得證者？而云優越於佛？如宗喀巴、月稱、寂天之輩，尚不能知佛道真正次第，顛倒次第而說；乃至否定空性阿賴耶識，見道且無，云何仁波切言彼諸師優越於佛？寂天宗喀巴等人尚且如是，等而下之，何足道哉！

四者仁波切若主張「能親傳授故名為勝」者，試問：「現今全球諸上師們得何了義傳承？傳何了義之法？」而言優越於佛？平實觀之：所得傳承、所授之法，唯常見外道法爾，云何名為了義之「全然證悟」成佛之法？今觀汝輩上師書中開示空性之義，處處違教悖理，每每不符佛說，而云「能親傳授故名為勝」？而言「全然證悟、即身成佛」？而言「上師優越於佛」？此理不通，名為「陰貶顯宗經典佛語，陽尊密宗上師口訣」。

密宗上師云何主張第四皈依？云何有此諸過？皆因汝輩上師所言「全然證悟、即身成佛」之理論及實修，悉皆悖違經典佛示聖言量，不欲弟子們以經典比對印證，故再三強調「上師優於佛，祖師所作密續優於經典」。密宗學人若真信受，從此只依上師，佛置其次；只讀祖師所著密續，不讀佛說經典；則密宗上師即可完全掩飾其錯悟。學人迷信上師為大修行者故，便不敢將其所述對照經典，完全依密宗諸祖密續而作印證，冠以佛地境界名相，反而貶抑顯宗之真修實證者。然究其實，皆是以常見外道法冠以佛法名相爾；唯多枝葉，不見貞實。

仁波切欲入第一義法者，當速揚棄密續邪見，改依禪宗之法求悟；且舉「與教逢賊」公案商量商量：

有僧問興教寺師普禪師云：「充滿龍宮、盈溢海藏的那些經典真理就不問他；我只問：如何是教外別傳底法？」興教禪師答云：「眼睛裡、耳朵裡、鼻子裡。」仁波切若道是能見、能聞、能嗅、能知之明覺心，莫怪平實放汝三十棒。此僧不會，錯認見聞覺知之心，便問：「只就是這個嗎？」興教禪師勘云：「是什麼？」此僧便咄，不屑承當；興教亦咄，終不為他說破，教他疑三十年去！只如興教云是眼等三根，這三根有什麼玄妙？便道是教外別傳、不可說破之理？二如僧咄，興教亦咄，是有為人處？是無為人處？若道無，仁波切三十棒自領出去；若道有，有在何處？若道得，平實請您吃茶，還請下顧，切莫推辭。

一日有僧來參，興教問：「你最近一次是從什麼地方離開？」僧答：「下寨。」興教問曰：「還遇到賊嗎？」賊謂潛藏於諸人身中之真如也。彼僧不會，著他興教語脈上，便道：「今日捉到他了。」若是平實在，便將興教拂子掛上禪床角，也免得興教放三十棒，免他彼僧皮開肉綻。仁波切且道：究竟是什麼道理？

仁波切若不恥下問，平實便說與汝知：「道得也三十棒，道不得也三十棒，仁波切自領出去自打。」還識得這賊麼？

第二五八則　古隱轉身

襄州古隱智靜悟空大師　僧問：「如何是和尚轉身處？」師曰：「臥單子下。」復問：「如何是道？」師曰：「鳳林關下。」僧曰：「學人不會。」師曰：「直至荊南。」

僧問：「如何是指歸之路？」師曰：「莫用伊。」僧問：「還使學人到也無？」師曰：「什麼處著得汝？」

僧問：「靈山一會，何異今時？」師曰：「不異如今。」僧曰：「不異底事作麼生？」師曰：「如來密旨，迦葉不傳。」

創〇仁波切云：《第二，本尊是成就的根本。……一切諸法的真實本性或根本狀態具有三個層面，稱爲「三身」：法身、報身及化身。法身是真如的自然狀態。談及報身時，我們會聽到「本尊是真如狀態的報身形式」的說法。爲了改變或清淨貪執、瞋恚及愚鈍的習性，本尊或以寂靜平和之相、或以忿怒之相示現；此外，本尊或以男相、或以女相示現，分別象徵方便及智慧。他們以此各種形相……來幫助修行者克服貪瞋痴的煩惱。藉由修持本尊法—包括生起次第及圓滿次第，我們可以達到真正的證悟—究竟的成就。就此觀點而論，在佛法的修持中，本尊是「成就的根本。」》

平實云：本尊之觀想，不論是空行母或金剛持……等，其所觀者皆是空性如來藏所顯內相分，並非即是空性如來藏本體，不應錯認為即是本心。又此觀想所得形像皆是末那及意識配合運作下，而由如來藏所生；既是自己所生，故能由己意力修正改變觀想，使其日益廣大莊嚴；純是自心之相分故，非能教化吾人修道，彼相分所顯本尊之相無覺無知故，依吾人意識而現、而變易故，非是恒常不滅之法，此非報身佛也；乃是自心所現之內相分爾。

譬如觀想男相女相本尊，亦皆非實，非為報身，皆自心觀想所成爾；假饒觀至廣大莊嚴、微妙至極，亦無資益吾人智慧及方便善巧之作用，謂佛曾云觀想之法乃是愚夫所行禪也，何得以女相本尊資益智慧、男相本尊資益方便？仁波切若言能爾，且問：「汝之見地何在？云何開示處處違教悖理？」若自言尚未觀成本尊，則仁波切之言無足論矣！欲曉智慧與方便，且觀「古隱轉身」公案，此乃真智慧、真方便也：

有僧問：「如何是和尚轉身處？」轉身處謂悟入空性之契機也。古隱禪師答云：「臥單子下。」謂古隱禪師常在臥鋪轉身也。僧復問：「如何是道？」古隱答云：「道在鳳林關下面。」彼僧云：「學人不會。」古隱云：「直到荆州南方。」

只如僧問向上一路之轉身處，古隱禪師云何答是臥鋪？仁波切若問平實：「向何處尋覓空性？」平實亦云：「臥鋪。」仁波切若未會得前來諸則公案，欲會此則，轉更難會也，太過平實故。

二如僧問佛道，古隱云何言是鳳林關下之道？仁波切且道：佛道與鳳林關下道，相去幾何？仁波切若欲知者，鳳林關下好看！

三如彼僧白云不會，古隱云何卻道「鳳林關道直到荆南」？仁波切若來問佛道，平實便云：「至善大道。」仁波切若云不會，平實但云：「直至外雙溪。」仁波切好走。

四如別僧問指歸之路，古隱答云：「不可用那條路。」既不可用那條路，卻用何路可以指歸？平實說與您知：「至善路！」仁波切若問：「還能使我創○到家麼？」平實但道：「何處礙著你回家？」仁波切欲會麼？莫再修觀本尊，至善路上好走！

五如僧問：「當年靈山一會，與如今有什麼差別？」古隱答云：「與今天無有差別。」此僧打蛇隨棍上，追問空性第一義，便問：「沒有差別的（古今如一的空性心）究竟怎麼回事？」古隱回他：「這是如來之祕密旨意，迦葉都不傳給別人的。」此句轉更難會，便似玄則求火（二六三則）公案一般，仁波切管保覰不得也，且聽平實勸：莫觀想思惟，每日裡上至善路，覓爾歸鄉之路好！若久覓不見，且轉個身看！

第二五九則 白雲龍象

韶州後白雲和尚 初開堂登座，謂眾曰：「不審！從上宗風，不容佇思；然念諸佛初心敬禮、後代相承事，須有方便。三十年後不得埋沒。若是高賢上士，不在其流；後學初心，示汝個入路：看取大眾頭上。若也不會，聽葛藤去也。」良久又曰：「上自諸佛，下至含識，共個眞心；且阿哪個是諸人心？莫是情與無情共一體麼？恁麼見解，何似三家村裡？既如是不得，又作麼生會？直下會得，早是自相鈍置。若據祖師門下，豈立遮個階梯？眨上眉毛，早是蹉過，何況聲前薦得、句後投機？會中還有知音者麼？去卻擔簦，請截流相見。」時有僧出禮拜，師曰：「俊哉！龍象蹴踏潤無邊，三乘五性皆惺悟。」僧擬再伸問，師曰：「去！」（簦：有柄的笠子。）

創〇仁波切云：《如此，「空性之四重意義」表示：空性就是色相的究竟體性，而且由於其體性是空性的緣故，我們所覺知的物理形相從一開始就和空性不可分離。……我們可以從自己的禪修經驗中瞭解其餘四蘊亦是如此，因爲它們都是心的層面；種種知覺都不具有任何具生的本體，它們都是空性的。同時，不論我們談到的是想蘊或行蘊，我們稱之爲「心」的一切，其本性皆是空性，我們無法找到任何可稱之爲「心」的具體實質。……》

平實云：心經所說色即是空等四句，非即仁波切所說義也；若色蘊即是空性，則人死應空性滅，色與空性是一是同故；受想行識亦復如是，何異唯物論之斷滅見？此皆因汝錯解空相與空性，混為一談，故有此過。

仁波切所說空性若改為空相，則符佛意：《空相就是色相的究竟體性，而且由於其體性是空相的緣故，我們所覺知的物理形相從一開始就和空相不可分離。》受想行識亦復如是。斯名正說，符二乘無常空及緣起性空故，皆名空相；斯即心經所述「諸法空相」也；一切人因此不能責汝。

然心經「色即是空，空即是色；色不異空，空不異色」四句非汝之錯解也，謂此空者乃說空性，非汝所謂空相故。色蘊乃空性心依父母緣而生，由空性心所生所持，色存則空性心存，色壞則空性心離；非謂無常空及緣起空為空性，斯名空相，不可錯會為空性。受想行識亦復如是，皆以此四句顯示非異五蘊之外而有空性，不可如汝所謂「物理形相從一開始就和空性不可分離」，何以故？有大過故。

譬如有某法師謂我同修云：「無情亦有佛性，亦可成佛。」便同汝說。若物理形相皆有空性，理應皆可成佛；試問：「屋內水泥柱可成佛否？」若云能；復問：「能成幾佛？」若云一；復問：「若柱子截成三段，可成三佛否？」敗闕便顯。若問：「有情能成佛否？」答云能；次問：「成幾佛？」答云一佛；三問：「有情砍下一腿，彼腿有空性否？能成佛否？」答云：「彼一腿無有空性，不能單獨成一有情故；不能成佛。」四問：「蚯蚓以無菌手術割成三截，三截俱活，應有三空性否？何以故？」答云：「蚯蚓色身具此低等動物功能，能成三節俱活；其增二節色體於分割完成後，隨即感應有緣之如來藏由餓鬼等道受生為彼二節蚯蚓，復生口等。若因細菌感染，彼二節壞死，即不能容受彼二有情之空性心入持。」故唯有情方能成佛，故唯有情方有空性心；一切無情皆無空性，唯有空相爾。譬如肉攤上販售之豬羊肉，雖有物理形相，然無空性，非有情故；故仁波切不應言物理形相皆有空性，改名空相即符佛旨。仁波切若欲證解空性者，請參「白雲龍象」公案：

韶州後白雲和尚初開堂登座時，對衆人云：「不知大衆知否！自諸祖以來宗門風格，皆不容許呆坐思惟；然而想到諸佛初發心時敬禮善知識、以及後代佛子互相承繼之事，老僧應須有個方便；爾等個個皆須出頭，三十年後不許埋沒我宗門正法。如果是高賢上士，早就自參自悟了，不在你們這一類人中，不須聽我開示；若是後學之初發心人，我這裡為你指示一個入門之路：向大衆頭上看取（會取）。若仍不會，只好聽人家扯葛藤去了。」

許久之後才又開示道：「上自諸佛，下至蠢蠢蠕動之毛蟲等含識有情，都是同一個(種)真心啊！只是：究竟阿哪個是衆人的心？難道是有情與無情共有一個真心本體麼？像這樣的見解，真像是三家村裡的俗人一般。既然不是這般，又要如何體會祂？剎那間直接體證到的時候，早已是把自己否定放下了。若依祖師門下規矩，哪裡還建立這個次第來扯葛藤？眨上一下眉毛，你早就已經錯過了，何況是聽人家說話前體會到的、以及說完話才與機鋒相應的人呢？如今法會上還有我的知音麼？放下重擔與柄笠，別拖泥帶水，請直接與我相見。」話畢，便有一僧出衆禮拜，白雲禪師便讚曰：「真是俊俏啊！龍象或蹴或踏，潤益無邊有情，大中小乘之五類種性(聲聞、緣覺、菩薩、不定、無種性)全都警覺開悟了。」彼僧擬再提出請問，白雲卻直下令他：「走吧！」

只如佛法大意深妙難會，多少座主罷講之後入了叢林，參到老死依舊無個入處，云何白雲卻教衆僧向大衆頭上看取？云何又道「若會不得，只好聽人扯葛藤去」？

二如悟道之人方才悟入，云何便不認空明覺知之自己？早將自己鈍置？

三如祖師門下云何而言「眨上一下眉毛便早已錯過」？眉毛與佛法有什麼相干？得恁麼厲害？

四如白雲教人去卻擔簦、截流相見時，有僧出禮拜，事亦尋常，云何白雲卻讚歎無已？

五如白雲讚歎已，一衆不會，彼僧更欲伸問，白雲為何不教問？卻直下命他出去？

仁波切若解得其一，五問同時冰銷瓦解；若錯解者，依舊是五問，不是一問。仁波切欲會麼？聽余頌曰：

白雲一聲去，龍象蹴踏顯；
足下躍明珠，更覓長天月！

第二六〇則　棗樹辜負

棗樹和尚 問僧：「發足什麼處？」僧曰：「閩中。」師曰：「俊哉！」僧曰：「謝師指示。」師曰：「屈哉！」

僧鋤地次，見師、乃不審，師曰：「見阿誰了？便不審？」僧曰：「見師不問訊，禮式不全。」師曰：「卻是辜負老僧。」其僧歸堂，舉似首座，首座曰：「和尚近日可畏，為人切。」師聞之，乃打首座七棒，首座曰：「某甲恁麼道，未有過，打恁麼？」師曰：「枉喫如許多年鹽醋。」又打七棒。

創○仁波切云：《同時我也必須說：由於這部「三摩地王經」被用為大手印修持的背景或輔佐性法教，所以我們必須以超越僅止於學術性探討或研究文字意義的方式來研習這部經典，應該藉由實修三摩地境界而融會貫通這部經典的意義；應該試著從我們自己的禪定修習中去體驗此經所闡述的意義。到目前為止，我都只是以枯燥的學術角度在談論空性及三摩地，這當然不夠；現在就讓我們一起來實地禪修吧！》

平實云：月燈三昧之所以名為三摩地王，乃因此是世出世間一切法之根本；此是空性般若三昧，非可依禪定而修而得。此空性般若體性本來自在，一念相應而悟，智慧便漸漸顯發，雖無境界可得，然非四禪八定滅盡定證者所知也，非依禪定修持可得故，此是般若故。

仁波切欲令徒衆以大手印法而悟入者無有是處，謂白教大手印法乃是禪定之法，不與般若相應，非真大手印也。真大手印者乃是禪宗般若禪之修法—於四威儀中參詳尋覓，不教人枯坐觀察妄心妄想。故諾那呼圖克圖稱禪宗為「大密宗」；多有悟證者故，能與三乘經論印證故，二乘無學及藏密四大派古今諸祖悉不能測其高深故。

愚每年著作公案拈提一輯，摧諸邪說，不為降他；只欲顯示正理，冀望一佛乘之大法高張不墮，利益今世後代佛子，以俟月光童子於最後五十二年共興佛法。

然而公案之提唱，必定一針見血，不作無病呻吟；著著指向入處，自古風格如是。如箭射向四方，必然多有損傷；豈唯我衆中之諍勝者不喜，以《平實書箋》中之二函質難；亦多諸方老宿之保守者不悅，寄化名函而不遺地址以辱罵，愚欲與其共結法緣而不可得，誠一憾事。

比來多見密宗行者以定為禪，依大手印法大圓滿法打坐，修入無妄想之空明狀態中，便以空明覺知心為真如，自謂已悟、即身成佛，悉墮外道常見法中，為四大派諸祖諸師所誤導而不自知。忽見愚著公案拈提及《平實書箋》書中剖析，便不能忍，忿恨難消；間有瞋重之人，效我衆中之瞋重者，施余無根誹謗而作人身攻擊謠傳。

憶昔初出道時，曾聞人傳說：「李元松老師據說有三妻四妾。」余即當場指斥，並謂「有根尚不應謗，何況無根而謗？」復曉以因果重報。復有謠傳，謂星雲法師如何如何，又謠傳聖嚴法師如何如何，深覺末法衆生疑蓋深重及心多染污；不意今日愚非名聞之人，而無根誹謗已經多年踵接而來，其荒誕不經及違情悖理至此，殊難理解；唯能推為五濁惡世之末法現象爾。

然學佛者應當先立正見：學佛者唯求真理實相，唯依聖教量為依，故以四依為準：依法不依人，依了義經不依不了義經，依義不依語，依智不依識；對諸密宗行者，建議增第五依：依了義經不依密續，唯除符合了義經。苟婬女居夫所說契合佛旨，當即信受；苟大法師大居士大法王所言悖逆佛旨，當摒棄之。復如央掘魔羅所說、《華嚴經》中婬女……等所說，悉應信受；以依法不依人故。而余三業無過，十重不犯；法復無過，契合佛旨，云何不信余言？乃竟破法不成，遂以無根誹謗而施人身攻擊；有智之人自能照燭，無庸後學為諸流言闢謠也！

學佛既為尋覓真理智慧，自當依法論法；若法有失，人既說之，即當探究有無過失，速依經意佛旨比對印證；有則改之，無則勉之，斯乃有智之人。若不能如此，翻生無明而造口業，犯於十重，豈真不信佛說十重戒果報耶？密宗行者亦復如是，莫因

《平實書箋》於余起瞋，余謹據實陳述，未曾擅自損益宗喀巴等人所說，諸方大德皆可檢閱審核彼等著作自行證實。密宗行者若能改依正知正見而修，可免誤入歧途及大妄語業，後世吉祥無憂，今生有緣證悟，便入第一義諦，真實了知實相；懶者人天七返，勤者一生取辦，便得無學盡智，實證無餘涅槃；密宗行者當自慶幸：「密宗四大派諸祖大手印、法義、道次第……等謬失，唯有蕭平實能說敢說。餘人脫或知之，亦不敢說也。余等密宗行者因此能辨邪見，能入真密正道，皆因蕭平實所致，不應瞋之。」則一佛乘正法幸之！密宗幸之！平實幸之！

只如諸方密宗行者欲入真密麼？請入「大密宗」來，便舉「棗樹辜負」公案供養諸君：

棗樹和尚問僧：「從什麼地方走了來？」僧答：「閩中走來。」棗樹讚曰：「走得好呀！」彼僧答曰：「謝謝師父指示。」棗樹卻道：「真是冤枉呀！」

且道：禪師們一向慣使機鋒，雷霆萬鈞，間不容針，云何初見人時又往往問人來處？一似老奶奶？

次道：彼僧答云從閩中來，棗樹卻道俊哉！究竟俊在何處？諸行者欲知路途麼？且抬腳邁向台北士林。

末道：彼僧答謝棗樹指示，亦無乖謬，云何棗樹卻道個屈哉？平實若在，便代彼僧向棗樹面前斂袖抆眼，哭云：「路途不逢，今日方見。」拂袖便出得也。不審諸方老宿還知平實落處否？

一日因僧鋤地時，見棗樹和尚走來，乃問訊棗樹，道個不審。棗樹問曰：「你究竟見了什麼人（見了什麼善知識而悟入）？便向我道個不審？」彼僧答曰：「見了師父若不問訊，那就有失禮儀，所以問訊不審。」棗樹曰：「卻是辜負老僧了。」彼僧便回法堂，說與首座知。首座道：「和尚近幾天來令人畏懼，因為他急切地要人悟入。」棗樹和尚聞他二人恁道，便來打了首座七棒；首座問道：「我這麼說，未曾有過失，打我作什麼？」棗樹卻責他：「枉費你吃了這許多年的鹽醋。」說完又打七棒。

只如這僧見棗樹走來，問訊不審時，早該認取；無奈此僧去道仍遠，都無所知，更勞棗樹提示：「見阿誰了？便不審？」此僧懵然不覺，更道禮節，棗樹便責他辜負一番心意。且道：此僧何處辜負他？若是平實即不然，更將鋤柄遞與他，但道不是鋤柄；棗樹若休，平實便向參堂坐待；棗樹若進得參堂，平實卻禮一拜，珍重便出，留他棗樹呵呵大笑。且道平實與棗樹和尚是什麼心行？

二如首座道：「和尚近日可畏，懇切為人。」棗樹聞他恁道，以為是個有機緣的，乃趨前打七棒，不料首座錯會棗樹責他，反辯無過。且道：棗樹云何打這七棒？意在何處？

三如棗樹訶他首座云：「枉吃這許多年鹽醋。」又打七棒；竟是何故？行者欲會麼？揀個豔陽天來，看平實晒蒲團、拍蒲團去！

頌曰：枉吃鹽醋如許年　復遭棗樹二七棒
更待平實拍蒲團　方會棗樹十四棒

佛教正覺同修會〈修學佛道次第表〉

第一階段

* 以憶佛及拜佛方式修習動中定力。
* 學第一義佛法及禪法知見。
* 無相拜佛功夫成就。
* 具備一念相續功夫—動靜中皆能看話頭。
* 努力培植福德資糧，勤修三福淨業。

第二階段

* 參話頭，參公案。
* 開悟明心，一片悟境。
* 鍛鍊功夫求見佛性。
* 眼見佛性〈餘五根亦如是〉親見世界如幻，成就如幻觀。
* 學習禪門差別智。
* 深入第一義經典。
* 修除性障及隨分修學禪定。
* 修證十行位陽焰觀。

第三階段

* 學一切種智真實正理—楞伽經、解深密經、成唯識論…。
* 參究末後句。
* 解悟末後句。
* 透牢關—親自體驗所悟末後句境界，親見實相，無得無失。
* 救護一切眾生迴向正道。護持了義正法，修證十迴向位如夢觀。
* 發十無盡願，修習百法明門，親證猶如鏡像現觀。
* 修除五蓋，發起禪定。持一切善法戒。親證猶如光影現觀。
* 進修四禪八定、四無量心、五神通。進修大乘種智，求證猶如谷響現觀。

佛菩提二主要道次第概要表——二道並修，以外無別佛法

佛菩提道——大菩提道

十信位修集信心——一劫乃至一萬劫

資糧位

初住位修集布施功德（以財施爲主）。
二住位修集持戒功德。
三住位修集忍辱功德。
四住位修集精進功德。
五住位修集禪定功德。
六住位修集般若功德（熏習般若中觀及斷我見，加行位也）。

（外門廣修六度萬行）

見道位

七住位明心般若正觀現前，親證本來自性清淨涅槃。
八住位起於一切法現觀般若中道。漸除性障。
十住位眼見佛性，世界如幻觀成就。

一至十行位，於廣行六度萬行中，依般若中道慧，現觀陰處界猶如陽焰，至第十行滿心位，陽焰觀成就。

一至十迴向位熏習一切種智；修除性障，唯留最後一分思惑不斷。第十迴向滿心位成就菩薩道如夢觀。

（內門廣修六度萬行）

遠波羅蜜多

初地：第十迴向位滿心時，成就道種智一分（八識心王一一親證後，領受五法、三自性、七種第一義、七種性自性、二種無我法）復由勇發十無盡願，成通達位菩薩。復又永伏性障而不具斷，能證慧解脫而不取證，由大願故留惑潤生。此地主修法施波羅蜜多及百法明門。證「猶如鏡像」現觀，故滿初地心。

二地：初地功德滿足以後，再成就道種智一分而入二地；主修戒波羅蜜多及一切種智。滿心位成就「猶如光影」現觀，戒行自然清淨。

解脫道：二乘菩提

→ 斷三縛結，成初果解脫

→ 薄貪瞋癡，成二果解脫

→ 斷五下分結，成三果解脫

入地前的四加行令煩惱障現行悉斷，成四果解脫，留惑潤生。分段生死已斷，煩惱障習氣種子開始斷除，兼斷無始無明上煩惱。

近波羅蜜多

三地：二地滿心再證道種智一分，故入三地。此地主修忍波羅蜜多及四禪八定、四無量心、五神通。能成就俱解脫果而不取證，留惑潤生。滿心位成就「猶如谷響」現觀及無漏妙定意生身。

四地：由三地再證道種智一分故入四地。主修精進波羅蜜多，於此土及他方世界廣度有緣，無有疲倦。進修一切種智，滿心位成就「如水中月」現觀。

五地：由四地再證道種智一分故入五地。主修禪定波羅蜜多及一切種智，斷除下乘涅槃貪。滿心位成就「變化所成」現觀。

修道位

六地：由五地再證道種智一分故入六地。此地主修般若波羅蜜多——依道種智現觀十二因緣一一有支及意生身化身，皆自心眞如變化所現，「非有似有」，成就細相觀，不由加行而自然證得滅盡定，成俱解脫大乘無學。

七地：由六地「非有似有」現觀，再證道種智一分故入七地。此地主修一切種智及方便波羅蜜多，由重觀十二有支一一支中之流轉門及還滅門一切細相，成就方便善巧，念念隨入滅盡定。滿心位證得「如犍闥婆城」現觀。

七地滿心斷除故意保留之最後一分思惑時，煩惱障所攝色、受、想三陰有漏習氣種子同時斷盡。

大波羅蜜多

八地：由七地極細相觀成就故再證道種智一分而入八地。此地主修一切種智及願波羅蜜多。至滿心位純無相觀任運恆起，故於相土自在，滿心位復證「如實覺知諸法相意生身」故。

九地：由八地再證道種智一分故入九地。主修力波羅蜜多及一切種智，成就四無礙，滿心位證得「種類俱生無行作意生身」。

十地：由九地再證道種智一分故入此地。此地主修一切種智——智波羅蜜多。滿心位起大法智雲，及現起大法智雲所含藏種種功德，成受職菩薩。

等覺：由十地道種智成就故入此地。此地應修一切種智，圓滿等覺地無生法忍；於百劫中修集極廣大福德，以之圓滿三十二大人相及無量隨形好。

煩惱障所攝行、識二陰無漏習氣種子任運漸斷，所知障所攝上煩惱任運漸斷。

圓滿波羅蜜多

究竟位

妙覺：示現受生人間已斷盡煩惱障一切習氣種子，並斷盡所知障一切隨眠，永斷變易生死無明，成就大般涅槃，四智圓明。人間捨壽後，報身常住色究竟天利樂十方地上菩薩；以諸化身利樂有情，永無盡期，成就究竟佛道。

斷盡變易生死
成就大般涅槃

圓滿成就究竟佛果

佛子蕭平實　謹製
（二〇〇九、〇二　修訂）
（二〇一二、〇二　增補）

佛教正覺同修會 共修現況 及 招生公告　2015/09/06

一、共修現況：（請在共修時間來電，以免無人接聽。）

台北正覺講堂 103 台北市承德路三段 277 號九樓 捷運淡水線圓山站旁 Tel..**總機** 02-25957295（晚上）（**分機：九樓**辦公室 10、11；知客櫃檯 12、13。 **十樓**知客櫃檯 15、16；書局櫃檯 14。 **五樓**辦公室 18；知客櫃檯 19。**二樓**辦公室 20；知客櫃檯 21。）Fax..25954493

第一講堂 台北市承德路三段 277 號九樓

禪淨班：週一晚上班、週三晚上班、週四晚上班、週五晚上班、週六下午班、週六上午班（皆須報名建立學籍後始可參加共修，欲報名者詳見本公告末頁）

增上班：瑜伽師地論詳解：每月第一、三、五週之週末 17.50～20.50 平實導師講解（僅限已明心之會員參加）

禪門差別智：每月第一週日全天　平實導師主講（事冗暫停）。

佛藏經詳解　平實導師主講。已於 2013/12/17 開講，歡迎已發成佛大願的菩薩種性學人，攜眷共同參與此殊勝法會聽講。詳解 釋迦世尊於《佛藏經》中所開示的眞實義理，更爲今時後世佛子四眾，闡述佛陀演說此經的本懷。眞實尋求佛菩提道的有緣佛子，親承聽聞如是勝妙開示，當能如實理解經中義理，亦能了知於大乘法中：如何是諸法實相？善知識、惡知識要如何簡擇？如何才是清淨持戒？如何才能清淨說法？於此末法之世，眾生五濁益重，不知佛、不解法、不識僧，唯見表相，不信眞實，貪著五欲，諸方大師不淨說法，各各將導大量徒眾趣入三塗，如是師徒俱堪憐憫。是故，平實導師以大慈悲心，用淺白易懂之語句，佐以實例、譬喻而爲演說，普令聞者易解佛意，皆得契入佛法正道，如實了知佛法大藏。

此經中，對於實相念佛多所著墨，亦指出念佛要點：以實相爲依，念佛者應依止淨戒、依止清淨僧寶，捨離違犯重戒之師僧，應受學清淨之法，遠離邪見。本經是現代佛門大法師所厭惡之經典：一者由於大法師們已全都落入意識境界而無法親證實相，故於此經中所說實相全無所知，都不樂有人聞此經名，以免讀後提出問疑時無法回答；二者現代大乘佛法地區，已經普被藏密喇嘛教滲透，許多有名之大法師們大多已曾或繼續在修練雙身法，都已失去聲聞戒體及菩薩戒體，成爲地獄種姓人，已非眞正出家之人，本質只是身著僧衣而住在寺院中的世俗人。這些人對於此經都是讀不懂的，也是極爲厭惡的；他們尚不樂見此經之印行，何況流通與講解？今爲救護廣大學佛人，兼欲護持佛教血脈永續常傳，特選此經宣講之。每逢週二 18.50~20.50 開示，不限制聽講資格。會外人士需憑身分證件換證入內聽講（此是大樓管理處之安全規定，敬請見諒）。桃園、台中、台南、高雄等地講堂，亦於每週二晚上播放平實導師所講本經之 DVD，不必出示身分證件即可入內聽講，歡迎各地善信同霑法益。

第二講堂　台北市承德路三段 267 號十樓。

禪淨班：週一晚上班、週四晚上班、週六下午班。

進階班：週三晚上班、週五晚上班（禪淨班結業後轉入共修）。

佛藏經詳解：平實導師講解。每週二 18.50~20.50（影像音聲即時傳輸）。本會學員憑上課證進入聽講，會外學人請以身分證件換證進入聽講（此為大樓管理處安全管理規定之要求，敬請諒解）。

第三講堂　台北市承德路三段 277 號五樓。

進階班：週一晚上班、週三晚上班、週四晚上班、週五晚上班、週六下午班。

佛藏經詳解：平實導師講解。每週二 18.50~20.50（影像音聲即時傳輸）。本會學員憑上課證進入聽講，會外學人請以身分證件換證進入聽講（此為大樓管理處安全管理規定之要求，敬請諒解）。

第四講堂　台北市承德路三段 267 號二樓。

進階班：週三晚上班、週四晚上班（禪淨班結業後轉入共修）。

佛藏經詳解：平實導師講解。每週二 18.50~20.50（影像音聲即時傳輸）。本會學員憑上課證進入聽講，會外學人請以身分證件換證進入聽講（此為大樓管理處安全管理規定之要求，敬請諒解）。

第五、第六講堂　為**開放式講堂**，不需以身分證件換證即可進入聽講，台北市承德路三段 267 號地下一樓、地下二樓。已規劃整修完成，每逢週二晚上講經時段開放給會外人士自由聽經，請由大樓側面梯階逕行進入聽講。**聽講者請尊重講者的著作權及肖像權，請勿錄音錄影，以免違法；若有錄音錄影被查獲者，將依法處理**。

正覺祖師堂　大溪鎮美華里信義路 650 巷坑底 5 之 6 號（台 3 號省道 34 公里處 妙法寺對面斜坡道進入）電話 03-3886110　傳眞 03-3881692 本堂供奉 克勤圓悟大師，專供會員每年四月、十月各二次精進禪三共修，兼作本會出家菩薩掛單常住之用。除禪三時間以外，每逢單月第一週之週日 9:00~17:00 開放會內、外人士參訪，當天並提供午齋結緣。教內共修團體或道場，得另申請其餘時間作團體參訪，務請事先與常住確定日期，以便安排常住菩薩接引導覽，亦免妨礙常住菩薩之日常作息及修行。

桃園正覺講堂（第一、第二講堂）：桃園市介壽路 286、288 號 10 樓（陽明運動公園對面）電話：03-3749363（請於共修時聯繫，或與台北聯繫）

禪淨班：週一晚上班、週三晚上班、週四晚上班、週五晚上班。

進階班：週六上午班、週五晚上班。

佛藏經詳解：平實導師講解 每逢週二晚上，以台北正覺講堂所錄 DVD 放映；歡迎會外學人共同聽講，不需出示身分證件。

新竹正覺講堂 新竹市東光路 55 號二樓之一　電話 03-5724297（晚上）

第一講堂：

禪淨班：週一晚上班、週三晚上班、週五晚上班、週六上午班。

進階班：週三晚上班、週四晚上班（由禪淨班結業後轉入共修）。

佛藏經詳解：平實導師講解，每週二晚上。以台北正覺講堂所錄 DVD 放映。歡迎會外學人共同聽講，不需出示身分證件。

第二講堂：

禪淨班：週三晚上班、週四晚上班。

佛藏經詳解：每週二晚上與第一講堂同時播放佛藏經詳解 DVD。

台中正覺講堂 04-23816090（晚上）

第一講堂 台中市南屯區五權西路二段 666 號 13 樓之四（國泰世華銀行樓上。鄰近縣市經第一高速公路前來者，由五權西路交流道可以快速到達，大樓旁有停車場，對面有素食館）。

禪淨班：週三晚上班、週四晚上班、週五晚上班、週六早上班。

進階班：週一晚上班（由禪淨班結業後轉入共修）。

增上班：單週週末以台北增上班課程錄成 DVD 放映之，限已明心之會員參加。

佛藏經詳解：平實導師講解。以台北正覺講堂所錄 DVD 放映。每週二晚上放映，歡迎會外學人共同聽講，不需出示身分證件。

第二講堂 台中市南屯區五權西路二段 666 號 4 樓

禪淨班：週一晚上班。

進階班：週五晚上班、週六早上班（由禪淨班結業後轉入共修）。

佛藏經詳解：每週二晚上與第一講堂同時播放佛藏經詳解 DVD。

第三講堂、第四講堂：台中市南屯區五權西路二段 666 號 4 樓。

嘉義正覺講堂 嘉義市友愛路 288 號八樓之一　電話：05-2318228

第一講堂：

禪淨班：預定 2014 /10/23 週四開課，歡迎報名參加共修。

佛藏經詳解：自 2014/10/28 起每週二晚上 18:50～20:50 播放台北講堂錄製的講經 DVD。

第二講堂 嘉義市友愛路 288 號八樓之二。

台南正覺講堂

第一講堂 台南市西門路四段 15 號 4 樓。06-2820541（晚上）

佛藏經詳解：平實導師講解。以台北正覺講堂所錄 DVD 放映。每週二晚上放映，歡迎會外學人共同聽講，不需出示身分證件。

禪淨班：週一晚上班、週三晚上班、週六下午班。

進階班：雙週週末下午班（由禪淨班結業後轉入共修）。

增上班：單週週末下午，以台北增上班課程錄成 DVD 放映之，限已明心之會員參加。

第二講堂　台南市西門路四段 15 號 3 樓。

佛藏經詳解：每週二晚上與第一講堂同時播放佛藏經詳解 DVD。

第三講堂　台南市西門路四段 15 號 3 樓。

佛藏經詳解：每週二晚上與第一講堂同時播放佛藏經詳解 DVD。

禪淨班：週四晚上班、週六晚上班。

進階班：週五晚上班、週六早上班（由禪淨班結業後轉入共修）。

高雄正覺講堂　高雄市新興區中正三路 45 號五樓 07-2234248（晚上）

第一講堂（五樓）：

佛藏經詳解：平實導師講解。以台北正覺講堂所錄 DVD 放映。每週二晚上放映，歡迎會外學人共同聽講，不需出示身分證件

禪淨班：週三晚上班、週四晚上班、週末上午班。

進階班：週一晚上班（由禪淨班結業後轉入共修）。

增上班：單週週末下午，以台北增上班課程錄成 DVD 放映之，限已明心之會員參加。

第二講堂（四樓）：

佛藏經詳解：每週二晚上與第一講堂同時播放佛藏經詳解 DVD。

禪淨班：週三晚上班、週四晚上班。

進階班：週四晚上班（由禪淨班結業後轉入共修）。

第三講堂（三樓）：（尚未開放使用）。

美國洛杉磯正覺講堂　**☆已遷移新址☆**

825 S. Lemon Ave Diamond Bar, CA 91798 U.S.A.

Tel. (909) 595-5222（請於週六 9:00~18:00 之間聯繫）

Cell. (626) 454-0607

禪淨班：每逢週末 15：30~17：30 上課。

進階班：每逢週末上午 10：00 上課。

佛藏經詳解：平實導師講解 以台北正覺講堂所錄 DVD，每週六下午放映(13：00~15：00)，歡迎各界人士共享第一義諦無上法益，不需報名。

香港正覺講堂　**☆另覓新址正在遷移中，暫停招收新學員☆**

二、**招生公告** 本會台北講堂及全省各講堂，每逢四月、十月中旬開新班，每週共修一次（每次二小時。開課日起三個月內仍可插班）；但美國洛杉磯共修處得隨時插班共修。各班共修期間皆為二年半，欲參加者請向本會函索報名表（各共修處皆於共修時間方有人執事，非共修時間請勿電詢或前來洽詢、請書），或直接從成佛之道網站下載報名表。共修期滿時，若經報名禪三審核通過者，可參加四天三夜之禪三精進共修，有機會明心、取證如來藏，發起般若實相智慧，成為實義菩薩，脫離凡夫菩薩位。

三、**新春禮佛祈福** 農曆年假期間停止共修：自農曆新年前七天起停止共修與弘法，正月 8 日起回復共修、弘法事務。新春期間正月初一～初七 9.00～17.00 開放台北講堂、大溪禪三道場（正覺祖師堂），方便會員供佛、祈福及會外人士請書。美國洛杉磯共修處之休假時間，請逕詢該共修處。

密宗四大派修雙身法，是外道性力派的邪法；又以生滅的識陰作為常住法，是常見外道，是假的藏傳佛教。

西藏覺囊巴以他空見弘揚第八識如來藏勝法，才是真藏傳佛教

佛教正覺同修會　弘法行事表　2014/08/19

1、**禪淨班**　以無相念佛及拜佛方式修習動中定力，實證一心不亂功夫。傳授解脫道正理及第一義諦佛法，以及參禪知見。共修期間：二年六個月。每逢四月、十月開新班，詳見招生公告表。

2、**《佛藏經》詳解**　平實導師主講。已於 2013/12/17 開講，歡迎已發成佛大願的菩薩種性學人，攜眷共同參與此殊勝法會聽講。詳解釋迦世尊於《佛藏經》中所開示的眞實義理，更爲今時後世佛子四眾，闡述 佛陀演說此經的本懷。眞實尋求佛菩提道的有緣佛子，親承聽聞如是勝妙開示，當能如實理解經中義理，亦能了知於大乘法中：如何是諸法實相？善知識、惡知識要如何簡擇？如何才是清淨持戒？如何才能清淨說法？於此末法之世，眾生五濁益重，不知佛、不解法、不識僧，唯見表相，不信眞實，貪著五欲，諸方大師不淨說法，各各將導大量徒眾趣入三塗，如是師徒俱堪憐憫。是故，平實導師以大慈悲心，用淺白易懂之語句，佐以實例、譬喻而爲演說，普令聞者易解佛意，皆得契入佛法正道，如實了知佛法大藏。每逢週二 18.50~20.50 開示，不限制聽講資格。會外人士需憑身分證件換證入內聽講（此是大樓管理處之安全規定，敬請見諒）。桃園、新竹、台中、台南、高雄等地講堂，亦於每週二晚上播放平實導師講經之 DVD，不必出示身分證件即可入內聽講，歡迎各地善信同霑法益。

有某道場專弘淨土法門數十年，於教導信徒研讀《佛藏經》時，往往告誡信徒曰：「**後半部不許閱讀。**」由此緣故坐令信徒失去提升念佛層次之機緣，師徒只能低品位往生淨土，令人深覺愚癡無智。由有多人建議故，平實導師開始宣講《佛藏經》，藉以轉易如是邪見，並提升念佛人之知見與往生品位。此經中，對於實相念佛多所著墨，亦指出念佛要點：**以實相爲依，念佛者應依止淨戒、依止清淨僧寶，捨離違犯重戒之師僧，應受學清淨之法，遠離邪見。**本經是現代佛門大法師所厭惡之經典：**一者由於大法師們已全都落入意識境界而無法親證實相，故於此經中所說實相全無所知，都不樂有人聞此經名，以免讀後提出問疑時無法回答；二者現代大乘佛法地區，已經普被藏密喇嘛教滲透，許多有名之大法師們大多已曾或繼續在修練雙身法，都已失去聲聞戒體及菩薩戒體，成爲地獄種姓人，已非眞正出家之人，本質上只是身著僧衣而住在寺院中的世俗人。**這些人對於此經都是讀不懂的，也是極爲厭惡的；他們尚不樂見此經之印行，何況流通與講解？今爲救護廣大學佛人，兼欲護持佛教血脈永續常傳，特選此經宣講之，主講者平實導師。

3、**瑜伽師地論**詳解　詳解論中所言凡夫地至佛地等 17 師之修證境界與理論，從凡夫地、聲聞地……宣演到諸地所證一切種智之眞實正理。由平實導師開講，每逢一、三、五週之週末晚上開示，僅限已明心之會員參加。

4、**精進禪三**　主三和尚：平實導師。於四天三夜中，以克勤圓悟大師及大慧宗杲之禪風，施設機鋒與小參、公案密意之開示，幫助會員剋期取證，親證不生不滅之眞實心——人人本有之如來藏。每年四月、十月各舉辦二個梯次；平實導師主持。僅限本會會員參加禪淨班共修期滿，報名審核通過者，方可參加。並選擇會中定力、慧力、福德三條件皆已具足之已明心會員，給以指引，令得眼見自己無形無相之佛性遍佈山河大地，眞實而無障礙，得以肉眼現觀世界身心悉皆如幻，具足成就如幻觀，圓滿十住菩薩之證境。

5、**阿含經**詳解　選擇重要之阿含部經典，依無餘涅槃之實際而加以詳解，令大眾得以現觀諸法緣起性空，亦復不墮斷滅見中，顯示經中所隱說之涅槃實際—如來藏—確實已於四阿含中隱說；令大眾得以聞後觀行，確實斷除我見乃至我執，證得**見到**眞現觀，乃至**身證**……等眞現觀；已得大乘或二乘見道者，亦可由此聞熏及聞後之觀行，除斷我所之貪著，成就慧解脫果。由平實導師詳解。不限制聽講資格。

6、**大法鼓經**詳解　詳解末法時代大乘佛法修行之道。佛教正法消毒妙藥塗於大鼓而以擊之，凡有眾生聞之者，一切邪見鉅毒悉皆消殞；此經即是大法鼓之正義，凡聞之者，所有邪見之毒悉皆滅除，見道不難；亦能發起菩薩無量功德，是故諸大菩薩遠從諸方佛土來此娑婆聞修此經。由平實導師詳解。不限制聽講資格。

7、**解深密經**詳解　重講本經之目的，在於令諸已悟之人明解大乘法道之成佛次第，以及悟後進修一切種智之內涵，確實證知三種自性性，並得據此證解七眞如、十眞如等正理。每逢週二 18.50~20.50 開示，由平實導師詳解。將於《大法鼓經》講畢後開講。不限制聽講資格。

8、**成唯識論**詳解　詳解一切種智眞實正理，詳細剖析一切種智之微細深妙廣大正理；並加以舉例說明，使已悟之會員深入體驗所證如來藏之微密行相；及證驗見分相分與所生一切法，皆由如來藏—阿賴耶識—直接或展轉而生，因此證知一切法無我，證知無餘涅槃之本際。將於增上班《瑜伽師地論》講畢後，由平實導師重講。僅限已明心之會員參加。

9、**精選如來藏系經典**詳解　精選如來藏系經典一部，詳細解說，以此完全印證會員所悟如來藏之眞實，得入不退轉住。另行擇期詳細解說之，由平實導師講解。僅限已明心之會員參加。

10、**禪門差別智**　藉禪宗公案之微細淆訛難知難解之處，加以宣說及剖析，以增進明心、見性之功德，啓發差別智，建立擇法眼。每月第一週日全天，由平實導師開示，僅限破參明心後，復又眼見佛性者參加（事冗暫停）。

11、**枯木禪**　先講智者大師的《小止觀》，後說《釋禪波羅蜜》，詳解四禪八定之修證理論與實修方法，細述一般學人修定之邪見與岔路，及對禪定證境之誤會，消除枉用功夫、浪費生命之現象。已悟般若者，可以藉此而實修初禪，進入大乘通教及聲聞教的三果心解脫境界，配合應有的大福德及後得無分別智、十無盡願，即可進入初地心中。親教師：平實導師。未來緣熟時將於大溪正覺寺開講。不限制聽講資格。

註：本會例行年假，自 2004 年起，改爲每年農曆新年前七天開始停息弘法事務及共修課程，農曆正月 8 日回復所有共修及弘法事務。新春期間（每日 9.00~17.00）開放台北講堂，方便會員禮佛祈福及會外人士請書。大溪鎮的正覺祖師堂，開放參訪時間，詳見〈正覺電子報〉或成佛之道網站。本表得因時節因緣需要而隨時修改之，不另作通知。

佛教正覺同修會　贈閱書籍 目錄　2015/09/29

1.**無相念佛**　平實導師著　回郵 10 元
2.**念佛三昧修學次第**　平實導師述著　回郵 25 元
3.**正法眼藏—護法集**　平實導師述著　回郵 35 元
4.**真假開悟簡易辨正法＆佛子之省思**　平實導師著　回郵 3.5 元
5.**生命實相之辨正**　平實導師著　回郵 10 元
6.**如何契入念佛法門**（附：印順法師否定極樂世界）平實導師著　回郵 3.5 元
7.**平實書箋**—答元覽居士書　平實導師著　回郵 35 元
8.**三乘唯識**—如來藏系經律彙編　平實導師編　回郵 80 元
（精裝本　長 27 cm　寬 21 cm　高 7.5 cm　重 2.8 公斤）
9.**三時繫念全集**—修正本　回郵掛號 40 元（長 26.5 cm×寬 19 cm）
10.**明心與初地**　平實導師述　回郵 3.5 元
11.**邪見與佛法**　平實導師述著　回郵 20 元
12.**菩薩正道**—回應義雲高、釋性圓…等外道之邪見　正燦居士著　回郵 20 元
13.**甘露法雨**　平實導師述　回郵 20 元
14.**我與無我**　平實導師述　回郵 20 元
15.**學佛之心態**—修正錯誤之學佛心態始能與正法相應　孫正德老師著　回郵35元
附錄：平實導師著**《略說八、九識並存…等之過失》**
16.**大乘無我觀**—《悟前與悟後》別說　平實導師述著　回郵 20 元
17.**佛教之危機**—中國台灣地區現代佛教之真相（附錄：公案拈提六則）
平實導師著　回郵 25 元
18.**燈 影**—燈下黑（覆「求教後學」來函等）　平實導師著　回郵 35 元
19.**護法與毀法**—覆上平居士與徐恒志居士網站毀法二文
張正圜老師著　回郵 35 元
20.**淨土聖道**—兼評**選擇本願念佛**　正德老師著　**由正覺同修會購贈**　回郵 25 元
21.**辨唯識性相**—對「紫蓮心海《辯唯識性相》書中否定阿賴耶識」之回應
正覺同修會 台南共修處法義組 著　回郵 25 元
22.**假如來藏**—對法蓮法師《如來藏與阿賴耶識》書中否定阿賴耶識之回應
正覺同修會 台南共修處法義組 著　回郵 35 元
23.**入不二門**—公案拈提集錦 第一輯（於平實導師公案拈提諸書中選錄約二十則，
合輯爲一冊流通之）平實導師著　回郵 20 元
24.**真假邪說**—西藏密宗索達吉喇嘛《破除邪說論》真是邪說
釋正安法師著　回郵 35 元
25.**真假開悟**—真如、如來藏、阿賴耶識間之關係　平實導師述著　回郵 35 元
26.**真假禪和**—辨正釋傳聖之謗法謬說　孫正德老師著　回郵 30 元

27.**眼見佛性**—駁慧廣法師眼見佛性的含義文中謬說
游正光老師著　回郵25元

28.**普門自在**—公案拈提集錦 第二輯（於平實導師公案拈提諸書中選錄約二十則，合輯爲一冊流通之）平實導師著　回郵25元

29.**印順法師的悲哀**—以現代禪的質疑為線索　恒毓博士著　回郵25元

30.**識蘊真義**—現觀識蘊內涵、取證初果、親斷三縛結之具體行門。
—依《成唯識論》及《惟識述記》正義，略顯安慧《大乘廣五蘊論》之邪謬
平實導師著　回郵35元

31.**正覺電子報** 各期紙版本　免附回郵　每次最多函索三期或三本。
（已無存書之較早各期，不另增印贈閱）

32.**現代人應有的宗教觀**　蔡正禮老師 著　回郵3.5元

33.**遠惑趣道**—正覺電子報般若信箱問答錄　第一輯　回郵20元

34.**遠惑趣道**—正覺電子報般若信箱問答錄　第二輯　回郵20元

35.**確保您的權益**—器官捐贈應注意自我保護　游正光老師 著　回郵10元

36.**正覺教團電視弘法三乘菩提 DVD 光碟（一）**
由正覺教團多位親教師共同講述錄製 DVD 8 片，MP3 一片，共 9 片。有二大講題：一爲「三乘菩提之意涵」，二爲「學佛的正知見」。內容精闢，深入淺出，精彩絕倫，幫助大眾快速建立三乘法道的正知見，免被外道邪見所誤導。有志修學三乘佛法之學人不可不看。（製作工本費 100 元，回郵 25 元）

37.**正覺教團電視弘法 DVD 專輯（二）**
總有二大講題：一爲「三乘菩提之念佛法門」，一爲「學佛正知見（第二篇）」，由正覺教團多位親教師輪番講述，內容詳細闡述如何修學念佛法門、實證念佛三昧，以及學佛應具有的正確知見，可以幫助發願往生西方極樂淨土之學人，得以把握往生，更可令學人快速建立三乘法道的正知見，免於被外道邪見所誤導。有志修學三乘佛法之學人不可不看。（一套 17 片，工本費 160 元。回郵 35 元）

38.**佛藏經** 燙金精裝本 每冊回郵 20 元。正修佛法之道場欲大量索取者，請正式發函並蓋用大印寄來索取（2008.04.30 起開始敬贈）

39.**喇嘛性世界**—揭開假藏傳佛教譚崔瑜伽的面紗　張善思 等人合著
由正覺同修會購贈　回郵20元

40.**假藏傳佛教的神話**—性、謊言、喇嘛教　張正玄教授編著　回郵20元
由正覺同修會購贈　回郵20元

41.**隨　緣**—理隨緣與事隨緣　平實導師述　回郵20元。

42.**學佛的覺醒**　正枝居士 著　回郵25元

43.**導師之真實義**　蔡正禮老師 著　回郵10元

44.**淺談達賴喇嘛之雙身法**—兼論解讀「密續」之達文西密碼
吳明芷居士 著　回郵10元

45.**魔界轉世**　張正玄居士 著　回郵10元

46.**一貫道與開悟**　蔡正禮老師 著　回郵10元

47.**博愛**—愛盡天下女人　正覺教育基金會 編印　回郵 10 元

48.**意識虛妄經教彙編**—實證解脫道的關鍵經文　正覺同修會編印　回郵 25 元

49.**邪箭囈語**—破斥藏密外道多識仁波切《破魔金剛箭雨論》之邪說
陸正元老師著　上、下冊回郵各 30 元

50.**真假沙門**—依 佛聖教闡釋佛教僧寶之定義
蔡正禮老師著　俟正覺電子報連載後結集出版

51.**真假禪宗**—藉評論釋性廣《印順導師對變質禪法之批判及對禪宗之肯定》以顯示真假禪宗
附論一：凡夫知見 無助於佛法之信解行證
附論二：世間與出世間一切法皆從如來藏實際而生而顯
余正偉老師著　俟正覺電子報連載後結集出版　回郵未定

52.**假鋒虛焰金剛乘**—揭示顯密正理，兼破索達吉師徒《般若鋒兮金剛焰》。
釋正安 法師著　俟正覺電子報連載後結集出版

★ 上列贈書之郵資，係台灣本島地區郵資，大陸、港、澳地區及外國地區，請另計酌增（大陸、港、澳、國外地區之郵票不許通用）。尚未出版之書，請勿先寄來郵資，以免增加作業煩擾。

★ 本目錄若有變動，唯於後印之書籍及「成佛之道」網站上修正公佈之，不另行個別通知。

函索書籍請寄：佛教正覺同修會　103 台北市承德路 3 段 277 號 9 樓
台灣地區函索書籍者請附寄郵票，無時間購買郵票者可以等值現金抵用，但不接受郵政劃撥、支票、匯票。大陸地區得以人民幣計算，國外地區請以美元計算（請勿寄來當地郵票，在台灣地區不能使用）。欲以掛號寄遞者，請另附掛號郵資。

親自索閱：正覺同修會各共修處。　★請於共修時間前往取書，餘時無人在道場，請勿前往索取；共修時間與地點，詳見書末正覺同修會共修現況表（以近期之共修現況表爲準）。

註：正智出版社發售之局版書，請向各大書局購閱。若書局之書架上已經售出而無陳列者，請向書局櫃台指定洽購；若書局不便代購者，請於正覺同修會共修時間前往各共修處請購，正智出版社已派人於共修時間送書前往各共修處流通。 郵政劃撥購書及 大陸地區 購書，請詳別頁正智出版社發售書籍目錄最後頁之說明。

成佛之道 網站：http://www.a202.idv.tw　正覺同修會已出版之結緣書籍，多已登載於 成佛之道 網站，若住外國、或住處遙遠，不便取得正覺同修會贈閱書籍者，可以從本網站閱讀及下載。　書局版之《宗通與說通》亦已上網，台灣讀者可向書局洽購，售價 300 元。《狂密與眞密》第一輯~第四輯，亦於 2003.5.1.全部於本網站登載完畢；台灣地區讀者請向書局洽購，每輯約 400 頁，售價 300 元（網站下載紙張費用較貴，容易散失，難以保存，亦較不精美）。

＊＊假藏傳佛教修雙身法，非佛教＊＊

正智出版社 籌募弘法基金發售書籍目錄　2015/11/14

1.**宗門正眼**—公案拈提 第一輯 重拈　平實導師著　500 元
因重寫內容大幅度增加故，字體必須改小，並增爲 576 頁 主文 546 頁。比初版更精彩、更有內容。初版《禪門摩尼寶聚》之讀者，可寄回本公司免費調換新版書。免附回郵，亦無截止期限。（2007 年起，每冊附贈本公司精製公案拈提〈超意境〉CD 一片。市售價格 280 元，多購多贈。）

2.**禪淨圓融**　平實導師著　200 元（第一版舊書可換新版書。）

3.**真實如來藏**　平實導師著　400 元

4.**禪—悟前與悟後**　平實導師著　上、下冊，每冊 250 元

5.**宗門法眼**—公案拈提 第二輯　平實導師著　500 元
（2007 年起，每冊附贈本公司精製公案拈提〈超意境〉CD 一片）

6.**楞伽經詳解**　平實導師著　全套共 10 輯　每輯 250 元

7.**宗門道眼**—公案拈提 第三輯　平實導師著　500 元
（2007 年起，每冊附贈本公司精製公案拈提〈超意境〉CD 一片）

8.**宗門血脈**—公案拈提 第四輯　平實導師著　500 元
（2007 年起，每冊附贈本公司精製公案拈提〈超意境〉CD 一片）

9.**宗通與說通**—成佛之道 平實導師著 主文 381 頁 全書 400 頁售價 300 元

10.**宗門正道**—公案拈提 第五輯　平實導師著　500 元
（2007 年起，每冊附贈本公司精製公案拈提〈超意境〉CD 一片）

11.**狂密與真密** 一～四輯　平實導師著　西藏密宗是人間最邪淫的宗教，本質不是佛教，只是披著佛教外衣的印度教性力派流毒的喇嘛教。此書中將西藏密宗密傳之男女雙身合修樂空雙運所有祕密與修法，毫無保留完全公開，並將全部喇嘛們所不知道的部分也一併公開。內容比大辣出版社喧騰一時的《西藏慾經》更詳細。並且函蓋藏密的所有祕密及其錯誤的中觀見、如來藏見……等，藏密的所有法義都在書中詳述、分析、辨正。每輯主文三百餘頁　每輯全書約 400 頁　售價每輯 300 元

12.**宗門正義**—公案拈提 第六輯　平實導師著　500 元
（2007 年起，每冊附贈本公司精製公案拈提〈超意境〉CD 一片）

13.**心經密意**—心經與解脱道、佛菩提道、祖師公案之關係與密意　平實導師述　300 元

14.**宗門密意**—公案拈提 第七輯　平實導師著　500 元
（2007 年起，每冊附贈本公司精製公案拈提〈超意境〉CD 一片）

15.**淨土聖道**—兼評「選擇本願念佛」　正德老師著　200 元

16.**起信論講記**　平實導師述著　共六輯　每輯三百餘頁　售價各 250 元

17.**優婆塞戒經講記**　平實導師述著 共八輯 每輯三百餘頁 售價各 250 元

18.**真假活佛**—略論附佛外道盧勝彥之邪說（對前岳靈犀網站主張「盧勝彥是證悟者」之修正）　正犀居士（岳靈犀）著　流通價 140 元

19.**阿含正義**—唯識學探源　平實導師著　共七輯　每輯 300 元

20.**超意境** CD 以平實導師公案拈提書中超越意境之頌詞，加上曲風優美的旋律，錄成令人嚮往的超意境歌曲，其中包括正覺發願文及平實導師親自譜成的黃梅調歌曲一首。詞曲雋永，殊堪翫味，可供學禪者吟詠，有助於見道。內附設計精美的彩色小冊，解說每一首詞的背景本事。每片 280 元。【每購買公案拈提書籍一冊，即贈送一片。】

21.**菩薩底憂鬱** CD 將菩薩情懷及禪宗公案寫成新詞，並製作成超越意境的優美歌曲。 1.主題曲〈菩薩底憂鬱〉，描述地後菩薩能離三界生死而迴向繼續生在人間，但因尚未斷盡習氣種子而有極深沈之憂鬱，非三賢位菩薩及二乘聖者所知，此憂鬱在七地滿心位方才斷盡；本曲之詞中所說義理極深，昔來所未曾見；此曲係以優美的情歌風格寫詞及作曲，聞者得以激發嚮往諸地菩薩境界之大心，詞、曲都非常優美，難得一見；其中勝妙義理之解說，已印在附贈之彩色小冊中。 2.以各輯公案拈提中直示禪門入處之頌文，作成各種不同曲風之超意境歌曲，值得玩味、參究；聆聽公案拈提之優美歌曲時，請同時閱讀內附之印刷精美說明小冊，可以領會超越三界的證悟境界；未悟者可以因此引發求悟之意向及疑情，眞發菩提心而邁向求悟之途，乃至因此眞實悟入般若，成眞菩薩。 3.正覺總持咒新曲，總持佛法大意；總持咒之義理，已加以解說並印在隨附之小冊中。本 CD 共有十首歌曲，長達 63 分鐘。每盒各附贈二張購書優惠券。每片 280 元。

22.**禪意無限** CD 平實導師以公案拈提書中偈頌寫成不同風格曲子，與他人所寫不同風格曲子共同錄製出版，幫助參禪人進入禪門超越意識之境界。盒中附贈彩色印製的精美解說小冊，以供聆聽時閱讀，令參禪人得以發起參禪之疑情，即有機會證悟本來面目而發起實相智慧，實證大乘菩提般若，能如實證知般若經中的眞實意。本 CD 共有十首歌曲，長達 69 分鐘，每盒各附贈二張購書優惠券。每片 280 元。

23.**我的菩提路**第一輯　釋悟圓、釋善藏等人合著　售價 300 元

24.**我的菩提路**第二輯　郭正益、張志成等人合著　售價 300 元

25.**鈍鳥與靈龜**—考證後代凡夫對大慧宗杲禪師的無根誹謗。

平實導師著 共 458 頁 售價 350 元

26.**維摩詰經講記** 平實導師述 共六輯 每輯三百餘頁 售價各 250 元

27.**真假外道**—破劉東亮、杜大威、釋證嚴常見外道見　正光老師著　200 元

28.**勝鬘經講記**—兼論印順《勝鬘經講記》對於《勝鬘經》之誤解。

平實導師述　共六輯　每輯三百餘頁　售價250 元

29.**楞嚴經講記** 平實導師述 共 **15** 輯，每輯三百餘頁 售價 300 元

30.**明心與眼見佛性**—駁慧廣〈蕭氏「眼見佛性」與「明心」之非〉文中謬說

正光老師著　共 448 頁　售價 300 元

31.**見性與看話頭** 黃正倖老師 著，本書是禪宗參禪的方法論。

內文 375 頁，全書 416 頁，售價 300 元。

32.**達賴真面目**—玩盡天下女人 白正偉老師 等著 中英對照彩色精裝大本 800 元

33.**喇嘛性世界**—揭開假藏傳佛教譚崔瑜伽的面紗　張善思 等人著　200元
34.**假藏傳佛教的神話**—性、謊言、喇嘛教　正玄教授編著　200元
35.**金剛經宗通**　平實導師述　共九輯　每輯售價250元。
36.**空行母**—性別、身分定位，以及藏傳佛教。
珍妮．坎貝爾著 呂艾倫 中譯 售價250元
37.**末代達賴**—性交教主的悲歌　張善思、呂艾倫、辛燕編著 售價250元
38.**霧峰無霧**—給哥哥的信　辨正釋印順對佛法的無量誤解
游宗明 老師著　售價250元
39.**第七意識與第八意識？**—穿越時空「超意識」
平實導師述　每冊300元
40.**黯淡的達賴**—失去光彩的諾貝爾和平獎
正覺教育基金會編著　每冊250元
41.**童女迦葉考**—論呂凱文〈佛教輪迴思想的論述分析〉之謬。
平實導師 著 定價180元
42.**人間佛教**—實證者必定不悖三乘菩提　平實導師 述　定價400元
43.**實相經宗通**　平實導師述　共八輯　每輯250元
44.**真心告訴您(一)**—達賴喇嘛在幹什麼？
正覺教育基金會編著　售價250元
45.**中觀金鑑**—詳述應成派中觀的起源與其破法本質
孫正德老師著　分為上、中、下三冊，每冊250元
46.**佛法入門**—迅速進入三乘佛法大門，消除久學佛法漫無方向之窘境。
○○居士著　將於正覺電子報連載後出版。售價250元
47.**藏傳佛教要義**—《狂密與真密》之簡體字版　平實導師 著 上、下冊
僅在大陸流通　每冊300元
48.**法華經講義**　平實導師述　共二十五輯　每輯300元
已於2015/05/31起開始出版，每二個月出版一輯
49.**西藏「活佛轉世」制度**—附佛、造神、世俗法
許正豐、張正玄老師合著　定價150元
50.**廣論三部曲**　郭正益老師著　定價150元
51.**真心告訴您(二)**—達賴喇嘛是佛教僧侶嗎？
—補祝達賴喇嘛八十大壽
正覺教育基金會編著　售價300元
52.**廣論之平議**—宗喀巴《菩提道次第廣論》之平議　正雄居士著
約二或三輯　俟正覺電子報連載後結集出版　書價未定
53.**末法導護**—對印順法師中心思想之綜合判攝　正慶老師著　書價未定
54.**菩薩學處**—菩薩四攝六度之要義　陸正元老師著　出版日期未定。
55.**八識規矩頌**詳解　○○居士 註解　出版日期另訂　書價未定。
56.**印度佛教史**—法義與考證。依法義史實評論印順《印度佛教思想史、佛教史地考論》之謬說　正偉老師著　出版日期未定　書價未定

57.**中國佛教史**—依中國佛教正法史實而論。 ○○老師 著 書價未定。

58.**中論正義**—釋龍樹菩薩《中論》頌正理。

孫正德老師著 出版日期未定 書價未定

59.**中觀正義**—註解平實導師《中論正義頌》。

○○法師（居士）著 出版日期未定 書價未定

60.**佛藏經講記** 平實導師述 出版日期未定 書價未定

61.**阿含經講記**—將選錄四阿含中數部重要經典全經講解之，講後整理出版。

平實導師述 約二輯 每輯300元 出版日期未定

62.**寶積經講記** 平實導師述 每輯三百餘頁 優惠價300元 出版日期未定

63.**解深密經講記** 平實導師述 約四輯 將於重講後整理出版

64.**成唯識論略解** 平實導師著 五～六輯 每輯300元 出版日期未定

65.**修習止觀坐禪法要講記** 平實導師述 每輯三百餘頁

將於正覺寺建成後重講、以講記逐輯出版 出版日期未定

66.**無門關**—《無門關》公案拈提 平實導師著 出版日期未定

67.**中觀再論**—兼述印順《中觀今論》謬誤之平議。正光老師著 出版日期未定

68.**輪迴與超度**—佛教超度法會之真義。

○○法師（居士）著 出版日期未定 書價未定

69.**《釋摩訶衍論》平議**—對偽稱龍樹所造《釋摩訶衍論》之平議

○○法師（居士）著 出版日期未定 書價未定

70.**正覺發願文**註解—以真實大願為因 得證菩提

正德老師著 出版日期未定 書價未定

71.**正覺總持咒**—佛法之總持 正圜老師著 出版日期未定 書價未定

72.**涅槃**—論四種涅槃 平實導師著 出版日期未定 書價未定

73.**三自性**—依四食、五蘊、十二因緣、十八界法，說三性三無性。

作者未定 出版日期未定

74.**道品**—從三自性說大小乘三十七道品 作者未定 出版日期未定

75.**大乘緣起觀**—依四聖諦七真如現觀十二緣起 作者未定 出版日期未定

76.**三德**—論解脫德、法身德、般若德。 作者未定 出版日期未定

77.**真假如來藏**—對印順《如來藏之研究》謬說之平議 作者未定 出版日期未定

78.**大乘道次第** 作者未定 出版日期未定 書價未定

79.**四緣**—依如來藏故有四緣 作者未定 出版日期未定

80.**空之探究**—印順《空之探究》謬誤之平議 作者未定 出版日期未定

81.**十法義**—論阿含經中十法之正義 作者未定 出版日期未定

82.**外道見**—論述外道六十二見 作者未定 出版日期未定

正智出版社有限公司　書籍介紹

禪淨圓融：言淨土諸祖所未曾言，示諸宗祖師所未曾示；禪淨圓融，另闢成佛捷徑，兼顧自力他力，闡釋淨土門之速行易行道，亦同時揭櫫聖教門之速行易行道；令廣大淨土行者得免緩行難證之苦，亦令聖道門行者得以藉著淨土速行道而加快成佛之時劫。乃前無古人之超勝見地，非一般弘揚禪淨法門典籍也，先讀爲快。平實導師著　200元。

宗門正眼—公案拈提第一輯：繼承克勤圜悟大師碧巖錄宗旨之禪門鉅作。先則舉示當代大法師之邪說，消弭當代禪門大師鄉愿之心態，摧破當今禪門「世俗禪」之妄談；次則旁通教法，表顯宗門正理；繼以道之次第，消弭古今狂禪；後藉言語及文字機鋒，直示宗門入處。悲智雙運，禪味十足，數百年來難得一睹之禪門鉅著也。平實導師著　500元（原初版書《禪門摩尼寶聚》，改版後補充爲五百餘頁新書，總計多達二十四萬字，內容更精彩，並改名爲《宗門正眼》，讀者原購初版《禪門摩尼寶聚》皆可寄回本公司免費換新，免附回郵，亦無截止期限）（2007年起，凡購買公案拈提第一輯至第七輯，每購一輯皆贈送本公司精製公案拈提〈超意境〉CD一片，市售價格280元，多購多贈）。

禪—悟前與悟後：本書能建立學人悟道之信心與正確知見，圓滿具足而有次第地詳述禪悟之功夫與禪悟之內容，指陳參禪中細微淆訛之處，能使學人明自眞心、見自本性。若未能悟入，亦能以正確知見辨別古今中外一切大師究係眞悟？或屬錯悟？便有能力揀擇，捨名師而選明師，後時必有悟道之緣。一旦悟道，遲者七次人天往返，便出三界，速者一生取辦。學人欲求開悟者，不可不讀。　平實導師著。上、下冊共500元，單冊250元。

眞實如來藏：如來藏眞實存在，乃宇宙萬有之本體，並非印順法師、達賴喇嘛等人所說之「唯有名相、無此心體」。如來藏是涅槃之本際，是一切有智之人竭盡心智、不斷探索而不能得之生命實相；是古今中外許多大師自以爲悟而當面錯過之生命實相。如來藏即是阿賴耶識，乃是一切有情本自具足、不生不滅之眞實心。當代中外大師於此書出版之前所未能言者，作者於本書中盡情流露、詳細闡釋。眞悟者讀之，必能增益悟境、智慧增上；錯悟者讀之，必能檢討自己之錯誤，免犯大妄語業；未悟者讀之，能知參禪之理路，亦能以之檢查一切名師是否眞悟。此書是一切哲學家、宗教家、學佛者及欲昇華心智之人必讀之鉅著。　平實導師著　售價400元。

宗門法眼—公案拈提第二輯：列舉實例，闡釋土城廣欽老和尚之悟處；並直示這位不識字的老和尚妙智橫生之根由，繼而剖析禪宗歷代大德之開悟公案，解析當代密宗高僧卡盧仁波切之錯悟證據，並例舉當代顯宗高僧、大居士之錯悟證據（凡健在者，爲免影響其名聞利養，皆隱其名）。藉辨正當代名師之邪見，向廣大佛子指陳禪悟之正道，彰顯宗門法眼。悲勇兼出，強捋虎鬚；慈智雙運，巧探驪龍；摩尼寶珠在手，直示宗門入處，禪味十足；若非大悟徹底，不能爲之。禪門精奇人物，允宜人手一冊，供作參究及悟後印證之圭臬。本書於2008年4月改版，增寫爲大約500頁篇幅，以利學人研讀參究時更易悟入宗門正法，以前所購初版首刷及初版二刷舊書，皆可免費換取新書。平實導師著　500元（2007年起，凡購買公案拈提第一輯至第七輯，每購一輯皆贈送本公司精製公案拈提〈超意境〉CD一片，市售價格280元，多購多贈）。

宗門道眼—公案拈提第三輯：繼宗門法眼之後，再以金剛之作略、慈悲之胸懷、犀利之筆觸，舉示寒山、拾得、布袋三大士之悟處，消弭當代錯悟者對於寒山大士……等之誤會及誹謗。　亦舉出民初以來與虛雲和尚齊名之蜀郡鹽亭袁煥仙夫子——南懷瑾老師之師，其「悟處」何在？並蒐羅許多眞悟祖師之證悟公案，顯示禪宗歷代祖師之睿智，指陳部分祖師、奧修及當代顯密大師之謬悟，作爲殷鑑，幫助禪子建立及修正參禪之方向及知見。假使讀者閱此書已，一時尚未能悟，亦可一面加功用行，一面以此宗門道眼辨別眞假善知識，避開錯誤之印證及歧路，可免大妄語業之長劫慘痛果報。欲修禪宗之禪者，務請細讀。平實導師著　售價500元（2007年起，凡購買公案拈提第一輯至第七輯，每購一輯皆贈送本公司精製公案拈提〈超意境〉CD一片，市售價格280元，多購多贈）。

楞伽經詳解

平實居士 著

楞伽經詳解：本經是禪宗見道者印證所悟眞僞之根本經典，亦是禪宗見道者悟後起修之依據經典；故達摩祖師於印證二祖慧可大師之後，將此經典連同佛缽祖衣一併交付二祖，令其依此經典佛示金言、進入修道位，修學一切種智。由此可知此經對於眞悟之人修學佛道，是非常重要之一部經典。此經能破外道邪說，亦破佛門中錯悟名師之謬說，亦破禪宗部分祖師之狂禪：不讀經典、一向主張「一悟即成究竟佛」之謬執。並開示愚夫所行禪、觀察義禪、攀緣如禪、如來禪等差別，令行者對於三乘禪法差異有所分辨；亦糾正禪宗祖師古來對於如來禪之誤解，嗣後可免以訛傳訛之弊。此經亦是法相唯識宗之根本經典，禪者悟後欲修一切種智而入初地者，必須詳讀。平實導師著，全套共十輯，已全部出版完畢，每輯主文約320頁，每冊約352頁，定價250元。

宗門血脈—公案拈提第四輯：末法怪象—許多修行人自以爲悟，每將無念靈知認作眞實；崇尚二乘法諸師及其徒眾，則將外於如來藏之緣起性空—無因論之無常空、斷滅空、一切法空—錯認爲　佛所說之般若空性。這兩種現象已於當今海峽兩岸及美加地區顯密大師之中普遍存在；人人自以爲悟，心高氣壯，便敢寫書解釋祖師證悟之公案，大多出於意識思惟所得，言不及義，錯誤百出，因此誤導廣大佛子同陷大妄語之地獄業中而不能自知。彼等書中所說之悟處，其實處處違背第一義經典之聖言量。彼等諸人不論是否身披袈裟，都非佛法宗門血脈，或雖有禪宗法脈之傳承，亦只徒具形式；猶如螟蛉，非眞血脈，未悟得根本眞實故。禪子欲知　佛、祖之眞血脈者，請讀此書，便知分曉。平實導師著，主文452頁，全書464頁，定價500元（2007年起，凡購買公案拈提第一輯至第七輯，每購一輯皆贈送本公司精製公案拈提〈超意境〉CD一片，市售價格280元，多購多贈）。

宗通與說通：古今中外，錯誤之人如麻似粟，每以常見外道所說之靈知心，認作眞心；或妄想虛空之勝性能量爲眞如，或錯認物質四大元素藉冥性（靈知心本體）能成就吾人色身及知覺，或認初禪至四禪中之了知心爲不生不滅之涅槃心。此等皆非通宗者之見地。復有錯悟之人一向主張「宗門與教門不相干」，此即尚未通達宗門之人也。其實宗門與教門互通不二，宗門所證者乃是眞如與佛性，教門所說者乃說宗門證悟之眞如佛性，故教門與宗門不二。本書作者以宗教二門互通之見地，細說「宗通與說通」，從初見道至悟後起修之道、細說分明；並將諸宗諸派在整體佛教中之地位與次第，加以明確之教判，學人讀之即可了知佛法之梗概也。欲擇明師學法之前，允宜先讀。平實導師著，主文共381頁，全書392頁，只售成本價300元。

宗門正道—公案拈提第五輯：修學大乘佛法有二果須證—解脫果及大菩提果。二乘人不證大菩提果，唯證解脫果；此果之智慧，名爲聲聞菩提、緣覺菩提。大乘佛子所證二果之菩提果爲佛菩提，故名大菩提果，其慧名爲一切種智—函蓋二乘解脫果。然此大乘二果修證，須經由禪宗之宗門證悟方能相應。而宗門證悟極難，自古已然；其所以難者，咎在古今佛教界普遍存在三種邪見：1.以修定認作佛法，　2.以無因論之緣起性空—否定涅槃本際如來藏以後之一切法空作爲佛法，3.以常見外道邪見（離語言妄念之靈知性）作爲佛法。如是邪見，或因自身正見未立所致，或因邪師之邪教導所致，或因無始劫來虛妄熏習所致。若不破除此三種邪見，永劫不悟宗門眞義、不入大乘正道，唯能外門廣修菩薩行。平實導師於此書中，有極爲詳細之說明，有志佛子欲摧邪見、入於內門修菩薩行者，當閱此書。主文共496頁，全書512頁。售價500元（2007年起，凡購買公案拈提第一輯至第七輯，每購一輯皆贈送本公司精製公案拈提〈超意境〉CD一片，市售價格280元，多購多贈）。

狂密與眞密：密教之修學，皆由有相之觀行法門而入，其最終目標仍不離顯教經典所說第一義諦之修證；若離顯教第一義經典、或違背顯教第一義經典，即非佛教。西藏密教之觀行法，如灌頂、觀想、遷識法、寶瓶氣、大聖歡喜雙身修法、喜金剛、無上瑜伽、大樂光明、樂空雙運等，皆是印度教兩性生生不息思想之轉化，自始至終皆以如何能運用交合淫樂之法達到全身受樂爲其中心思想，純屬欲界五欲的貪愛，不能令人超出欲界輪迴，更不能令人斷除我見；何況大乘之明心與見性，更無論矣！故密宗之法絕非佛法也。而其明光大手印、大圓滿法教，又皆同以常見外道所說離語言妄念之無念靈知心錯認爲佛地之眞如，不能直指不生不滅之眞如。西藏密宗所有法王與徒衆，都尚未開頂門眼，不能辨別眞僞，以依人不依法、依密續不依經典故，不肯將其上師喇嘛所說對照第一義經典，純依密續之藏密祖師所說爲準，因此而誇大其證德與證量，動輒謂彼祖師上師爲究竟佛、爲地上菩薩；如今台海兩岸亦有自謂其師證量高於　釋迦文佛者，然觀其師所述，猶未見道，仍在觀行即佛階段，尚未到禪宗相似即佛、分證即佛階位，竟敢標榜爲究竟佛及地上法王，誑惑初機學人。凡此怪象皆是狂密，不同於眞密之修行者。近年狂密盛行，密宗行者被誤導者極衆，動輒自謂已證佛地眞如，自視爲究竟佛，陷於大妄語業中而不知自省，反謗顯宗眞修實證者之證量粗淺；或如義雲高與釋性圓…等人，於報紙上公然誹謗眞實證道者爲「騙子、無道人、人妖、癩蛤蟆…」等，造下誹謗大乘勝義僧之大惡業；或以外道法中有爲有作之甘露、魔術……等法，誑騙初機學人，狂言彼外道法爲眞佛法。如是怪象，在西藏密宗及附藏密之外道中，不一而足，舉之不盡，學人宜應愼思明辨，以免上當後又犯毀破菩薩戒之重罪。密宗學人若欲遠離邪知邪見者，請閱此書，即能了知密宗之邪謬，從此遠離邪見與邪修，轉入眞正之佛道。平實導師著　共四輯　每輯約400頁（主文約340頁）每輯售價300元。

宗門正義－公案拈提第六輯：佛教有六大危機，乃是藏密化、世俗化、膚淺化、學術化、宗門密意失傳、悟後進修諸地之次第混淆；其中尤以宗門密意之失傳，爲當代佛教最大之危機。由宗門密意失傳故，易令 世尊本懷普被錯解，易令 世尊正法被轉易爲外道法，以及加以淺化、世俗化，是故宗門密意之廣泛弘傳與具緣佛弟子，極爲重要。然而欲令宗門密意之廣泛弘傳予具緣之佛弟子者，必須同時配合錯誤知見之解析、普令佛弟子知之，然後輔以公案解析之直示入處，方能令具緣之佛弟子悟入。而此二者，皆須以公案拈提之方式爲之，方易成其功、竟其業，是故平實導師續作宗門正義一書，以利學人。 全書500餘頁，售價500元（2007年起，凡購買公案拈提第一輯至第七輯，每購一輯皆贈送本公司精製公案拈提〈超意境〉CD一片，市售價格280元，多購多贈）。

心經密意－心經與解脫道、佛菩提道、祖師公案之關係與密意。 二乘菩提所證之解脫道，實依第八識心之斷除煩惱障現行而立解脫之名；大乘菩提所證之佛菩提道，實依親證第八識如來藏之涅槃性、清淨自性、及其中道性而立般若之名；禪宗祖師公案所證之眞心，即是此第八識如來藏；是故三乘佛法所修所證之三乘菩提，皆依此如來藏心而立名也。此第八識心，即是《心經》所說之心也。證得此如來藏已，即能漸入大乘佛菩提道，亦可因證知此心而了知二乘無學所不能知之無餘涅槃本際，是故《心經》之密意，與三乘佛菩提之關係極爲密切、不可分割，三乘佛法皆依此心而立名故。今者平實導師以其所證解脫道之無生智及佛菩提之般若種智，將《心經》與解脫道、佛菩提道、祖師公案之關係與密意，以演講之方式，用淺顯之語句和盤托出，發前人所未言，呈三乘菩提之眞義，令人藉此《心經密意》一舉而窺三乘菩提之堂奧，迴異諸方言不及義之說；欲求眞實佛智者、不可不讀！ 主文317頁，連同跋文及序文…等共384頁，售價300元。

宗門密意－公案拈提第七輯：佛教之世俗化，將導致學人以信仰作爲學佛，則將以感應及世間法之庇祐，作爲學佛之主要目標，不能了知學佛之主要目標爲親證三乘菩提。大乘菩提則以般若實相智慧爲主要修習目標，以二乘菩提解脫道爲附帶修習之標的；是故學習大乘法者，應以禪宗之證悟爲要務，能親入大乘菩提之實相般若智慧中故，般若實相智慧非二乘聖人所能知故。此書則以台灣世俗化佛教之三大法師，說法似是而非之實例，配合眞悟祖師之公案解析，提示證悟般若之關節，令學人易得悟入。平實導師著，全書五百餘頁，售價500元（2007年起，凡購買公案拈提第一輯至第七輯，每購一輯皆贈送本公司精製公案拈提〈超意境〉CD一片，市售價格280元，多購多贈）。

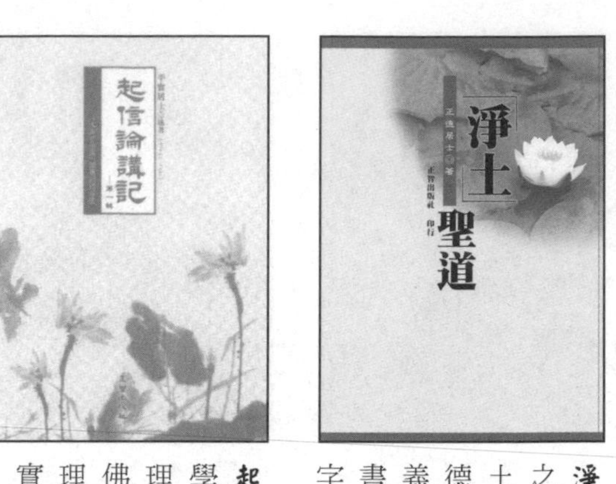

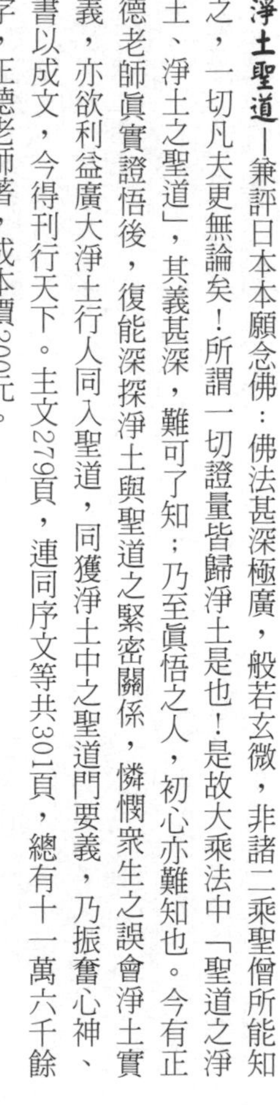

淨土聖道—兼評日本本願念佛：佛法甚深極廣，般若玄微，非諸二乘聖僧所能知之，一切凡夫更無論矣！所謂一切證量皆歸淨土是也！是故大乘法中「聖道之淨土、淨土之聖道」，其義甚深，難可了知；乃至眞悟之人，初心亦難知也。今有正德老師眞實證悟後，復能深探淨土與聖道之緊密關係，憐憫衆生之誤會淨土實義，亦欲利益廣大淨土行人同入聖道，同獲淨土中之聖道門要義，乃振奮心神、書以成文，今得刊行天下。主文279頁，連同序文等共301頁，總有十一萬六千餘字，正德老師著，成本價200元。

起信論講記：詳解大乘起信論心生滅門與心眞如門之眞實意旨，消除以往大師與學人對起信論所說心生滅門之誤解，由是而得了知眞心如來藏之非常非斷中道正理；亦因此一講解，令此論以往隱晦而被誤解之眞實義，得以如實顯示，令大乘佛菩提道之正理得以顯揚光大；初機學者亦可藉此正論所顯示之法義，對大乘法理生起正信，從此得以眞發菩提心，眞入大乘法中修學，世世常修菩薩正行。平實導師演述，共六輯，都已出版，每輯三百餘頁，售價各250元。

優婆塞戒經講記：本經詳述在家菩薩修學大乘佛法，應如何受持菩薩戒？對人間善行應如何看待？對三寶應如何護持？應如何正確地修集此世後世證法之福德？應如何修集後世「行菩薩道之資糧」？並詳述第一義諦之正義：五蘊非我非異我、自作自受、異作異受、不作不受……等深妙法義，乃是修學大乘佛法、行菩薩行之在家菩薩所應當了知者。出家菩薩今世或未來世登地已，捨報之後多數將如華嚴經中諸大菩薩，以在家菩薩身而修行菩薩行，故亦應以此經所述正理而修之，配合《楞伽經、解深密經、楞嚴經、華嚴經》等道次第正理，方得漸次成就佛道；故此經是一切大乘行者皆應證知之正法。平實導師講述，每輯三百餘頁，售價各250元；共八輯，已全部出版。

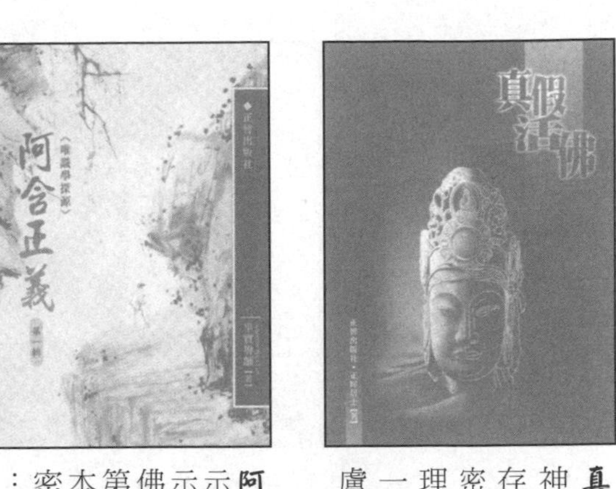

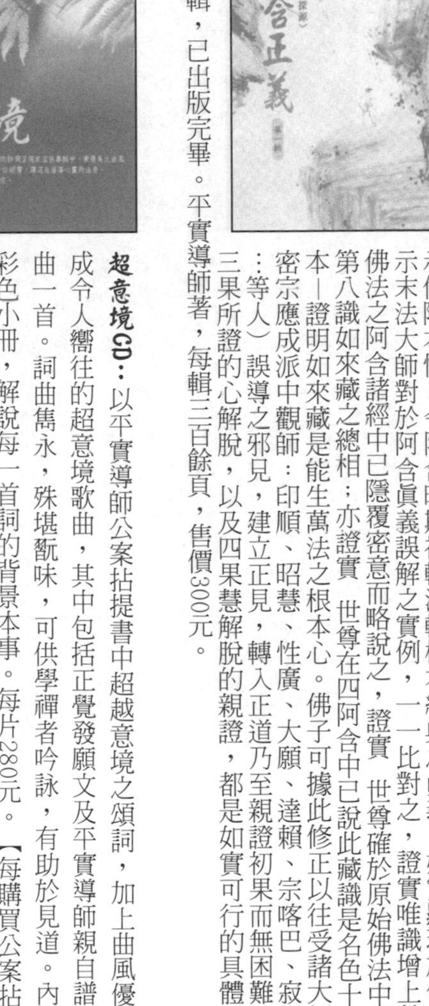

真假活佛—略論附佛外道盧勝彥之邪說：人人身中都有眞活佛，永生不滅而有大神用，但衆生都不了知，所以常被身外的西藏密宗假活佛籠罩欺瞞。本來就眞實存在的眞活佛，才是眞正的密宗無上密！諾那活佛因此而說禪宗是大密宗，但藏密的所有活佛都不知道、也不曾實證自身中的眞活佛。本書詳實宣示眞活佛的道理，舉證盧勝彥的「佛法」不是眞佛法，也顯示盧勝彥是假活佛，直接的闡釋第一義佛法見道的眞實正理。眞佛宗的所有上師與學人們，都應該詳細閱讀，包括盧勝彥個人在內。正犀居士著，優惠價140元。

阿含正義—唯識學探源：廣說四大部《阿含經》諸經中隱說之眞正義理，一一舉示佛陀本懷，令阿含時期初轉法輪根本經典之眞義，如實顯現於佛子眼前。並提示末法大師對於阿含眞義誤解之實例，一一比對之，證實唯識增上慧學確於原始佛法之阿含諸經中已隱覆密意而略說之，證實 世尊確於原始佛法中已曾密意而說第八識如來藏之總相；亦證實 世尊在四阿含中已說此藏識是名色十八界之因、之本—證明如來藏是能生萬法之根本心。佛子可據此修正以往受諸大師（譬如西藏密宗應成派中觀師：印順、昭慧、性廣、大願、達賴、宗喀巴、寂天、月稱、……等人）誤導之邪見，建立正見，轉入正道乃至親證初果而無困難；書中並詳說三果所證的心解脫，以及四果慧解脫的親證，都是如實可行的具體知見與行門。全書共七輯，已出版完畢。平實導師著，每輯三百餘頁，售價300元。

超意境CD：以平實導師公案拈提書中超越意境之頌詞，加上曲風優美的旋律，錄成令人嚮往的超意境歌曲，其中包括正覺發願文及平實導師親自譜成的黃梅調歌曲一首。詞曲雋永，殊堪翫味，可供學禪者吟詠，有助於見道。內附設計精美的彩色小冊，解說每一首詞的背景本事。每片280元。【每購買公案拈提書籍一冊，即贈送一片。】

我的菩提路第一輯：凡夫及二乘聖人不能實證的佛菩提證悟，末法時代的今天仍然有人能得實證，由正覺同修會釋悟圓、釋善藏法師等二十餘位實證如來藏者所寫的見道報告，已爲當代學人見證宗門正法之絲縷不絕，證明大乘義學的法脈仍然存在，爲末法時代求悟般若之學人照耀出光明的坦途。由二十餘位大乘見道者所繕，敘述各種不同的學法、見道因緣與過程，參禪求悟者必讀。全書三百餘頁，售價300元。

我的菩提路第二輯：由郭正益老師等人合著，書中詳述彼等諸人歷經各處道場學法，一一修學而加以檢擇之不同過程以後，因閱讀正覺同修會、正智出版社書籍而發起抉擇分，轉入正覺同修會中修學；乃至學法及見道之過程，都一一詳述之。其中張志成等人係由前現代禪轉進正覺同修會，張志成原爲現代禪副宗長，以前未閱本會書籍時，曾被人藉其名義著文評論 平實導師（詳見《宗通與說通》辨正及《眼見佛性》書末附錄…等）；後因偶然接觸正覺同修會書籍，深覺以前聽人評論平實導師之語不實，於是投入極多時間閱讀本會書籍、深入思辨，詳細探索中觀與唯識之關聯與異同，認爲正覺之法義方是正法，深覺相應；亦解開多年來對佛法的迷雲，確定應依八識論正理修學方是正法。乃不顧面子，毅然前往正覺同修會面見平實導師懺悔，並正式學法求悟。今已與其同修王美伶（亦爲前現代禪傳法老師），同樣證悟如來藏而證得法界實相，生起實相般若眞智。此書中尚有七年來本會第一位眼見佛性者之見性報告一篇，一同供養大乘佛弟子。全書四百頁，售價300元。

鈍鳥與靈龜：鈍鳥及靈龜二物，被宗門證悟者說爲二種人：前者是精修禪定而無智慧者，也是以定爲禪的愚癡禪人；後者是或有禪定、或無禪定的宗門證悟者，凡已證悟者皆是靈龜。但後來被人虛造事實，用以嘲笑大慧宗杲禪師，說他雖是靈龜，卻不免被天童禪師預記「患背」痛苦而亡：「鈍鳥離巢易，靈龜脫殼難。」藉以貶低大慧宗杲的證量。同時將天童禪師實證如來藏的證量，曲解爲意識境界的離念靈知。自從大慧禪師入滅以後，錯悟凡夫對他的不實毀謗就一直存在著，不曾止息，並且捏造的假事實也隨著年月的增加而越來越多，終至編成「鈍鳥與靈龜」的假公案、假故事。本書是考證大慧與天童之間的不朽情誼，顯現這件假公案的虛妄不實；更見大慧宗杲面對惡勢力時的正直不阿，亦顯示大慧對天童禪師的至情深義，將使後人對大慧宗杲的誣謗至此而止，不再有人誤犯毀謗賢聖的惡業。書中亦舉證宗門的所悟確以第八識如來藏爲標的，詳讀之後必可改正以前被錯悟大師誤導的參禪知見，日後必定有助於實證禪宗的開悟境界，得階大乘眞見道位中，即是實證般若之賢聖。全書459頁，售價350元。

維摩詰經講記：本經係　世尊在世時，由等覺菩薩維摩詰居士藉疾病而演說之大乘菩提無上妙義，所說函蓋甚廣，然極簡略，是故今時諸方大師與學人讀之悉皆錯解，何況能知其中隱含之深妙正義，是故普遍無法爲人解說；若強爲人說，則成依文解義而有諸多過失。今由平實導師公開宣講之後，詳實解釋其中密意，令維摩詰菩薩所說大乘不可思議解脫之深妙正法得以正確宣流於人間，利益當代學人及與諸方大師。書中詳實演述大乘佛法深妙不共二乘之智慧境界，顯示諸法之中絕待之實相境界，建立大乘菩薩妙道於永遠不敗不壞之地，以此成就護法偉功，欲冀永利娑婆人天。已經宣講圓滿整理成書流通，以利諸方大師及諸學人。全書共六輯，每輯三百餘頁，售價各250元。

真假外道：本書具體舉證佛門中的常見外道知見實例，並加以教證及理證上的辨正，幫助讀者輕鬆而快速的了知常見外道的錯誤知見，進而遠離佛門內外的常見外道知見，因此即能改正修學方向而快速實證佛法。游正光老師著　。成本價200元。

勝鬘經講記：如來藏爲三乘菩提之所依，若離如來藏心體及其含藏之一切種子，即無三界有情及一切世間法，亦無二乘菩提緣起性空之出世間法；本經詳說無始無明、一念無明皆依如來藏而有之正理，藉著詳解煩惱障與所知障間之關係，令學人深入了知二乘菩提與佛菩提相異之妙理；聞後即可了知佛菩提之特勝處及三乘修道之方向與原理，邁向攝受正法而速成佛道的境界中。平實導師講述，共六輯，每輯三百餘頁，售價各250元。

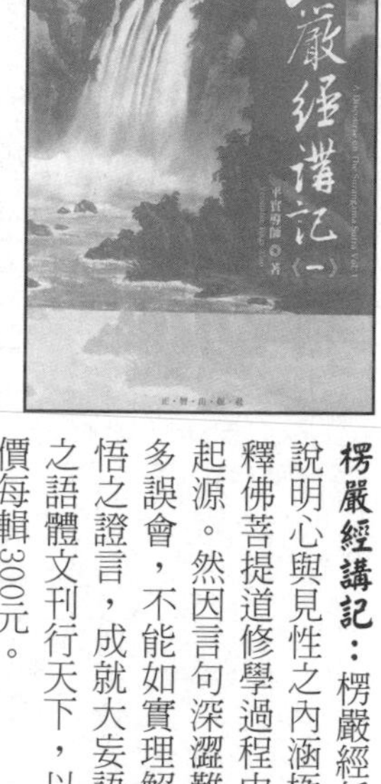

楞嚴經講記：楞嚴經係密教部之重要經典，亦是顯教中普受重視之經典；經中宣說明心與見性之內涵極為詳細，將一切法都會歸如來藏及佛性—妙真如性；亦闡釋佛菩提道修學過程中之種種魔境，以及外道誤會涅槃之狀況，旁及三界世間之起源。然因言句深澀難解，法義亦復深妙寬廣，學人讀之普難通達，是故讀者大多誤會，不能如實理解佛所說之明心與見性內涵，亦因是故多有悟錯之人引為開悟之證言，成就大妄語罪。今由平實導師詳細講解之後，整理成文，以易讀易懂之語體文刊行天下，以利學人。全書十五輯，全部出版完畢。每輯三百餘頁，售價每輯300元。

明心與眼見佛性：本書細述明心與眼見佛性之異同，同時顯示了中國禪宗破初參明心與重關眼見佛性二關之間的關聯；書中又藉法義辨正而旁述其他許多勝妙法義，讀後必能遠離佛門長久以來積非成是的錯誤知見，令讀者在佛法的實證上有極大助益。也藉慧廣法師的謬論來教導佛門學人回歸正知正見，遠離古今禪門錯悟者所墮的意識境界，非唯有助於斷我見，也對未來的開悟明心實證第八識如來藏有所助益，是故學禪者都應細讀之。游正光老師著　共448頁　售價300元。

菩薩底憂鬱CD：將菩薩情懷及禪宗公案寫成新詞，並製作成超越意境的優美歌曲。1.主題曲〈菩薩底憂鬱〉，描述地後菩薩能離三界生死而迴向繼續生在人間，但因尚未斷盡習氣種子而有極深沈之憂鬱，非三賢位菩薩及二乘聖者所知，此憂鬱在七地滿心位方才斷盡；本曲之詞中所說義理極深，昔來所未曾見；此曲係以優美的情歌風格寫詞及作曲，聞者得以激發嚮往諸地菩薩境界之大心，詞、曲都非常優美，難得一見；其中勝妙義理之解說，已印在附贈之彩色小冊中。2.以各輯公案拈提中直示禪門入處之頌文，作成各種不同曲風之超意境歌曲，值得玩味、參究；聆聽公案拈提之優美歌曲時，請同時閱讀內附之印刷精美說明小冊，可以領會超越三界的證悟境界；未悟者可以因此引發求悟之意向及疑情，真發菩提心而邁向求悟之途，乃至因此真實悟入般若，成真菩薩。3.正覺總持咒新曲，總持佛法大意；總持咒之義理，已加以解說並印在隨附之小冊中。本CD共有十首歌曲，長達63分鐘，附贈二張購書優惠券。每片280元。

禪意無限CD：平實導師以公案拈提書中偈頌寫成不同風格曲子，與他人所寫不同風格曲子共同錄製出版，幫助參禪人進入禪門超越意識之境界。盒中附贈彩色印製的精美解說小冊，以供聆聽時閱讀，令參禪人得以發起參禪之疑情，即有機會證悟本來面目，實證大乘菩提般若。本CD共有十首歌曲，長達69分鐘，每盒各附贈二張購書優惠券。每片280元。

金剛經宗通：三界唯心，萬法唯識，是成佛之修證內容，是諸地菩薩之所修；般若則是成佛之道（實證三界唯心、萬法唯識）的入門，若未證悟實相般若，即無成佛之可能，必將永在外門廣行菩薩六度，永在凡夫位中。然而實相般若的發起，全賴實證萬法的實相；若欲證知萬法的眞相，則必須探究萬法之所從來，則須實證自心如來—金剛心如來藏，然後現觀這個金剛心的金剛性、眞實性、如如性、清淨性、涅槃性、能生萬法的自性性、本住性，名爲證眞如；進而現觀三界六道唯是此金剛心所成，人間萬法須藉八識心王和合運作方能現起。如是實證《華嚴經》的「三界唯心、萬法唯識」以後，由此等現觀而發起實相般若智慧，繼續進修第十住位的如幻觀、第十行位的陽焰觀、第十迴向位的如夢觀，再生起增上意樂而勇發十無盡願，方能滿足三賢位的實證，轉入初地；自知成佛之道而無偏倚，從此按部就班、次第進修乃至成佛。第八識自心如來是般若智慧之所依，般若智慧的修證則要從實證金剛心自心如來開始；《金剛經》則是解說自心如來之經典，是一切三賢位菩薩所應進修之實相般若經典。這一套書，是將平實導師宣講的《金剛經宗通》內容，整理成文字而流通之；書中所說義理，迴異古今諸家依文解義之說，指出大乘見道方向與理路，有益於禪宗學人求開悟見道，及轉入內門廣修六度萬行。講述完畢後結集出版，總共9輯，每輯約三百餘頁，售價各250元。

空行母—性別、身分定位，以及藏傳佛教：本書作者爲蘇格蘭哲學家，因爲嚮往佛教深妙的哲學內涵，於是進入當年盛行於歐美的假藏傳佛教密宗，擔任卡盧仁波切的翻譯工作多年以後，被邀請成爲卡盧的空行母（又名佛母、明妃），開始了她在密宗裡的實修過程；後來發覺在密宗雙身法中的修行，其實無法使自己成佛，也發覺密宗對女性岐視而處處貶抑，並剝奪女性在雙身法中擔任一半角色時應有的身分定位。當她發覺自己只是雙身法中被喇嘛利用的工具，沒有獲得絲毫應有的尊重與基本定位時，發現了密宗的父權社會控制女性的本質；於是作者傷心地離開了卡盧仁波切與密宗，但是卻被恐嚇不許講出她在密宗裡的經歷，也不許她說出自己對密宗的教義與教制下對女性剝削的本質，否則將被咒殺死亡。後來她去加拿大定居，十餘年後方才擺脫這個恐嚇陰影，下定決心將親身經歷的實情及觀察到的事實寫下來並且出版，公諸於世。出版之後，她被流亡的達賴集團人士大力攻訐，誣指她爲精神狀態失常、說謊……等。但有智之士並未被達賴集團的政治操作及各國政府政治運作吹捧達賴的表相所欺，使她的書銷售無阻而又再版。正智出版社鑑於作者此書是親身經歷的事實，所說具有針對「藏傳佛教」而作學術研究的價值，也有使人認清假藏傳佛教剝削佛母、明妃的男性本位實質，因此洽請作者同意中譯而出版於華人地區。珍妮·坎貝爾女士著，呂艾倫 中譯，每冊250元。

霧峰無霧—給哥哥的信 本書作者藉兄弟之間信件往來論義，略述佛法大義；並以多篇短文辨義，舉出釋印順對佛法的無量誤解證據，並一一給予簡單而清晰的辨正，令人一讀即知。久讀、多讀之後即能認清楚釋印順的六識論見解，與眞實佛法之牴觸是多麼嚴重；於是在久讀、多讀之後，於不知不覺之間提升了對佛法的極深入理解，正知正見就在不知不覺間建立起來了。當三乘佛法的正知見建立起來之後，對於三乘菩提的見道條件便將隨之具足，於是聲聞解脫道的見道也就水到渠成；接著大乘見道的因緣也將次第成熟，未來自然也會有親見大乘菩提之道的因緣，悟入大乘實相般若也將自然成功，自能通達般若系列諸經而成實義菩薩。作者居住於南投縣霧峰鄉，自喻見道之後不復再見霧峰之霧，故鄉原野美景一一明見，於是立此書名爲《霧峰無霧》；讀者若欲撥霧見月，可以此書爲緣。游宗明 老師著 售價250元。

假藏傳佛教的神話—性、謊言、喇嘛教：本書編著者是由一首名叫「阿姊鼓」的歌曲為緣起，展開了序幕，揭開假藏傳佛教—喇嘛教—的神秘面紗。其重點是蒐集、摘錄網路上質疑「喇嘛教」的帖子，以揭穿「假藏傳佛教的神話」為主題，串聯成書，並附加彩色插圖以及說明，讓讀者們瞭解西藏密宗及相關人事如何被操作為「神話」的過程，以及神話背後的眞相。作者：張正玄教授。售價200元。

達賴真面目—玩盡天下女人：假使您不想戴綠帽子，請記得詳細閱讀此書；假使您不想讓好朋友戴綠帽子，請您將此書介紹給您的好朋友。假使您想保護家中的女性，也想要保護好朋友的女眷，請記得將此書送給家中的女性和好友的女眷都來閱讀。本書為印刷精美的大本彩色中英對照精裝本，為您揭開達賴喇嘛的眞面目，內容精彩不容錯過，為利益社會大眾，特別以優惠價格嘉惠所有讀者。編著者：白志偉等。大開版雪銅紙彩色精裝本。售價800元。

童女迦葉考—論呂凱文〈佛教輪迴思想的論述分析〉之謬：童女迦葉是佛世率領五百大比丘遊行於人間的歷史事實，是以童貞行而依止菩薩戒弘化於人間的大菩薩，不依別解脫戒（聲聞戒）來弘化於人間。這是大乘佛教與聲聞佛教同時存在於佛世的歷史明證，證明大乘佛教不是從聲聞法中分裂出來的部派佛教的產物，卻是聲聞佛教分裂出來的部派佛教聲聞凡夫僧所不樂見的史實；於是古今聲聞法中的凡夫都欲加以扭曲而作詭說，更是末法時代高聲大呼「大乘非佛說」的六識論聲聞凡夫極力想要扭曲的佛教史實之一，於是想方設法扭曲迦葉菩薩為聲聞僧，以及扭曲迦葉童女為比丘僧等荒謬不實之論著便陸續出現，古時聲聞僧寫作的《分別功德論》是最具體之事例，現代之代表作則是呂凱文先生的〈佛教輪迴思想的論述分析〉論文。鑑於如是假藉學術考證以籠罩大眾之不實謬論，未來仍將繼續造作及流竄於佛教界，繼續扼殺大乘佛教學人法身慧命，必須舉證辨正之，遂成此書。平實導師 著，每冊180元。

末代達賴—性交教主的悲歌：簡介從藏傳僞佛教（喇嘛教）的修行核心—性力派男女雙修，探討達賴喇嘛及藏傳僞佛教的修行內涵。書中引用外國知名學者著作、世界各地新聞報導，包含：歷代達賴喇嘛的祕史、達賴六世修雙身法的事蹟，以及《時輪續》中的性交灌頂儀式……等；達賴喇嘛書中開示的雙修法、達賴喇嘛的黑暗政治手段；達賴喇嘛所領導的寺院爆發喇嘛性侵兒童；新聞報導《西藏生死書》作者索甲仁波切性侵女信徒、澳洲喇嘛秋達公開道歉、美國最大假藏傳佛教組織領導人邱陽創巴仁波切的性氾濫，等等事件背後眞相的揭露。作者：張善思、呂艾倫、辛燕。售價250元。

黯淡的達賴—失去光彩的諾貝爾和平獎：本書舉出很多證據與論述，詳述達賴喇嘛不爲世人所知的一面，顯示達賴喇嘛並不是眞正的和平使者，而是假借諾貝爾和平獎的光環來欺騙世人；透過本書的說明與舉證，讀者可以更清楚的瞭解，達賴喇嘛是結合暴力、黑暗、淫欲於喇嘛教裡的集團首領，其政治行爲與宗教主張，早已讓諾貝爾和平獎的光環染污了。　本書由財團法人正覺教育基金會寫作、編輯，由正覺出版社印行，每冊250元。

第七意識與第八意識？—穿越時空「超意識」：「三界唯心，萬法唯識」是佛教中應該實證的聖教，也是《華嚴經》中明載而可以實證的法界實相。唯心者，三界一切境界、一切諸法唯是一心所成就，即是每一個有情的第八識如來藏，不是意識心。唯識者，即是人類各各都具足的八識心王——眼識、耳鼻舌身意識、意根、阿賴耶識，第八阿賴耶識又名如來藏，人類五陰相應的萬法，莫不由八識心王共同運作而成就，故說萬法唯識。依聖教量及現量、比量，都可以證明意識是二法因緣生，是由第八識藉意根與法塵二法爲因緣而出生，又是夜夜斷滅不存之生滅心，即無可能反過來出生第七識意根、第八識如來藏，當知不可能從生滅性的意識心中，細分出恆審思量的第七識意根，更無可能細分出恆而不審的第八識如來藏。本書是將演講內容整理成文字，細說如是內容，並已在《正覺電子報》連載完畢，今彙集成書以廣流通，欲幫助佛門有緣人斷除意識我見，跳脫於識陰之外而取證聲聞初果；嗣後修學禪宗時即得不墮外道神我之中，得以求證第八識金剛心而發起般若實智。平實導師 述，每冊300元。

中觀金鑑—詳述應成派中觀的起源與其破法本質：學佛人往往迷於中觀學派之不同學說，被應成派與自續派所迷惑；修學般若中觀二十年後自以爲實證般若中觀了，卻仍不曾入門，甫聞實證般若中觀者之所說，則茫無所知，迷惑不解；隨後信心盡失，不知如何實證佛法；凡此，皆因惑於這二派中觀學說所致。自續派中觀所說同於常見，以意識境界立爲第八識如來藏之境界，應成派所說則同於斷見，但又同立意識爲常住法，故亦具足斷常二見。今者孫正德老師有鑑於此，乃將起源於密宗的應成派中觀學說，追本溯源，詳考其來源之外，亦一一舉證其立論內容，詳加辨正，令密宗雙身法祖師以識陰境界而造之應成派中觀學說本質，詳細呈現於學人眼前，令其維護雙身法之目的無所遁形。若欲遠離密宗此二大派中觀謬說，欲於三乘菩提有所進道者，允宜具足閱讀並細加思惟，反覆讀之以後將可捨棄邪道返歸正道，則於般若之實證即有可能，證後自能現觀如來藏之中道境界而成就中觀。本書分上、中、下三冊，每冊250元，全部出版完畢。

人間佛教—實證者必定不悖三乘菩提：「大乘非佛說」的講法似乎流傳已久，卻只是日本人企圖擺脫中國正統佛教的影響，而在明治維新時期才開始提出來的說法；台灣佛教、大陸佛教的淺學無智之人，由於未曾實證佛法而迷信日本人錯誤的學術考證，錯認爲這些別有用心的日本佛學考證的講法爲天竺佛教的眞實歷史；甚至還有更激進的反對佛教者提出「釋迦牟尼佛並非眞實存在，只是後人捏造的假歷史人物」，竟然也有少數人願意跟著「學術」的假光環而信受不疑，於是開始有一些佛教界人士造作了反對中國佛教而推崇南洋小乘佛教的行爲，使佛教的信仰者難以檢擇，導致一般大陸人士開始轉入基督教的盲目迷信中。在這些佛教及外教人士之中，也就有一分人根據此邪說而大聲主張「大乘非佛說」的謬論，這些人以「人間佛教」的名義來抵制中國正統佛教，公然宣稱中國的大乘佛教是由聲聞部派佛教的凡夫僧所創造出來的。這樣的說法流傳於台灣及大陸佛教界凡夫僧之中已久，卻非眞正的佛教歷史中曾經發生過的事，只是繼承六識論的聲聞法中凡夫僧依自己的意識境界立場，純憑臆想而編造出來的妄想說法，卻已經影響許多無智之凡夫僧俗信受不移。本書則是從佛教的經藏法義實質及實證的現量內涵本質立論，證明大乘佛法本是佛說，是從《阿含正義》尚未說過的不同面向來討論「人間佛教」的議題，證明「大乘眞佛說」。閱讀本書可以斷除六識論邪見，迴入三乘菩提正道發起實證的因緣；也能斷除禪宗學人學禪時普遍存在之錯誤知見，對於建立參禪時的正知見有很深的著墨。　平實導師　述，內文488頁，全書528頁，定價400元。

喇嘛性世界—揭開假藏傳佛教譚崔瑜伽的面紗：這個世界中的喇嘛，號稱來自世外桃源的香格里拉，穿著或紅或黃的喇嘛長袍，散布於我們的身邊傳教灌頂，吸引了無數的人嚮往學習；這些喇嘛虔誠地爲大衆祈福，手中拿著寶杵（金剛）與寶鈴（蓮花），口中唸著咒語：「唵．嘛呢．叭咪．吽……」，咒語的意思是說：「我至誠歸命金剛杵上的寶珠伸向蓮花寶穴之中」！「喇嘛性世界」是什麼樣的「世界」呢？本書將爲您呈現喇嘛世界的面貌。當您發現眞相以後，您將會唸：「噢！喇嘛．性．世界，譚崔性交嘛！」作者：張善思、呂艾倫。售價200元。

見性與看話頭：黃正倖老師的《見性與看話頭》於《正覺電子報》連載完畢，今結集出版。書中詳說禪宗看話頭的詳細方法，並細說看話頭與眼見佛性的關係，以及眼見佛性者求見佛性前必須具備的條件。本書是禪宗實修者追求明心開悟時參禪的方法書，也是求見佛性者作功夫時必讀的方法書，內容兼顧眼見佛性的理論與實修之方法，是依實修之體驗配合理論而詳述，條理分明而且極爲詳實、周全、深入。本書內文375頁，全書416頁，售價300元。

實相經宗通：學佛之目的在於實證一切法界背後之實相，禪宗稱之爲本來面目或本地風光，佛菩提道中稱之爲實相法界；此實相法界即是金剛藏，又名佛法之祕密藏，即是能生有情五陰、十八界及宇宙萬有（山河大地、諸天、三惡道世間）的第八識如來藏，又名阿賴耶識心，即是禪宗祖師所說的眞如心，此心即是三界萬有背後的實相。證得此第八識心時，自能瞭解般若諸經中隱說的種種密意，即得發起實相般若──實相智慧。每見學佛人修學佛法二十年後仍對實相般若茫然無知，亦不知如何入門，茫無所趣；更因不知三乘菩提的互異互同，是故越是久學者對佛法越覺茫然，都肇因於尚未瞭解佛法的全貌，亦未瞭解佛法的修證內容即是第八識心所致。本書對於修學佛法者所應實證的實相境界提出明確解析，並提示趣入佛菩提道的入手處，有心親證實相般若的佛法實修者，宜詳讀之，於佛菩提道之實證即有下手處。平實導師述著，共八輯，已全部出版完畢，每輯成本價250元。

真心告訴您(一)—達賴喇嘛在幹什麼？這是一本報導篇章的選集，更是「破邪顯正」的暮鼓晨鐘。「破邪」是戳破假象，說明達賴喇嘛及其所率領的密宗四大派法王、喇嘛們，弘傳的佛法是仿冒的佛法；他們是假藏傳佛教，是坦特羅（譚崔性交）外道法和藏地崇奉鬼神的苯教混合成的「喇嘛教」，推廣的是以所謂「無上瑜伽」的男女雙身法冒充佛法的假佛教，詐財騙色誤導眾生，常常造成信徒家庭破碎、家中兒少失怙的嚴重後果。「顯正」是揭櫫眞相，指出眞正的藏傳佛教只有一個，就是覺囊巴，傳的是 釋迦牟尼佛演繹的第八識如來藏妙法，稱爲他空見大中觀。正覺教育基金會即以此古今輝映的如來藏正法正知見，在眞心新聞網中逐次報導出來，將箇中原委「眞心告訴您」，如今結集成書，與想要知道密宗眞相的您分享。售價250元。

法華經講義：此書爲平實導師始從2009/7/21演述至2014/1/14之講經錄音整理所成。世尊一代時教，總分五時三教，即是華嚴時、聲聞緣覺教、般若教、種智唯識教、法華時；依此五時三教區分爲藏、通、別、圓四教。本經是最後一時的圓教經典，圓滿收攝一切法教於本經中，是故最後的圓教聖訓中，特地指出無有三乘菩提，其實唯有一佛乘；皆因眾生愚迷故，方便區分爲三乘菩提以助眾生證道。世尊於此經中特地說明如來示現於人間的唯一大事因緣，便是爲有緣眾生「開、示、悟、入」諸佛的所知所見——第八識如來藏妙眞如心，並於諸品中隱說「妙法蓮花」如來藏心的密意。然因此經所說甚深難解，眞義隱晦，古來難得有人能窺堂奧；平實導師以知如是密意故，特爲末法佛門四眾演述《妙法蓮華經》中各品蘊含之密意，使古來未曾被古德註解出來的「此經」密意，如實顯示於當代學人眼前。乃至〈藥王菩薩本事品〉、〈妙音菩薩品〉、〈觀世音菩薩普門品〉、〈普賢菩薩勸發品〉中的微細密意，亦皆一併詳述之，開前人所未曾言之密意，示前人所未見之妙法。最後乃至以〈法華大意〉而總其成，全經妙旨貫通始終，而依佛旨圓攝於一心如來藏妙心，厥爲曠古未有之大說也。平實導師述　已於2015/5/31起開始出版，每二個月出版一輯，共25輯。每輯300元。

西藏「活佛轉世」制度—附佛、造神、世俗法：歷來關於喇嘛教活佛轉世的研究，多針對歷史及文化兩部分，於其所以成立的理論基礎，較少系統化的探討。尤其是此制度是否依據「佛法」而施設？是否合乎佛法眞實義？現有的文獻大多含糊其詞，或人云亦云，不曾有明確的闡釋與如實的見解。因此本文先從活佛轉世的由來，探索此制度的起源、背景與功能，並進而從活佛的尋訪與認證之過程，發掘活佛轉世的特徵，以確認「活佛轉世」在佛法中應具足何種果德。定價150元。

真心告訴您（二）—達賴喇嘛是佛教僧侶嗎？補祝達賴喇嘛八十大壽：這是一本針對當今達賴喇嘛所領導的喇嘛教，冒用佛教名相、於師徒間或師兄姊間，實修男女邪淫，而從佛法三乘菩提的現量與聖教量，揭發其謊言與邪術，證明達賴及其喇嘛教是仿冒佛教的外道，是「假藏傳佛教」。藏密四大派教義雖有「八識論」與「六識論」的表面差異，然其實修之內容，皆共許「無上瑜伽」四部灌頂爲究竟「成佛」之法門，也就是共以男女雙修之邪淫法爲「即身成佛」之密要，雖美其名曰「欲貪爲道」之「金剛乘」，並誇稱其成就超越於（應身佛）釋迦牟尼佛所傳之顯教般若乘之上；然詳考其理論，則或以意識離念時之粗細心爲第八識如來藏，或以中脈裡的明點爲第八識如來藏，或如宗喀巴與達賴堅決主張第六意識爲常恆不變之眞心者，分別墮於外道之常見與斷見中；全然違背 佛說能生五蘊之如來藏的實質。售價300元。

佛法入門：學佛人往往修學二十年後仍不知如何入門，茫無所入漫無方向，不知如何實證佛法；更因不知三乘菩提的互異互同之處，導致越是久學者越覺茫然，都是肇因於尙未瞭解佛法的全貌所致。本書對於佛法的全貌提出明確的輪廓，並說明三乘菩提的異同處，讀後即可輕易瞭解佛法全貌，數日內即可明瞭三乘菩提入門方向與下手處。○○菩薩著 出版日期未定。

修習止觀坐禪法要講記：修學四禪八定之人，往往錯會禪定之修學知見，欲以無止盡之坐禪而證禪定境界，卻不知修除性障之行門才是修證四禪八定不可或缺之要素，故智者大師云「性障初禪」；性障不除，初禪永不現前，云何修證二禪等？又：行者學定，若唯知數息，而不解六妙門之方便善巧者，欲求一心入定，未到地定極難可得，智者大師名之爲「事障未來」：障礙未到地定之修證。又禪定之修證，不可違背二乘菩提及第一義法，否則縱使具足四禪八定，亦不能實證涅槃而出三界。此諸知見，智者大師於《修習止觀坐禪法要》中皆有闡釋。作者平實導師以其第一義之見地及禪定之實證證量，曾加以詳細解析。將俟正覺寺竣工啓用後重講，不限制聽講者資格；講後將以語體文整理出版。欲修習世間定及增上定之學者，宜細讀之。平實導師述著。

解深密經講記：本經係　世尊晚年第三轉法輪，宣說地上菩薩所應熏修之唯識正義經典，經中所說義理乃是大乘一切種智增上慧學，以阿陀那識—如來藏—阿賴耶識爲主體。禪宗之證悟者，若欲修證初地無生法忍乃至八地無生法忍者，必須修學《楞伽經、解深密經》所說之八識心王一切種智；此二經所說正法，方是眞正成佛之道；印順法師否定第八識如來藏之後所說萬法緣起性空之法，是以誤會後之二乘解脫道取代大乘眞正成佛之道，尚且不符二乘解脫道正理，亦已墮於斷滅見中，不可謂爲成佛之道也。平實導師曾於本會郭故理事長往生時，於喪宅中從首七開始宣講，於每一七各宣講三小時，至第十七而快速略講圓滿，作爲郭老之往生佛事功德，迴向郭老早證八地、速返娑婆住持正法。茲爲今時後世學人故，將擇期重講《解深密經》，以淺顯之語句講畢後，將會整理成文，用供證悟者進道；亦令諸方未悟者，據此經中佛語正義，修正邪見，依之速能入道。平實導師述著，全書輯數未定，每輯三百餘頁，將於未來重講完畢後逐輯出版。

阿含經講記—小乘解脫道之修證：數百年來，南傳佛法所說證果之不實，所說解脫道之虛妄，所弘解脫道法義之世俗化，皆已少人知之；從南洋傳入台灣與大陸之後，所說法義虛謬之事，亦復少人知之；今時台灣全島印順系統之法師居士，多不知南傳佛法數百年來所說解脫道之義理已然偏斜、已然世俗化、已非眞正之二乘解脫正道，猶極力推崇與弘揚。彼等南傳佛法近代所謂之證果者多非眞實證果者，譬如阿迦曼、葛印卡、帕奧禪師、一行禪師……等人，悉皆未斷我見故。近年更有台灣南部大願法師，高抬南傳佛法之二乘修證行門爲「捷徑究竟解脫之道」者，然而南傳佛法縱使眞修實證，得成阿羅漢，至高唯是二乘菩提解脫之道，絕非究竟解脫，無餘涅槃中之實際尚未得證故，法界之實相尚未了知故，習氣種子待除故，一切種智未實證故，焉得謂爲「究竟解脫」？即使南傳佛法近代眞有實證之阿羅漢，尚且不及三賢位中之七住明心菩薩本來自性清淨涅槃智慧境界，則不能知此賢位菩薩所證之無餘涅槃實際，仍非大乘佛法中之見道者，何況普未實證聲聞果乃至未斷我見之人？謬充證果已屬逾越，更何況是誤會二乘菩提之後，以未斷我見之凡夫知見所說之二乘菩提解脫偏斜法道，焉可高抬爲「究竟解脫」？而且自稱「捷徑之道」？又妄言解脫之道即是成佛之道，完全否定般若實智、否定三乘菩提所依之如來藏心體，此理大大不通也！平實導師爲令修學二乘菩提欲證解脫果者，普得迴入二乘菩提正見、正道中，是故選錄四阿含諸經中，對於二乘解脫道法義有具足圓滿說明之經典，預定未來十年內將會加以詳細講解，令學佛人得以了知二乘解脫道之修證理路與行門，庶免被人誤導之後，未證言證，干犯道禁，成大妄語，欲升反墮。本書首重斷除我見，以助行者斷除我見而實證初果爲著眼之目標，若能根據此書內容，配合平實導師所著《識蘊眞義》《阿含正義》內涵而作實地觀行，實證初果非爲難事，行者可以藉此三書自行確認聲聞初果爲實際可得現觀成就之事。此書中除依二乘經典所說加以宣示外，亦依斷除我見等之證量，及大乘法中道種智之證量，對於意識心之體性加以細述，令諸二乘學人必定得斷我見、常見，免除三縛結之繫縛。次則宣示斷除我執之理，欲令升進而得薄貪瞋癡，乃至斷五下分結…等。平實導師述，共二冊，每冊三百餘頁。每輯300元。

＊喇嘛教修外道雙身法，墮識陰境界，非佛教＊

＊弘揚如來藏他空見的覺囊派才是真正藏傳佛教＊

總經銷：飛鴻 國際行銷股份有限公司

231 新北市新店市中正路 501 之 9 號 2 樓

Tel.02－82186688（五線代表號） Fax.02-82186458、82186459

零售：1.**全台連鎖經銷書局：**

三民書局、誠品書局、何嘉仁書店

敦煌書店、紀伊國屋、金石堂書局、建宏書局

2.**台北市：**佛化人生 羅斯福路 3 段 325 號 6 樓之 4　台電大樓對面

3.**新北市：**春大地書店 **蘆洲**中正路 117 號　明達書局 **三重**五華街 129 號

4.**桃園市縣：**誠品書局 **桃園市**中正路 20 號遠東百貨地下室一樓

金石堂 **桃園市**大同路 24 號　金石堂 **桃園**八德市介壽路 1 段 987 號

諾貝爾圖書城 **桃園市**中正路 56 號地下室　金義堂 **中壢市**中美路2段82號

墊腳石文化書店 **中壢市**中正路 89 號　巧巧屋書局 **蘆竹**南崁路 263 號

來電書局 **大溪**慈湖路 30 號　御書堂 **龍潭**中正路 123 號

5.**新竹市縣：**大學書局 **新竹**建功路 10 號　誠品書局 **新竹**東區信義街 68 號

誠品書局 **新竹**東區中央路 229 號 5 樓　誠品書局 **新竹**東區力行二路 3 號

墊腳石文化書店 **新竹**中正路 38 號　金典文化 **竹北**中正西路 47 號

展書堂 **竹東**長春路 3 段 36 號

6.**苗栗市縣：**萬花筒書局**苗栗市**府東路 73 號　展書堂 **竹南**民權街 49-2 號

7.**台中市：** **瑞成**書局　**各大連鎖書店**

詠春書局 **台中市**永春東路 884 號　文春書局 **霧峰**中正路 1087 號

8.**彰化市縣：**心泉佛教流通處 **彰化市**南瑤路 286 號

員林鎮：墊腳石圖書文化廣場 中山路 2 段 49 號（04-8338485）

9.**台南市：**博大書局 **新營**三民路 128 號

藝美書局 **善化**中山路 436 號　宏欣書局 **佳里**光復路 214 號

10.**高雄市：各大連鎖書店、瑞成**書局

政大書城 **三民區**明仁路 161 號　政大書城 **苓雅區**光華路 148-83 號

明儀書局 **三民區**明福街 2 號　明儀書局 三多四路 63 號

青年書局 青年一路 141 號

11.**宜蘭縣市：**金隆書局　宜蘭市中山路 3 段 43 號

宋太太梅鋪　羅東鎮中正北路 101 號（039-534909）

12.**台東市：**東普佛教文物流通處 台東市博愛路 282 號

13.**其餘鄉鎮市經銷書局：**請電詢總經銷**飛鴻**公司。

14.**大陸地區請洽：**

香港：樂文書店

旺角店 :香港九龍旺角西洋菜街 62 號 3 樓

電話 : (852) 2390 3723　email: luckwinbooks@gmail.com

銅鑼灣店 :香港銅鑼灣駱克道 506 號 2 樓

電話 : (852) 2881 1150　email: luckwinbs@gmail.com

廈門： 廈門外圖臺灣書店有限公司
地址：廈門市思明區湖濱南路809號 廈門外圖書城3樓 郵編：361004
電話：0592-5061658（臺灣地區請撥打 86-592-5061658）
E-mail：JKB118＠188.COM

15.**美國：世界日報圖書部：** 紐約圖書部　電話 7187468889#6262
洛杉磯圖書部　電話 3232616972#202

16.**國內外地區網路購書：**

正智出版社 書香園地　http://books.enlighten.org.tw/
（書籍簡介、直接聯結下列網路書局購書）

三民 網路書局　http://www.Sanmin.com.tw

誠品 網路書局　http://www.eslitebooks.com

博客來 網路書局　http://www.books.com.tw

金石堂 網路書局　http://www.kingstone.com.tw

飛鴻 網路書局　http://fh6688.com.tw

附註：1. 請儘量向各經銷書局購買：郵政劃撥需要十天才能寄到（本公司在您劃撥後第四天才能接到劃撥單，次日寄出後第四天您才能收到書籍，此八天中一定會遇到週休二日，是故共需十天才能收到書籍）若想要早日收到書籍者，請劃撥完畢後，將劃撥收據貼在紙上，旁邊寫上您的姓名、住址、郵區、電話、買書詳細內容，直接傳眞到本公司 02-28344822，並來電 02-28316727、28327495 確認是否已收到您的傳眞，即可提前收到書籍。 2.因台灣每月皆有五十餘種宗教類書籍上架，書局書架空間有限，故唯有新書方有機會上架，通常每次只能有一本新書上架；本公司出版新書，大多上架不久便已售出，若書局未再叫貨補充者，書架上即無新書陳列，則請直接向書局櫃台訂購。 3.若書局不便代購時，可於**晚上**共修時間向正覺同修會各共修處請購（共修時間及地點，詳閱**共修現況表**。每年例行年假期間請勿前往請書，年假期間請見共修現況表）。 4.郵購：郵政劃撥帳號 19068241。 5.正覺同修會會員購書都以八折計價（戶籍台北市者爲一般會員，外縣市爲護持會員）都可獲得優待，欲一次購買全部書籍者，可以考慮入會，節省書費。入會費一千元（第一年初加入時才需要繳），年費二千元。**6.尚未出版之書籍，請勿預先郵寄書款與本公司，謝謝您！** 7.若欲一次購齊本公司書籍，或同時取得正覺同修會贈閱之全部書籍者，請於正覺同修會共修時間，親到各共修處請購及索取；**台北市讀者**請洽：103 台北市承德路三段 267 號 10 樓（捷運淡水線 圓山站旁）請書時間：週一至週五爲 18.00~21.00，第一、三、五週週六爲 10.00~21.00，雙週之週六爲 10.00~18.00 請購處專線電話：25957295-分機 14（於請書時間方有人接聽）。

敬告大陸讀者：

大陸讀者購書、索書捷徑（尚未在大陸出版的書籍，以下二個途徑都可以購得，電子書另包括結緣書籍）：

1.廈門外國圖書公司：廈門市思明區湖濱南路 809 號 廈門外圖書城 3F
　　郵編：361004　電話：0592-5061658　網址：JKB118＠188.COM

2.電子書：正智出版社有限公司及正覺同修會在台灣印行的各種局版書、結緣書，已有『**正覺電子書**』陸續上線中，提供讀者於手機、平板電腦上購書、下載、閱讀正智出版社、正覺同修會及正覺教育基金會所出版之電子書，詳細訊息敬請參閱『正覺電子書』專頁：http://books.enlighten.org.tw/ebook

關於平實導師的書訊，請上網查閱：
　　成佛之道　http://www.a202.idv.tw
　　正智出版社 書香園地　http://books.enlighten.org.tw/

中國網採訪佛教正覺同修會、正覺教育基金會訊息：

http://big5.china.com.cn/gate/big5/fangtan.china.com.cn/2014-06/19/content_32714638.htm

http://pinpai.china.com.cn/

★ 正智出版社有限公司售書之稅後盈餘，全部捐助財團法人正覺寺籌備處、佛教正覺同修會、正覺教育基金會，供作弘法及購建道場之用；懇請諸方大德支持，功德無量。

★ 聲　明 ★

本社於 2015/01/01 開始調整本目錄中部分書籍之售價，以因應各項成本的持續增加。

＊ 喇嘛教修外道雙身法、墮識陰境界，非佛教 ＊

＊ 弘揚如來藏他空見的覺囊派才是真正藏傳佛教 ＊

國家圖書館出版品預行編目資料

宗門道眼／平實導師著--初版
台北市：正智，1999〔民 88〕
面；　　公分　（公案拈提：第3輯）

ISBN 957-97840-1-9（平裝）

1. 禪宗

226.65　　　　88009287

作　者：平實導師
校　對：孫淑眞 蘇振慶 許紫燕 廖筱梅
出版者：正智出版社有限公司
電話：〇二 28327495　28316727（白天）
傳眞：〇二 28344822
111 台北郵政 73-151 號信箱
郵政劃撥帳號：一九〇六八二四一
正覺講堂：總機〇二 25957295（夜間）
總經銷：飛鴻國際行銷股份有限公司
231 新北市新店區中正路 501-9 號 2 樓
電話：〇二 82186688 五線代表號
傳眞：〇二 82186458　82186459
初　版：公元一九九九年七月　二千冊
再　版：公元二〇〇四年七月　二千冊
再版三刷：公元二〇一五年十一月　二千冊
售　價：五〇〇元（附贈超意境CD一片）